불교란 무엇인가

아시아총서 44

불교란 무엇인가

하카마야 노리아키 지음
권서용 · 이창엽 · 정영자 옮김

산지니

일러두기

이 책의 저본은 『佛教入門』으로, 2004년 大藏出版에서 간행되었다.

서문

오늘날 일본에는 미래의 꿈이 없는 것처럼 느껴진다. 1212년(겐랴쿠 2년)에 호넨(法然, 1133~1212, 일본 정토종의 개조)이 사망하고 가모노 초메이(長明)의 『방장기(方丈記)』가 저술되었지만, 이 이후 호넨이 정토에 위탁한 꿈, 가모노 초메이가 탁함으로 물들여 미친 듯이 느껴진 꿈은 묘에(明惠, 신불교의 움직임에 대응하여 계율을 중시하고 부패한 구불교의 현상을 비판·쇄신하고자 한 화엄종 중흥의 시조)나 요시다 겐코(兼好, 가마쿠라 말기의 가인) 등의 범인이나 은둔자로서 꽉 막혔던 중세를 지나면서 마음을 긍정하고 '자기'의 마음속에서만 실제를 본 그것은, 그러한 현실의 꿈을 대신한 것처럼 느껴진다.

그 결과 '자기'의 마음을 확대하여 '영혼'의 정화를 기도하는 것만이 추구되고, '타자'로부터 '불교'를 허심하게 배울 기회가 일본에는 대단히 적어졌으며, 마음의 확대인 '성불(成佛)'이야말로 '불교(佛教)'라고 생각되었다. 그러나 '타자'를 앎으로써 '자기'를 반성하고, 그 반성을 통해서 '영혼'을 부정해야 할 것 같은 '불교'에 관해 재고할 기회가 과거 일본에서 적어도 두 번은 있었다고 생각한다. 16세기 후반 기독교와의 접촉과 메이지유신 초기 서구문화와의 접촉이 그것이다. 다만 그 두 번의 기회도 전자는 도요토미 히데요시(豐臣秀吉, 1537~1598)와 도쿠가와 이에야스(德川家康, 1543~1616)가 금교령(禁

敎令)을 내리면서, 후자는 메이지헌법과 교육칙어에 의해서 상실되었다.

그리하여 일본은 서구에서 학문과 기술을 오로지 '부국강병'이라는 형태로 배우게 되었지만, 그 모토는 화혼양재(和魂洋才, 일본 고유의 정신과 서양 학문을 겸비함)이다. 이때 불교도는 불교가 '외래사상'인 '타자'임에도 불구하고 '화혼'에 대입해서 애초부터 일본의 '자기'였던 것처럼 행동하였지만, 여기에는 큰 문제가 있다.

그 '화혼양재'도 세계대전을 거치면서 당연히 바뀌어야 할 것이었지만, 뿌리 깊게 변하지 않은 채로 있었던 것이 최근 점점 분명해지고 있다. 작년 문부과학성에서 『마음의 노트』가 간행되어 전국의 초 · 중등학교에 배포되었다. 그 '마음'이란 무엇일까? 아마도 불교가 부정한 애니미즘적인 '영혼'과는 아무 관련이 없을 것이다.

이 책은 이와 같은 '마음'이나 '영혼'을 '불교'의 입장에서 비판적으로 다시 보고, '영혼긍정설'의 온상이 되기 십상인 '성불'을 가능한 배척하면서 '불교'란 '부처님이 말씀하신 가르침'이라고 하는 입장에서 입문서로서 쓰인 것이다.

전체는 대학의 1년 강의를 상정하여 24절로 구성하였다. 이 가운데 본편은 20절로 구성하였다. 본편이 『불교란 무엇인가』의 실질적 내용이라고 한다면 그에 대한 준비로서 필요한 마음의 준비를 '입문 이전'의 두 개 절로 기술하고, 책을 다 읽은 사람을 위해 두 가지 관점에서 불교의 지침이 된다고 생각하는 것을 '입문 이후'로 역시 두 개의 절로 정리하여 제시해 두었다.

본편의 20절은 모두 5장 각 4절로 구성되며, 각 장의 내용과 의도를 미리 제시하면 다음과 같다.

불교가 세계종교로서 퍼져나간 기점은 북서인도의 승원이었다고 생각되지만 그 지역에서 부처님의 설법이 일어나고 불교 발상의 고향이기도 하며 굽타 왕조 이후 불교학의 중심지이기도 한 마가다 지역으로 거슬러 간 뒤, '북전'과 '남전' 불교 지리지에 관해서 기술한 것이 제1장이다.

제2장에서는 제1장의 지리지를 배경으로 불교 성립 이전 인도 고대의 사상적 개략, 불전, 삼장의 성립 전개가 기술되며, 끝으로 불교 발전기의 의미를 묻는다.

이상은 소위 불교의 공간적 · 시간적 개관이지만, 사상적 문제로 옮겨가면 불교를 신앙의 종교로서 파악하는 것은 오히려 적을지도 모르기 때문에 종교란 무엇인가, 라는 관점에서 파악한다. 가장 통속으로 떨어지기 십상인 주제를 굳이 선택하여 조금이라도 불교의 신앙체계를 모색해 보고자 하는 것이 제3장의 의도이다.

제4장에서는 불교가 아무리 발전해도 그 기본에 놓여 있지 않으면 안 된다고 생각되는 사상적으로 중요한 테마가 문제점과 함께 기술되고 있다.

제5장은 다양하게 발전하고 전개한 불교사상에 관해서 좋든 싫든 중대한 근거를 이루고 있다고 생각되는 '일음연설법(一音演說法)'에 조명을 맞추면서 사상 전개상의 중요한 대립사항을 논술한 것이다.

이 책은 이상의 구성에서 입문서로서 정리된 것이지만 나 자신은 지식면으로 보아도 성격면으로 보아도 '불교입문'을 저술하는 데 반드시 적절한 사람이라고는 생각하지 않는다. 오히려 부적임자라고도 할 수 있지만, 이미 시도한 이상 한 사람의 '수릉여자(壽陵余子)'로서 내가 바르다고 생각한 것은 성심껏 기술해 볼 작정이다. 그렇게 말하는 나에게 있어서 일본이 '불교국'이라 일컬어지고 또 여겨지고 있는 것은 그 무엇보다도 감사한 일임에 틀림없다. 나 자신이 그러한 것처럼, 어떤 문제가 불교적이지 않은 것은 아닌가, 라고 했을 때 일본이 '불교국'이기 때문에 그 문제를 정면에서 사고하지 않으면 안 되었던 것이다.

이 책에서 채용한 표기상의 규칙에 관해서 말하자면, 인명이나 지명 등 고유명사에 관해서는 특별히 미리 양해를 구하지 않는 한 산스크리트어에 의한 발음과 표기를 우선하고, 필요에 따라 팔리어나 한역어를 보충했다. 술어에 관해서도 거의 이에 준한다. 출전 표기에서는 극히 드물게 티베트 역의 북경판이나 데루게판에 의해서 아라비아 숫자로 제시한 경우도 있지만, 그것 이외 대부분의 한자로 된 숫자는 대정신수대장경(大正新修大藏經)에 의한 페이지 수이다.

끝으로 이 책의 집필과 간행은 다이조출판의 이노우에 도시미츠(井上敏光) 씨 없이는 있을 수 없었다. 그에 대한 약간의 사의와 상세한 경위는 '후기'에 기술하였지만 권말에 제시한 '불교사연표', '삼장대조표', '불교사지도'는 내가 오랜 세월 손으로 써서 강의에 사용한 것을 이노우에 씨가 정리한 것이다. 여기에 그것만은 기록하여 감사의 마음을 드리고 싶다.

2003년 11월 6일

하카마야 노리아키

차례

입문 이전

1
자기와 타자

옛날 중국의 '수릉(壽陵)'이라는 시골 마을에 한 젊은이가 있었다. '수릉의 젊은이'라는 의미로 '수릉여자(壽陵余子)'라 일컬어졌던 이 남자는 당시 조나라의 수도인 '한단(邯鄲)' 사람의 세련된 걸음걸이를 배우기 위해 상경하였다. 하지만 그 '한단의 걸음걸이'를 배우기는커녕 자기 본래의 걸음걸이조차 잊어버리고 기어서 겨우 시골 마을로 되돌아올 수 있었다. 이것은 논리사상가인 공손룡(公孫龍)이 장자(莊子)의 철학이 쓸모없는 것이라 말한 것을 야유한 『장자』「추수편」에 있는 일화이지만, 어떤 사람의 눈에도 세련된 도회지 사람으로 보이는 아쿠타가와 류노스케(芥川龍之介) 또한 이 '수릉여자'를 필명으로 사용한 적이 있다. 뿐만 아니라 그의 유고인 『치차』(齒車, 수레바퀴)의 일절에도, 『장자』를 『한비자』로 잘못 이해하고 있지만, 다음과 같은 기술이 있다.

해가 저물어 가까운 마루젠 서점 이층에는 나 이외에는 손님이 아무도 없었던 것 같다. 나는 전등 불빛 아래 서가 사이를 이리저리

헤매고 다녔다. 그 뒤 '종교'라는 명패가 걸린 서가 앞에 발걸음을 멈추고 녹색 표지의 책 한 권에 시선을 고정시켰다. 이 책은 목차의 몇 장인가에 '두려운 네 개의 적, 의혹, 공포, 교만, 관능적 욕망'이라는 말을 나란히 제시하고 있었다. 나는 이 말을 보자마자 반항심이 솟구치는 것을 느꼈다. 그 적이라 불리는 것은 적어도 나에게는 감수성이나 이성적 지혜의 다른 이름이다. 그렇지만 전통적 정신도 역시 근대적 정신과 마찬가지로 나를 불행하게 하는 것은 나로서는 더 참을 수가 없었다. 나는 이 책을 손에 쥔 채로 문득 언젠가 필명으로 사용한 '수릉여자'라 이르는 말을 떠올렸다. 그것은 한단의 걸음걸이를 배우지 못한 채 수릉의 걸음걸이도 잊어버리고 뱀과 같이 기어서 귀향했다는 『한비자』 속의 청년이었다. 지금의 나는 누구의 눈에도 '수릉여자'임에 틀림없다.

아쿠타가와가 『치차』를 유고로 남긴 것은 1927년(쇼와 2년)이기 때문에 1868년의 메이지유신으로부터 대략 60년가량 지난 시기이지만, 위의 글은 당시 일본에서 서구근대의 지성을 가장 잘 대표하고 있다고 생각되는 아쿠타가와가 '근대적 정신'에서 '전통적 정신'으로 기어서 귀향하는 '수릉여자'이지 않을 수 없는 것처럼 느꼈다는 것을 시사한다.

이와 같은 문제에 관해서 지나친 단순화는 피해야 하겠지만, 가령 '전통적 정신'을 일본에서 자라 교육 받았다는 것, '근대적 정신'을 서구에서 배웠다는 것이라고 한다면 메이지 이후의 근대화란 일본이라는 '자기'에 서구라는 '타자'의 격렬한 유입으로 이해할 수 있다. 이 급격한 변화의 시간에 그 '타자'를 굳이 무시하고 '자기' 확대로 위압

적 태도를 취한 사람도 있지만, 그 '타자'야말로 문명 그것이라 할 정도로 '타자'를 모방해 야만적인 '자기'를 무화하고자 했던 사람도 있다. 이와 같은 양극단 속에서 아쿠타가와와 같은 섬세한 지성인은 자신을 수릉여자라고 느끼지 않을 수 없었지만, 이 책은 시골 사람 수릉여자가 도회 한단의 걸음걸이를 배우고자 했던 꿈이야말로 '신앙'이 아니었던가, 라는 관점에서 '불교'를 고찰해보고자 한다. 그런데 이 관점은 '불교'란 (a) "부처님이 설한 가르침이다."라고 함과 동시에, (b) "부처가 되기 위한 가르침이다."라고도 일반적으로 해석되고 있기 때문에, 후자를 통속적인 견해로서 가능한 한 피하고 싶다는 나의 서원도 암시한 것이다.

그런데 앞의 글에서 수릉여자 아쿠타가와는 마루젠 서점 2층 종교서적 코너에서 '의혹, 공포, 교만, 관능적 욕망'을 종교의 '두려운 네 개의 적'으로 기술한 책을 지목했다. 그는 즉시 그것에 반발하여 그 네 개의 낱말은 '감수성이나 이성적 지혜의 다른 이름'이 아닌가 라고 느꼈다. 그 책은 마치 '일본'의 '전통적 정신'을 대표하는 오래된 불교서적 같기도 하지만, 당시의 마루젠 서점의 2층은 서양서적 코너였을 것이다. 사실 위의 인용 문장 바로 직전에는 같은 서점 2층에서 아쿠타가와가 스트린베르그(A. Strinberg, 1849~1912, 심리학과 자연주의를 결합시킨 새로운 종류의 서구극을 만들어 내어 후에 표현주의 극으로 발전되는 데 기여한 인물)나 플로베르(Gustave Flaubert, 1821~1880, 프랑스 사실주의 문학의 창시자로 여겨지며, 걸작 『보바리 부인』으로 유명)의 소설 혹은 독일인이 편집한 정신병자의 화집을 집어 든 것을 기술하고 있기 때문에 그 종교서적 역시 서양서적이었을 것이다. 그렇다면 '전통적 정신'을 '일본'으로, '근대적 정신'을 '서구'로만 결합하는 것은 아무래도 단순화한 것이 되기 때문에 '일본'에 '전통'과 '근대'의 갈등이 있었던 것처럼, '서구'에도 '전통'과 '근대'의 갈등이 있었다고 생각하는 편이 좋을 것이다.

그런데 '일본' 근대화에 중요한 영향을 끼쳤던 19세기 '서구'의 '전통'과 '근대'의 충돌을 이 책이 문제 삼는 '신앙'이라는 관점에서 볼 때, '서구'에서 중대한 사상적 사건이란 1848년 마르크스와 엥겔스의 『공산당선언』과 1859년 다윈의 『종의 기원』 간행이다. 두 책 모두 영국 빅토리아 왕조 치하의 런던에서 출판되었고, 여러 판을 거듭하며 충격적인 영향을 미쳤다. 『공산당선언』의 초판으로부터 40년이 지난 '1888년 영어판 서문'에서 엥겔스는 다음과 같이 기술하기에 이른다.

> 이 (『공산당선언』에서 제시된 명제)는 내 생각에 의하면 다윈 학설이 생물학에 행한 것만큼 역사학에 행해져야만 하는 것이지만, 우리 두 사람은 모두 1845년의 수년 전부터 점점 이 명제에 근접해 가고 있었다. 내가 혼자 힘으로 어느 정도 이 방향으로 나아가고 있었던가는 나의 『영국 노동계급의 상황』에 가장 잘 제시되어 있다. 그렇지만 1845년 여름, 내가 브뤼셀에서 마르크스와 재회했을 때 그는 이 생각을 완성해 있었으며 그것을, 내가 여기에 기술한 것과 거의 마찬가지인 명료한 언어로 나에게 설명했다.(오오우치 효우에大内兵衛, 사키사카 이츠로우向坂逸郎 역)

『공산당선언』이나 『종의 기원』을 낳은 서구의 종교 정의와 연관되는 약간의 문제는 이 책 제3장 제1절에서 언급하려고 하지만, 요컨대 '서구'에 실제로 유포된 두 책의 주장은 당시 '서구'에서 기독교의 '신앙'을 동요시키는 데 충분한 것이었다. 실제로 『공산당선언』의 주장이란, 일체의 모든 것은 계급투쟁에 근거한 역사적 필연이라는 것이며, 『종의 기원』의 주장은, 생물은 생존투쟁에 의한 자연선택을 통해서 진화하는 것이지 신에 의해서 창조된 것이 아니라는 것이었다. 역사의 필연 법칙과 생물의 진화 법칙에 의한 창조자 신에 대한 신앙의 동요는 당연한 것이었다.

그런데 사견에 지나지 않을지도 모르지만 '서구'에서 기독교의 훌륭함은, 그것을 수용한 그리스인이든 로마인이든 켈트인이든 게르만인이든 그들이 야만스럽고 미개한 고유의 '자기' 종교를 버리고 이방의 셈 계통 유대인들에 의해서 흥기한 '타자'의 종교를 수용함으로써 '타자'에 의해서 '자기'를 변혁해 갔던 바에 있다고 생각한다. 그렇다고 그것이 항상 훌륭하게 수행되었던 것은 아니다. 초기 로마제국의 기독교 탄압은 '타자'에 대한 '자기'의 저항이었고, 근세의 르네상스는 '타자'에 의한 '자기'의 부활이었다고 할 수 있다. 그리고 지금 문제의 19세기 빅토리아 여왕 치하(1837~1901) 대영제국에서 흥기한 '신앙'의 동요 또한 '자기'의 부활에 다시 박차를 가한 것이었다.

빅토리아 여왕 치하의 영국은 산업혁명 후의 미증유의 경제번영을 배경으로 하여, 인도 식민을 필두로 세계를 리드했다. 그 영국에 다가가려고 하면서 한편으로 대륙문화의 변함없는 아성인 프랑스를 끊임없이 곁눈질하면서 세계의 무대에 약간 늦게 등장한 것이 독일 제국이다. 독일의 통일은 프로이센을 중심으로 진행되어 보불전쟁(프로이센과 프랑스의 전쟁)에서 승리한 1871년에 완수되었지만 그 승리에 도취된 독일의 교양인에게서 속물성을 감지하고, 그들의 수괴인 슈트라우스에게 '교양속물(Bildungsphilister)'이라는 딱지를 붙여서 비난의 대상으로 거론한 것이 바로 니체의 『반시대적 고찰(*Unzeitgemasse Betrachtungen*)』 제1장이다. 이것은 구체적으로는 니체가 1872년에 간행된 슈트라우스의 『오래된 신앙과 새로운 신앙(*Der alte und der neue Glaube*)』이 새로운 반향을 불러일으키는 것을 보고서 다음 해인 1873년에 그 안이한 다윈주의적 종교관을 공개석상에 올려놓고 통렬한 일격을 가한 것이다. 당시 이 슈트라우스의 저서가 새로운 반향을 가지고 환영을 받았던 배경에는 기독교를 '오래된 신앙'이라는 이름하에 부정하려고 했던 저자의 의도가 전쟁의 승리에 도취된 게르만 민족 고유의 '자기'인 독일 정신(Geist)을 찬미하고자 하는 독일적 교양에 영합하기 쉬운 탓도 있었을 것이다. 슈트라우스가 다윈에게 붙인 '새로운 신앙'을 낙관적인 것으로 비판한 니체의 지적은 온당하다고 생각되지만, 니체 또한 슈트라우스의 기독교 부정만큼 단순하지는 않았다. 니체는 게르만 민족에게 '타자'인 기독교에 대해서는 시종일관 부정적 입장을 채택하여 넓은 의미에서의 인도게르만 민족의 '자기'라고도 말할 수 있는 '짜라투스트라(Zarathustra)'에 대해 독일 정신을 미묘하게 칭찬했던 것이다. 그런데 그 니체가 칭찬한 종교란 '원한으로부터의 해방(Die Freiheit von Ressentiment)'에 다름 아니었지만 그것을 완전히 잘 알고 있었던 니체는 전형적인 예로서 『이 사람을 보라(*Ecce homo*)』의 불타(佛陀, Buddha)를 거론하여 다음과 같이 기술한다.

이것(원한)을 저 심오한 생리학자(Physiologist)인 불타는 알고 있었다. 그의 '종교'는 기독교와 같은 정이 없는 대용물과 혼동되지 않는 것처럼 오히려 일종의 위생학(Hygiene)이라 부르는 편이 좋지만 그 효능은 원한의 정을 극복하는 것이었다. 그것으로부터 혼을 해방하는 것, 이것이 쾌유로 향하는 제일보이다.(히가미 히데히로氷上英廣 역)

그러나 니체와는 달리 기독교를 서방의 대표로 본 아쿠타가와는 『서방의 사람』 가장 끝부분인 「동방의 사람」 한 절에서 다음과 같이 쓸 수밖에 없었다.

니체는 종교를 '위생학'이라 불렀다. 그것은 종교만이 아니다. 도덕이나 경제도 '위생학'이다. 그것들은 우리들에게 저절로 죽음에 이르기까지 건강을 담보하게 할 것이다. '동방의 사람'은 이 '위생학'을 대체로 열반 위에서 세우려고 하였다. 노자(老子)는 때때로 그 어디에도 존재한 적이 없는 고향이라는 무하유지향(無何有之鄕)에서 불타와 제휴를 하고 있다. 그러나 우리들은 피부 색깔처럼 확실하게 동서를 나눌 수 없다. 기독교 혹은 기독교인들의 일생이 우리를 움직이는 것은 이것 때문이다.

여기서 아쿠타가와가 '위생학'이라고 지적한 것은 그가 『하동(河童)』 속에서 '근대교(近代敎)'라든가 '생활교(生活敎)'라고 부르고 있는 것과 같은 뉘앙스를 띠고 있는 것처럼 느껴지지만, 이러한 종류의 종교가 아쿠타가와에게는 '자기' 긍정적인 '동(東)'으로 간주되고 있는 것에 대해서 기독교로 대표되는 사상이 '자기' 부정적인 '서(西)'로 간주되고 있는 것이다. 게다가 그 '동'과 '서'는 피부 색깔처럼 확연하게 구별되는 것이 아니기 때문에 백인종 중에 '자기' 긍정적인 '동'도 있지만, '자기' 부정적인 '서'도 있는 것처럼, 황인종 중에도 마찬가지로 '동'과 '서'가 있다고 할 수 있다. 그리고 그 백인종인 게르만 민족이 프로이센을 시작으로 독일제국을 이루던 황금기에 인도게르만어족의 '자기' 긍정적 민족의식의 자각하에 형성된 것이 그리스나 라틴의 고전학과 병행하여 융성한 인도학이며 불교학이었던 것이다. 이 시대에 니체의 동창이자 친구이기도 한 파울 도이센(1845~1919)을 시작으로 하여 기라성같이 이어진 인도학의 거장 중 한 사람으로 막스 뮐러(1823~1900)가 있다. 그는 뒤에 영국으로 건너가 1850년 무렵 옥스퍼드대학 교수가 되었다. 동료로는 영국이 낳은 불세출의 산스크리트 학자 모니에르 윌리엄스(1819~1899)가 있다. 그가 의연히 기독교도임을 스스로 자랑했던 인도학자임에 대해, 막스 뮐러는 여러 종교들에 관대하고 뒤에는 '과학적 종교(the religion of science)'라 이름하는 폴 카루스(Paul Carus, 1852~1919)나 스즈키 다이세츠(鈴木大拙, 1870~1966) 등의 사표로 추앙되기도 하였다.

한편 황인종인 일본인의 불교학에서 선봉장이 된 사람은 난조 분유(南條文雄)이다. 그는 요절한 가사하라 겐주(笠原研壽)와 함께 1876년에 영국으로 건너가 같이 수학했고, 스승이 위의 막스 뮐러였다. 난조는 1884년(메이지 17년)에 귀국하였지만, 이것을 상징적인 표현으로 한다면, 이 시점부터 일본에는 메이지유신 이전의 '전통' 불교와 메이지유신 이후의 '근대' 불교가 병존하는 것과 같은 모양새가 된다. 그러나 그 둘 가운데 한쪽은 일본의 '자기'에 융화해 버린 '일본'의 '동'이고, 다른 쪽은 '서구'의 '자기' 부활의 연장으로서 '서구'

의 '동'이라고 본다면, 두 개의 불교는 '자기' 긍정이라는 점에서 기묘하게 일치했던 것이다. 게다가 난조 귀국 5년 뒤에는 메이지헌법의 반포, 그다음 해인 1890년(메이지 23년)에는 교육칙어가 계속해서 반포되었으며 이것에 의해서 메이지정부는 앞서 이와쿠라사절단(岩倉使節團)을 구미로 파견(1871~1873)하는 등 '서구'의 '서'인 타자로부터 필사적으로 배우려고 한 방침을 바꾸고 '서구'의 '동'인 자기 확대의 구현화라고 할 수 있는 프로이센 헌법 및 독일제국에 모범을 구하는 한편, '타자'에서 배우고 당시의 '일본'에 새롭게 형성되고 있었던 천부인권론에 근거한 자유민권운동을 탄압하고 황국의 '자기' 확대에 매진하게 되었다. 이렇게 해서 이것에 반대한 적이 없었던, 적어도 1890년 이후의 불교는 메이지정부의 방침과 '일본'의 '자기' 긍정에 있어서 악수를 하고 있었던 것이다.

그러나 한국이나 일본에서 불교는 원래 '외래사상'으로서 '타자'임에 틀림없다. 확실히 그것이 바른 인식일 터이지만 한국이나 일본에서는 불교 전래 이래의 긴 역사로 인해 마치 불교가 원래의 '자기'였던 것처럼 슬쩍 바뀌어 버렸던 것이다. 게다가 그 배경에 있는 논리는, '자기'만이 순수하기 때문에 '타자'로부터 배운다든지 부여된다든지 하는 것은 불순하다는 것이다. 그런 까닭에 국가든 개인이든 자기를 긍정하는 것은 '자기'에 붙어 있는 '타자'를 더러움이나 부정(不淨)으로 기피하는 것이 일반적이다. 그러나 국가도 개인도 '자기'를 존대하는 것으로 태도를 바꾸고 있는 지금의 시대야말로 '타자'로부터 허심하게 배우고자 했던 '수릉여자'일 필요가 있는 것은 아닐까. 이 책에서는 이와 같은 시각으로 '외래사상'으로서의 '타자'인 불교에 관해서 가능하면 말을 많이 하려고 한다. 그렇다고 해도 '자기'로 변화해 버린 불교인 것도 부정할 수는 없지만 그런 측면의 불교에 비판적으로 대처할 수가 없다면 불교를 단순히 흥미 본위로 말하는 것밖에 되지 않는다. 나는 가능한 한 그것을 피하고 싶다. '수릉여자'의 아쿠타가와도 실제로 그것을 필명으로 하여 딜레탕티즘(dilettantism, 예술이나 학문을 치열한 직업의식 없이 취미로 하는 것)으로 달려갈 때는 『골동갱(骨董羹)』의 「니려구업(泥黎口業)」에서 다음과 같이 기록할 뿐이었다.

> 수릉여자의 잡지인 『인간』에서 골동갱(어육魚肉 등을 섞어서 곤죽처럼 범벅이 되게 끓인 국의 이름. 정수가 모두 우러났다는 의미에서 확대되어 '오래되고 희귀한 세간이나 예술품'을 지칭하는 말)을 쓰는 것이 벌써 3회이다. 동서고금의 잡지를 인용하여 현학의 기염을 든 것, 마치 희곡 「맥베스」의 마귀할멈의 솥과 같이. 지자(知者)는 3천 리 밖에서 그 악취를 피하고, 몽매한 자는 손가락을 튕기는 짧은 사이에 그 독 속에 있다. 생각건대 이것은 니려(지옥)의 구업이다. 나관중이 『수오전』을 지어서 삼생의 멍청이(三生啞子)를 낳는다면, 수릉여자 역시 골동갱을 쓰지 않으면 어떠한 명벌(冥罰)을 받는가? 침묵으로 죽인 것인가(默殺), 때려죽인 것인가(撲殺). 혹은 수릉여자의 소설집, 한 권도 팔리지 않는가. 속히 붓을 던지고 취중에 홀로 '수를 놓아 만든 부처의 형상(繡佛)' 앞에 '속세를 떠나 선도에 드는 것(逃禪)'의 한가함을 사랑하는 것에 미치지 못한다. 어제의 그릇됨을 참회하고 오늘의 옳음을 안다. 어찌 잠시도 주저해서야 되겠는가? '선(禪)에서 정신적 · 육체적인 일체의 집착을 버리고 해탈(放下)'하라, 우리의 골동갱이여! 오늘 먹고서 진중한다면 내일 측간에 서광

이 있으리로다. 똥 속의 사리, 대가들이여 보라.

인용 말미 등은 마치 선가의 7언 절구의 향기 나는 말[香語]과 같이 응축된 것이지만 이 책은 그런 것을 기술하려는 것이 아니다. 다만 한편으로 아쿠타가와가 사용한 불교용어는 상식으로 알고 있다는 느낌도 든다. '니려(泥黎)'는 niraya나 naraka의 음사이며, '지옥'을 의미한다. '탄지(彈指)'는 acchata의 의역으로 약 1초가량의 짧은 시간의 단위이다. '수유(須臾)'는 muhurta의 번역으로 48분가량의 시간 단위이다. '사리(舍利)'는 sarira의 음사이며 '유골'을 의미하는데, 특히 부처의 유골을 가리킨다.

2
신앙과 언어

딜레탕티즘에 마음을 빼앗기지 않은 「추수편」의 '수릉여자'는 '타자'인 '한단의 걸음걸이'를 진지하게 배우고자 했다. 그 꿈과 같은 존재방식에 '신앙'의 형태를 보고자 하는 데서 이 책은 출발했다. 그렇지만 일반적으로 불교는 '깨달음'의 종교라 여겨지며 '신앙'의 종교인 것은 그다지 중요하게 간주되지 않는다. 확실히 불교에는 그러한 측면이 있다는 것도 부정할 수 없지만, 불교가 세계종교로 전개해 가는 기점이 된 서력기원 전후에서 5세기 초엽에 걸친 간다라나 카슈미르를 중심으로 하는 북서인도의 불교에서는 대체로 '신앙(śraddhā)'이 중시되었다.

불교성전의 정규 경장(經藏) 가장 끝에 위치하는 경전의 하나로 『법구경(*Dhammapada*)』이라는 경전이 있지만, 그 다른 판본으로 북서인도에서 더욱 증보 편집되어 많이 유포되었다고 생각되는 것으로 『우다나바르가(*Udānavarga*)』가 있다. 이 경전은 정규 경전 이외의 외전(外典)에 가까워서 널리 유포된 만큼 통속적인 요소도 포함되어 있지만, 거기에는 『법구경』에는 없는 '신앙'의 장이 제10장으로 새롭게 설정되어 그 여러 게송에서 다음과 같이 기술된다.

> 인색한 사람들은 결코 천계(天界)에 가지 못한다. 대개 저 어리석은 자들은 보시를 찬탄하지 않는다. 그렇지만 신앙이 깊은 사람(śrāddha)은 실로 보시를 환희한다. 이렇게 그는 내세에서도 행복해할 것이다.(제2송)
>
> 무릇 지자(paṇḍita)로 살아가는 사람들의 세상에서 신앙(śraddhā)과 지성(prajñā, 지혜)을 획득한 자라면 그의 그 재산은 실로 최상이지만 이것 이외의 나머지 재산은 열등하다.(제9송)
>
> 성인 뵙기를 원하며, 정법(saddharma)의 청문(聽問)을 즐거워하고, 인색의 허물을 제어하는 사람을 신앙이 깊은 사람이라고 부른다.(제10송)

이 시대 쿠샨 왕조 치하의 서북인도에서는 불교 교단이 푸르샤푸라를 중심으로 하는 동서교역의 번영에 의한 막대한 부의 축적을 안으로 거두어들이면서 비약적으로 발전하지만, 인색을 배제하고 보시를 찬미하는 위의 게송은 그 경제적 번영을 배경으로 하는 세속적인 측면도 반영하고 있다. 동시에 불교 정법의 청문(聽問)이 교역 루트에 편승하여 급격하게 증대하여 왕래한 불교신자(재가보살)들에게도 널리 개방되고 있음을 말하고 있다. 그리고 그 불교 교단에 보시를 하는 불교신자가 기본적으로 '신앙이 깊은 사람'일 터이지만, 그 사람이 드러내고 있는 '신앙' 그 자체는 위의 제2게송이 제시하는 것처럼 '지성'과 함께 수레의 두 바퀴와 같이 중시된다. 그런데 이 '신앙'과 '지성'이 중시되는 쪽은 중세 기독교 신학자들, 예를 들면 '알기 위해서 나는 믿는다(credo).'와 같은 말을 상기시키는 것이지만, 실제 이 라틴어의 credo>cred-do(믿다)라는 동사는 인도유럽어로서 산스크리트어의 śrad-DHĀ(믿다)라는 동사와 등가이며 막스 뮐러도 "로마인들이 credidi라고 말한 곳에서 바라문들은 śraddhadhau라고 말했다고 하고, 로마인들이 creditum이라고 말한 곳에서 바라문들은 śraddhadhitam이라고 말했다."라고 기술하고 있다.

그런데 '신앙'이 '자기'를 버리고 '타자'를 믿고서 '타자'로부터 배우려고 하는 것이라면, '지성' 또한 그 배운다고 하는 궁극에서 '자기'의 '무지'를 깨닫게 된다는 것이 참된 지자에게는 체험되는 것 같다. 그 가장 유명한 사례가 고대 그리스의 소크라테스이며 그에 있어서 "너 자신을 알라!"라는 델포이의 신탁은 "자기 자신은 스스로 아무것도 알지 못한다는 것을 알고 있다."라는 것을 의미했다(플라톤의 『프로타고라스』, 『향연』 참조). 또한 소크라테스보다 1세기가량 앞선 고대 중국의 공자에게도 같은 것을 의미하는 말이 남아 있다. 『논어』 「위정(爲政)편」의 말이지만, 이하에서 그것이 '지성'의 탐구와 관계없다고는 생각되지 않아 그 이전의 말과 함께 일련의 관계 속에서 인용해 두고자 한다.

> 선생님(공자)께서 말씀하셨다. 배우기만 하고 생각하지 않으면 얻는 것이 없다. 생각만 하고 배우지 않으면 몸을 보존하는 데 위태롭다.
>
> 선생님께서 말씀하셨다. 이단을 공부하는 것은 오히려 자신을 해칠 뿐이다.
>
> 선생님께서 말씀하셨다. 유(자로)야! 너에게 진정으로 안다고 하는

것이 무엇인지를 가르쳐 주고자 한다. 아는 것을 안다고 하고 모르는 것을 모른다고 하는 것, 이것이 진정으로 아는 것이다.

불교의 개조 샤키야무니(Śākyamuni, 석존)도 또한 '무명(avijjā, avidyā)'이라는 '자기'의 '무지'를 아는 것으로부터 출발하였지만, 이것에 관해서는 뒤에 다시 기술할 것이다. 불교는 말할 것도 없이 이 석가모니의 가르침을 근간으로 하여 전개되었다. 그런데 쿠샨 왕조 치하의 북서인도 불교에서는 개조가 역시 인간 석가모니가 아니라 '일체지자(sarvajña)'로서 우리 인간과는 격절된 존재로 간주되어 '신앙'의 대상이 되어 버렸다. 그것을 제시하는 가장 좋은 예가 『법화경(*Saddharmapuṇḍarīka*)』「방편품」의 부처님이 샤리푸트라(Śāriputra, 舍利弗, 舍利子)에게 말하는 유명한 일절이다.

> 샤리푸트라여! 여러분들은 나(佛)를 믿고 신뢰하고 신복하면 좋을 것이다. 왜냐하면 샤리푸트라여! 여래들에게는 허언이라는 것이 없기 때문이다. 샤리푸트라여! 이 수레는 하나뿐이며 즉 그것이 불승이다.
>
> 舍利弗. 汝等 當一心解受持佛語. 諸佛如來, 言無虛妄. 無有余乘, 唯一佛乘.(구마라집 역, 대정장, 9권, 9항 하)

이것은 '일체지자'인 부처님에 대한 '신앙'에 의해서 '자기'의 '무지'를 알고, 허언(虛言) 없이 '타자'인 부처님의 언어에 따라 '불승'인 불교를 배울 것을 권한 하나의 구절이라고 간주할 수가 있다.

그런데 이상에서 지적해 왔던 것에 공통하고 있는 것은 '신앙'에 있어서든 '지성'에 있어서든 '지(知)'와 '무지(無知)'의 구별이 극히 중시되고 있다는 것이다. 가령 이것을 '구별의 지의 무지'라 부르는 것으로 한다면, 일반적으로 알려진 불교에서는 이와 같은 '무지'보다는 오히려 '무구별의 지의 무지'라고 이름 붙여야 할, 문자 그대로의 '무지'를 칭찬하는 경향도 강한 것으로 느껴진다. 예를 들면 『일체법무기소설경(一切法無起所說經, *Sarvadharmapravṛttinirdeśa*)』의 구마라집 역 『제법무행경(諸法無行經)』의 한 게송에서는 다음과 같이 '무구별의 지의 무지'인 자야말로 '지자(paṇḍita, mkhas pa)'라고 찬미되고 있다. 본경에는 산스크리트 원전이 알려져 있지 않기 때문에 아래에서는 티베트 역에 의한 번역과 구마라집 번역 순서로 제시한다.

> 사상(思想)과 무사상(無思想)은 두 개이면서 하나이다. 쾌(śāta, mnyam)도 불쾌도 같이 평등하다. 부처님도 없고 스님도 없다. 누구나 이렇게 아는 자만이 〔참된〕 지자(paṇḍita, mkhas pa)이다. (P. ed., 282b7) 〔지견과 지견 아닌 것이 한 모습이고, 집착과 집착 아닌 것 또한 그러하며 여기에는 부처도 없고 법도 없으니 이것을 아는 것을 커다란 지혜라고 한다네.〕
>
> 見非見一相, 著不著亦緣, 此無佛無法, 知是名大智(대정장, 15권, 751항 상)

여기서 '무구별의 지의 무지'인 것이 '지자'라고 불리고 있는 것은 분명하지만, 이 '지자'는 앞의 『우다나바르가』 제10장 제9게송에서 '신앙'과 관련하여 사용되고 있었던 것과 같은 용어이면서 그 함의하는 바는 상당히 다르다. 왜냐하면 앞과 같은 '지자(知者)'는 '구별의 지의 무지'라는 본래의 '지성'을 가진 것으로서 '신앙'과도 결합하지만, '무구별의 지의 무지'에 안주하는 '지자'는 원래 외부에 신심을 두는 것을 원의로 하는 '신앙(śraddhā)'과는 반드시 친숙하지 않기 때문이다. 사실 위에서 인용한 게송을 인도하는 직전의 경문을 보면 거기서 강조되는 것은 '일규(一揆)의 용인(tshul gcig pa la mos pa, 신앙과 지성의 동일성)'이며, 그 '용인(容認, mos pa)'의 산스크리트 원어는 티베트 번역으로부터 추측하는 한, '자기'에 내재하는 성벽(性癖)에 따라 수용한 '자기' 확대를 의미하는 adhimukti라는 말이 아니면 안 된다.

이상을 간단히 정리하면 자기 긍정의 '무구별의 지의 무지'에는 '용인'이 대응하고 자기 부정의 '구별의 지의 무지'에는 '신앙'이 대응하는데, 이 양쪽의 전혀 다른 '무지'를 한 사람에게서 체험한 것처럼 전승한 유명한 사람으로 추다판타카(Cūḍapanthaka, 周利槃特)가 있다. 하나는 남전 팔리의 『자타카』 제4화에 묘사되는 추다판타카(팔리어로는 출라판타카라고도 한다)의 이야기이며, 다른 하나는 북전 근본설일체유부율(根本說一切有部律)의 승단 규율조 가운데 경범죄(pāyantika, 波逸底迦, 波逸提) 제21조에 대한 『율분별(律分別, *Vinaya-vibhaṅga*)』에 있는 추다판타카 이야기이다(P. ed., Nye, 58a3-68b4. 의정 역, 대정장, 23권, 794항 하-798항 상). 전자에서의 추다판타카는 문자 그대로 '무지'하고 어리석은 자로서 4개월이 지나도 게송 하나 외우지 못하는 출가자이지만 그것을 차마 보지 못했던 부처님이 천 조각을 그에게 주면서 그것을 '쓰레받기(rajo-haraṇa), 쓰레받기'라고 하여 손으로 문지르라고 가르친다. 그것을 계속했던 추다판타카는 어느 날, 오염된 천 조각을 보고 탐욕은 밖에서 온다는 것을 알고 자기의 본래 청정함을 깨닫는다. 전승은 나아가 그가 불전인 '삼장'에도 통달했다고 기록하고 있지만, 그것은 불교로서는 당연히 더하지 않으면 안 되었던 부록으로, 전승 전체의 기조는 '무구별의 지의 무지' 때문에 그가 오히려 일반의 지자보다는 자기 본래 청정함을 깨닫기 쉬웠다는 점을 기술하는 듯하다. 그런데 후자의 추다판타카가 전자의 기조를 완전히 제거해 버린 것은 아니지만, 그 '무지'는 '지'와 '무지'의 구별을 중시하는 다음과 같은 게송과 결부지어 기술하기에 이르렀다.

> 무릇 어리석은 자(愚者, bāla)는 자신이 어리석은 자라고 〔자기를 안다면〕 그런 이유로 그곳에서 지자(智者, paṇḍita)가 된다. 어리석은 자가 자신이 지자라고 과신한다면 그는 실로 여기서 어리석은 자라 불릴 것이다.

그렇다면 전자로부터 후자로의 전승 전개는 후자의 전승 토대를 이루게 될 북서인도의 불교였던 것은 아닌가? 아마도 그렇다고 일단은 답할 수가 있을 것이다. 그러나 북서인도의 불교가 '구별의 지의 무지'에 응하는 '신앙'의 불교 일색이 되어 있었던가, 라고 한다면, 그와 같은 '신앙'은 오히려 적고, '무구별의 지의 무지'에 응하는 '용인'의 불교 쪽이 널리 유포되어 있었다는 것이 실상일 것이다. 하여튼 이러한 종류의 논의를 기록하여 전한 북서인도의 대표적 문헌 『대비바사론(大毘婆沙論, *Mahāvibhāṣā*)』에는 위의 두 양태의 존재방식을 기호 (ㄱ), (ㄴ)으로 제시하는데, (ㄱ)은 불제자 가운데 지성파의 제1인자 샤리푸트라에 맡겨진 언어로서, 다음과 같이 표현되고 있다.

(ㄱ) 만약 부처님이 이 세상에 출현하지 않았다면 나 샤리푸트라는 눈 먼 무지 상태로 생애를 마쳤을 것이다.(구역, 대정장, 28권, 116항 중, 신역, 대정장, 27권, 151항 중)

그런데 이것과는 완전히 상반되는 존재방식인 후자 (ㄴ)은 다음과 같은 문언 혹은 그것과 유사한 문언으로 대승경전을 비롯한 이 시대에 새롭게 등장한 문헌을 통해서 같은 북서인도에서도 보다 빈번하게 표출되는 것 같다.

(ㄴ) 부처님이 출현하시든 하지 않으시든 진여(眞如, tathatā)와 법계(法界, dharma-dhātu)와 실제(實際, bhūta-koṭi)는 확정된 것이다.

이 (ㄴ)은 부처님의 출현과는 관계없이 '진여' 등의 실재가 영원히 확정되어 있다고 가르치는 것이기 때문에 청자(聽者)에게는 이 자명한 전제가 되는 실재를 침묵으로 '용인'하고 그것을 직감적으로 깨닫는 길밖에 남아 있지 않는 것이 된다. 실은 이것이 앞 절에서 본서에서는 피하고 싶다고 단정한 (b)의 불교 즉 '부처가 되기 위한 가르침'에 통하는 것이지만, 앞의 (ㄱ)은 부처님은 전혀 관계가 없기는커녕 '일체지자'로서의 부처님 없이는 우리가 무지로 세상을 마칠 수밖에 없을 것이라고 부처님에 대한 '신앙'을 표명하기 때문에 끊임없이 부처님의 언어를 확인하면서 그 가르침을 배우지 않으면 안 된다고 하는 표명이기도 하다. 따라서 이것이 본서에서 적극적으로 밝히고 있는 (a)의 불교 즉 '부처님이 설하신 가르침'에 가깝다.

이 의미에서는 불교에 있어서 부처님의 언어란 고도로 중요한 것이 되지만, 그 부처님의 언어인 불전의 집성으로서의 '삼장'에 관해서는 제2장 제3절에서 기술할 터이므로, 여기서는 불교에 있어서 '언어'란 무엇인가를 일반적으로 고찰해 보고자 한다. 왜냐하면 본서에서 얼마간 (a)-(ㄱ)의 불교를 밝히고 싶다고 바랐던 곳에, 현실에는 (b)-(ㄴ)의 불교가 뿌리 깊게 삼투하여 있고, 쌍방의 사고방식이 언어관에도 미묘한 영향을 주는 이상, 그 양자의 불교를 끊임없이 명확하게 구별해 가는 과정에서 이와 같은 구별을 '언어'에 관해서도 미리 간단하게 확인해 둘 필요가 있기 때문이다. 그런데 이 확인에 즈음해 가장 중요한 것이 바로 부처님의 말씀(佛說)에 대한 '료의(了義, nītārtha)' 혹은 '미료의(未了義, neyārtha)'의 구별이다. 이 점에 관해서 불교 부파 간의 교의의 차이를 요약한 『교의구별형성론(異部宗輪論, *Samayabhedoparacanacakra*)』은 (a)-(ㄱ)의 불교를 대표하는 설일체유부이다. 그 교의에 관해서는 아래의 (α)로, (b)-(ㄴ)의 불교를 대표하는 대중부 계통의 교의에 관해서는 아래의 (β)와 같이 기술하고 있다.

(α)

법륜(즉 불설)이란 팔지성도(八支聖道)이다. 모든 여래의 말씀이 법륜을 굴리는 것이 아니다. 모든 것이 실질적으로 명료하게 설해진 것이 아니다. 모든 것이 여실하게 설해진 것이 아니다. 모든 경전이 료의로서 설해진 것이 아니다. 모든 경전이 료의인 것이 아니며 료의에 의해서 경전이 있는 것이다.(P. ed., 174b3-5, 현장 역, 대정장, 49권, 16항 하)

(β)

모든 여래의 말씀은 법륜을 굴리는 것이다. 모든 것이 실질적으로 명료하게 설해진 것이다. 모든 것이 여실하게 설해진 것이다.(P. ed., 170b4-5, 현장 역, 대정장, 49권, 15항 하)

'료의'란 언어의 의미가 논리적으로 완전하게 인도되어 마쳐졌고, 게다가 불교적으로도 옳아서 그 이상으로 해석을 더할 여지가 없는 것을 가리키는 것이지만, '미료의'란 언어의 의미에 아직 해석의 여지가 있음을 가리킨다. 이 구별에 비추어서 위에 인용한 α, β의 교의를 고려해 보면 α는 '불설'로서 전승되어 왔기 때문에 모든 것이 '료의'로서 수용되어 버린 것이 아니다. 가령 '일체지자'인 부처에 대해서 우리들이 '무지'라고 해도 '구별의 지'의 한계를 다하여 논리적으로도 신앙상으로도 바른 '료의'와 그렇지 않은 '미료의'를 구별하려는 입장을 표현하고 있는 것에 대해서, β는 '불설'이라고 말해지면 모든 것을 '료의'로서 '용인'해 간다는 타협적 입장을 표현하고 있는 것이 될 것이다. 따라서 후자는 '무구별의 지'에 만족하여 가령 논리적으로 이해 불가능하며 '무지'라고 생각되는 '불설'에 대해서도 언어의 배후에 있는 것이 자명하다고 간주되는 무언(無言)의 실재에 호소하여 이쪽의 제멋대로 해석하는 길이 열린 것이 되기도 한다. 그렇기 때문에 전자 α가 '타자'의 언어의 의미를 '자기'류의 언어가 아니라 가능한 한 엄밀하게 '타자'의 언어로도 되는 것처럼 생각하기 때문에 '번역가능론'에 입각한 것에 대해서, 후자 β는 언어가 지시하는 실재를 가능한 한 언어를 개재시키는 것이 아니라 자기의 해석(깨달음)에 부합하여 이해하고 타자의 언어로서 옮기기 어렵다고 생각하기 때문에 '번역불가능론'에 입각하고 있다. 여기서 이상을 정리해 두면 다음과 같을 것이다.

(a)-(ㄱ)-(α)→번역가능론

(b)-(ㄴ)-(β)→번역불가능론

이것을 스모[相撲]를 예로 들어 설명해 보고자 한다. 스모가 '국기(國技)'로 간주되는 것은 분명히 메이지 이후의 일이지만 거기에 천 년 정도의 역사를 자기 멋대로 주입하려고 한다면, 스모의 최고위인 요코즈나[橫網]의 '품격'도 순식간에 '번역불가능'한 것이 된다. 그러나 거기까지 자기를 고집하지 않으면, '품격'이란 단순한 단계이기 때문에, 요코즈나의 '품격'은 최고위의 '위엄'밖에 없다고 '타자'의 언어로 '번역가능'하다고 간주하는 것도 용이하다. 무엇보다도 그 양자를 둘러싸고 백가쟁명(百家爭鳴)인 것은 주지의 사실이지만 '타자'로부터 배우는 것을 부끄럽게 여기고 '자기'의 확대만을 즐기는 것은 머지않아 열등의 길로 되돌아갈 수밖에 없다.

이와 같은 예까지 들면서, 물론 충분하다고 할 수는 없지만, 어느 정도의 준비는 가능해지지 않았나 생각한다. 여기서 서서히 불교 속으로 들어가 보려고 한다.

제1장

불교전파의 지리지

1
북서인도

불교는 기원전 6~5세기에 샤키야무니(釋尊)에 의해서 설해졌으며, 처음에는 마가다 지방을 중심으로 하는 갠지스강 중류 지역에 정착하였다. 하지만 그것이 세계종교로서 아시아 전역에 확장되는 기연(機緣)은, 간다라나 카슈미르를 중심으로 하는 북서인도에서 주어졌다고 생각된다. 최초의 개교(開教)인 마가다 지방이나 개조(開祖)의 생존연대에 관한 상세한 것은 다음 절이나 제2장 제2절에서 기술할 것이다. 여기서는 그것에 앞서 북서인도 지역을 먼저 살펴보고자 한다. 그것은 이 지역이 직전에 언급된 것처럼 불교가 세계종교로서 전개해 가는 거점이 되었기 때문일 뿐만 아니라, 인도가 오늘날의 인도이기 위한 중요한 요충지였기 때문이다.

오늘날의 인도와 관련된 인도문화를 형성한 주요한 민족은 인도 아리아라고 불리는 민족이다. 그들이 인도에 침입하기 이전에 존재했던, 하라파나 모헨조다로의 유적으로 유명한 인더스 문명은 기원전 3000년부터 1500년경에 번성했다고 추정되고 있지만, 그 실상은 오늘날에도 상세히 알려져 있지 않다. 인도 아리아 민족은 힌두쿠시산맥을 넘어 카이베르고개 등을 통해서 인더스강으로 흘러 들어가는 다섯 개의 지류를 포함한 펀자브(Pañcāp) 지방으로 들어가서 인더스 문명을 만든 선주민을 정복하였는데, 그 문명파괴가 어느 정도였는지는 정확하게 알 수 없다. 그러나 어쨌든 그들이 최초로 정주한 일대의 인더스강과 5개의 지류, 지금은 말라버린 가가르강(Ghaggar-Hakra River)이라고 간주되는 사라스바티강, 모두 7개의 강은 문자 그대로의 의미에서 '사프타 · 신두(Sapta · Sindhu)'라 불리게 된 것이다. 그런데 이 '신두(Sindhu)'가 페르시아인들에 의해 '힌두(Hindhu)', 그리스인들에 의해 '인도스(Indos)'라고 발음되고 그것이 이윽고 인도 전체를 지시하는 것처럼 사용되었던 듯하다.

그 의미에서도 '사프타 · 신두'를 포함하는 북서인도가 인도를 대표하고 있다고 말할 수 있지만, 실질적으로 그 뒤의 많은 시간 동안 인도를 대표한 것은, 동진을 계속하여 갠지스강 중류 지역에 도시국가를 구축한 인도 아리아 민족이었다. 그런데 한편으로 갠지스강을 중심으로 하는 중앙인도나 동인도, 나아가서 데칸고원을 중심으로 하는 남인도에서는 토착민족과의 융합 또한 현저하게 진행되고 있었다. 그에 비해 북서인도는 중앙아시아나 서아시아와 인접해 있다는 지리적 요인 때문에 끊임없이 외적의 침입에 시달리는 대신에, 동서교역의 주요 루트를 포함하고 있어서, 그로 인한 막대한 부의 축적과 국제적인 종교나 문화의 새로운 동향을 안으로 수렴할 수 있었다.

이것을 상징하는 사건이 기원전 327년 알렉산더 대왕의 북서인도 침입이다. 알렉산더 대왕의 군대는 인더스강 동쪽 지류를 간신히 넘었을 뿐 본류를 따라 내려가서 아라비아해로 빠져나갔다. 그 뒤 대왕은 서방으로 귀환하여 기원전 323년 바빌론에서 객사했다. 그러나 알렉산더 대왕의 인도 원정이 끼친 영향은 지대하였다. 알렉산더의 인도 원정 이후 북서인도에는 그리스 문화의 잔존이 보일 뿐만 아니라 서남아시아에는 헬레니즘화 속에서 셀레우코스 왕조가 성립되었다. 기원전 3세기 중반경에는 파르티아(安息)와 박트리아(大夏)가 셀레우코스 왕조에서 이탈하여 독립 왕국이 되어, 이윽고 북서인도를 위협하기에 이른다. 이렇게 해서 기원전 2세기에서 1세기경의 북서인도는 그리스인의 여러 왕조에 의해서 지배를 받게 되었다. 그중에서 불교에 잘 알려져 있는 그리스 왕이 메난드로스(Menandros, 기원전 160~140년 재위)이다. 인도에서는 '밀린다(Milinda, 弥蘭)'라고 불리는데, 그가 통치할 때 지방의 불교승려 나가세나(Nāgasena, 那先)와 토론한 기록이 『밀린다왕문경(*Milindapañha*, 那先比丘經)』으로서, 팔리 성전의 장외(藏外)에 전해진다. 한역도 있어서 당시의 불교를 이해하는 데 귀중한 자료이다. 그런데 이들 그리스 계통의 여러 왕조를 대신하여 간다라(罽賓, 계빈)를 지배하게 되었던 것이 스키타이라 불리는 이란 계통의 샤키야족(塞種)이다.

이 샤키야족과 인연이 있을 것으로 추측되는 부족으로 쿠샨(Kuṣāṇa)이 있으며, 중국에서는 주로 '월씨(月氏)'로 알려져 있다. 하지만 이 쿠샨족이 중앙아시아로부터 이동하여 서력 1세기 중반에 북서인도를 공략하고, 2세기 전반에 이 계통에서 나온 카니슈카왕이 쿠샨 왕조를 장악하여 북방인도 전체를 지배하는 일대 제국을 건설하고, 갠지스강 중류 지역을 능가하는 세력으로 강성하게 되었다. 그러나 뒤에 아무리 강성했다고 해도 북서인도는 불교에서는 후발국이었기 때문에 카니슈카왕이 갠지스강 중류 지역의 중인도에서 불교를 자국으로 도입하려고 노력했다는 이야기는, 사료 문헌으로는 반드시 문제가 없다고는 할 수 없다 해도 『부법장인연전(付法藏因緣傳)』에는 다음과 같이 기술되어 있다.

쿠샨국의 왕은 위세가 강성하며, 그 이름을 찬다나 카니슈카라 하였다. 그는 기개가 용맹하고 용기는 보통 사람을 넘어선 사람이었다. 정복해야 할 나라가 있다면 반드시 그 나라를 정복했다. 그는 4종의 군대(코끼리군대, 기마군대, 전차군대, 보병군대)를 갖추고 저 국토(중인도)로 향했다. 그 나라를 공략한 뒤 정복하여 〔중인도의 왕에게〕 9억의 금전을 요구했다. 거기서 중인도의 왕은 아슈바고샤(馬鳴)와 부처님발우(佛鉢), 한 마리의 지혜로운 마음을 가진 닭(慈心鷄), 각각 3억 금에 상당하는 것을 카니슈카왕에게 바쳤다. 아슈바고샤 보살은 발군의 지혜를 가진 인물이다. 부처님발우는 여래(佛)가 소지하고 있었다고 하는 공덕을 지니고 있다. 닭은 자비의 마음을 가지고 있어서 벌레가 있는 물을 마시지 않고 어떠한 적도 그 닭에게 대적할 수가 없었다. 이와 같은 이유로 실로 9억의 금전에 상당하는 것이다. 왕은 크게 기뻐하여 이것을 받아들이고 즉시 군대의 향방을 바꾸어서 자국으로 돌아갔다.(대정장, 50권, 315항 중. 고유명사의 표기 이외에는 사다카다 아키라定方晟의 번역에 의거한다.)

카니슈카왕이 중인도의 파탈리푸트라까지 도달했다고 하는 것은 사실이기 때문에 그가 그곳으로부터 가지고 왔던 3개의 귀중한 보물 가운데 기이한 닭인 자심계를 일단 제쳐 두더라도 중인도의 불교에 있어서 실제로 극히 유명했던 나머지 두 개, 즉 아슈바고샤와 부처님발우는 북서인도에 불교가 전래되었던 것에 대한 권위를 부여하는 상징으로 삼았던 것이라 생각된다. 아슈바고샤(Aśvaghoṣa, 馬鳴, 2세기)는 『바수반두법사전(婆藪盤豆法師傳)』 속의 기록에 의하면 슈라바스티(舍衛城)국의 사케타 출신이라 여겨지지만, 시적인 재능이 풍부했다고 하며 중인도에서 명성이 자자한 후에 간다라에 이르러 활약했다고도 여겨진다. 그 대략은 사실이라고 보아도 좋을 것 같다. 문제는 '계빈'이 간다라를 가리키는지 아니면 카슈미르를 가리키는지이다. 이것을 앞의 부처님발우와 관련시켜 보면 전자의 가능성이 크지만, 부처님발우란 원래는 부처님이 성도한 뒤 부처님에게 상인 두 사람이 음식물을 드렸을 때 부처님이 그것을 발우로 받았다고 하는 부처님발우 이야기(佛鉢譚)에서 유래한다. 요컨대 부처님이 그것을 직접 손으로 받지 못하고 머뭇거리자, 이것을 본 사천왕(四天王)이 각각 하나씩 4개의 발우를 부처님께 드렸다. 부처님은 사천왕을 평등하게 대우하고자 4개의 발우를 하나의 발우로 변형하여 사제획연(四際畫然)인 그 발우를 가지고 상인 두 사람이 드린 음식물을 받았다는 이야기이다. 따라서 그 부처님발우 이야기는 부처님의 성도의 땅 마가다에서 흥기한 것임은 분명하다. 하지만 앞서 인용한 이야기를 포함해 그것이 신앙의 대상에 권위를 부여하기 위해서 부처님발우가 북서인도의 '계빈'에 원래 있었던 것으로 여겨지는 것은 사실인 것 같다. 게다가 당시의 북서인도 교역로를 왕래하고 있었던 여행자나 구법승의 부처님발우에 대한 기록을 보면, 상당히 큰 위용을 가지고 간다라의 푸르샤푸라에 안치되어 있었다고 추측된다. 예를 들면 기원후 400년 무렵에 이 지역을 지나갔던 법현은 『고승법현전

(高僧法顯傳, 佛國記)』에 다음과 같이 기술한다.

여기서 동쪽으로 5일간 가서 건타위국(揵陀衛國, 간다라)에 도착하였다. 이곳은 아육왕(阿育王, 아쇼카왕)의 아들 법익(法益)이 통치하던 곳이다. 부처님께서 보살로 계셨을 때, 또한 이 나라에서 당신의 눈〔眼〕을 남에게 보시하셨다고 한다. 그곳에도 역시 큰 탑이 세워졌고 금·은으로 꾸며져 있었으며 이 나라 사람들 대부분이 소승을 배우고 있었다. 이곳에서 동쪽으로 7일쯤 가자 탁샤실라(竺刹尸羅)라고 하는 나라가 있었는데 탁샤실라란 중국어로 '머리를 자른다.'는 뜻이다. 부처님께서 보살로 계실 때 여기에서 머리를 보시하셨다고 한다. 그래서 이런 이름을 갖게 된 것이다. 다시 동쪽으로 이틀쯤 가면 몸을 던져 굶주린 호랑이에게 먹힌 곳에 이르게 된다. 이 두 곳에도 큰 탑이 세워져 있었고 모두 갖가지 보석으로 장식되어 있었는데 여러 나라의 왕과 신하들은 다투어 공양을 올렸고 꽃을 뿌리고 등을 켜는 일이 계속 이어져 끊이질 않았다. 앞의 두 탑과 함께 그 지방 사람들은 이를 사대탑(四大塔)이라고 하였다. 건타위국에서 남쪽으로 나흘쯤 가자 불루사국(弗樓沙國, 푸르샤푸라)에 이르렀다. 옛날 부처님께서 여러 제자를 데리고 이 나라에 유행(遊行)하실 적에 아난에게 말씀하셨다. "내가 열반〔般泥洹〕한 후 계니가(罽膩伽, 카니슈카)라는 국왕이 나타나서 이곳에 탑을 세울 것이다." 훗날에 계니가왕이 세상에 나와 유람차 다니고 있을 때에 천제석(天帝釋)은 그러한 마음을 계발하고자 소를 치는 목동〔小兒〕으로 몸을 바꾸고 길가에서 탑을 쌓고 있었다. 그러자 왕이 물었다. "너는 무엇을 만들고 있느냐?" "불탑을 만들고 있습니다." 왕이 말했다. "매우 훌륭하구나." 그리고 왕은 곧바로 소년이 만든 탑 위에 다시 탑을 세웠는데 높이가 40여 장이나 되었으며 갖가지 보석으로 장식되었다. 무릇 경에서 본 탑묘(塔廟) 중에서 이 탑만큼 아름답게 장엄되고 위엄 있는 것은 하나도 없었다. 전하는 바에 의하면 염부제(閻浮提)의 탑은 오직 이 탑이 최상(最上)이라고 했다. 왕이 만든 탑이 완성되자 높이 3척가량의 소탑(小塔)이 돌연 대탑 남쪽에 솟아났다고 했다. 부처님발우〔佛鉢〕는 바로 이 나라에 있다. 옛날 월씨(月氏) 왕이 크게 군사를 일으켜 이 나라로 쳐들어와 부처님발우를 빼앗아 가려고 하였으나, 이 나라를 정복하면서 불법을 독실하게 믿게 되었으므로 월씨 왕은 부처님발우를 빼앗아 가는 것이 아니라 모셔 가기 위해 공양을 올리게 되었다. 삼보 전에 공양을 마치고 큰 코끼리를 장엄하게 꾸미며 그 등에 부처님발우를 안치하였다. 그러나 코끼리가 바로 땅에 엎어져서 앞으로 나아갈 수 없었다. 다시 사륜마차를 만들고 그 위에 부처님발우를 얹은 뒤에 여덟 마리의 코끼리로 하여금 함께 끌게 하였으나 역시 앞으로 나아갈 수 없었다. 왕은 부처님발우와의 인연이 아직 이르지 않았음을 알고 스스로 깊이 뉘우치고 탄식하면서 이곳에 탑과 승가람을 세우고 아울러 군대를 주둔시켜 지키게 하면서 여러 가지 공양을 올리도록 하였다. 이곳에는 대략 7백여 명의 승려가 있었는데, 정오가 되면 부처님발우를 꺼내서 속인들과 더불어 여러 가지 공양을 올리고 그런 뒤에 점심을 먹었다. 해 질 무렵에 향을 사를 때도 그렇게 했다. 부처님발우는 그 용량이 2두(斗) 정도로 색깔은 흑색이 짙은 잡색(雜色)이며 사제(四際)가 분명하고 두께는 2푼 정도로 매우 광택이 있었다. 가난한 사람은 그 속에 꽃을 조금만 넣어도 발우가 가득 차지만 부자는 많은 꽃으로 공양하려고 백천만 곡(斛)을 넣어도 결국 발우를 채울 수가 없었다고 한다.(대정장, 51권, 858항 중-하, 이재창 번역, 『고승법현전』, 동국대 한글대장경 참조)

인용의 가장 끝부분의 전승은 『신약성서』「누가복음」 제21장 제1절~4절이나 「마가복음」 제12장 제41절~44절의 이른바 '가난한 과부의 동전 두 개 이야기'에 나오는 예수의 말씀, "잘 듣기 바란다. 저 가난한 여인은 누구보다도 헌금을 많이 하였다. 돈 많은 이들은 모두 돈이 남아도는 상태에서 헌금을 하였지만, 저 과부는 궁핍한 생활 속에서도 가지고 있었던 생활비 전부를 넣었기 때문이다."를 상기시킬지도 모르지만 사실 이것과 아주 유사한 이야기가 한역에서는 위에서 기술한 아슈바고샤에게 귀속되는 구마라집 번역의 『대장엄경론(大莊嚴經論)』의 제23 이야기(대정장, 4권, 279항 하-280항 상)로 알려져 있으며, S. 빌이나 폴 카루스(Paul Carus, 1852~1919) 이래 기독교와 불교 영향의 전후관계의 문제로서 옛날부터 주목되어 왔던 것이기도 하다. 원래 이 장은 그러한 것을 논하는 곳이 아니지만, 북서인도는 그 전후관계가 논해진다고 해도 결코 이상하지 않은 국제교류의 요충지를 포함하고 있었다는 것만은 여기에 덧붙여서 유의해 두고자 한다.

이제 본론으로 돌아가 보자. 직전에 아주 긴 인용을 시도하였지만 굳이 그렇게 한 것은 이에 의해서 4, 5세기경의 북서인도 불교의 실정도 약간 알아야 얻어지는 것은 아닌가 생각했기 때문이다. 그러나 그 인용 서두의 핵심 지명 위치는 파악하기가 상당히 어렵다. 그 요인으로는 본래는 넓은 범위의 지역을 가리키는 간다라를 여정의 기점으로 사용하고 있는 것도 있지만, 가령 법현(法顯)은 그 간다라 중에 있는 탁샤실라에서 푸르샤푸라로 향했다고 해도 그곳을 동쪽으로 가기도 하고 남쪽으로 가기도 하는 여정이 적어도 나에게는 그다지 납득이 되지 않는다. 그 위치 관계에 관해서는 법현의 기술을 떠나서 현재 지도에 의거한다면 북위 34도의 약간 위에 푸르샤푸라(지금의 페사와르)가, 아래에 탁샤실라(지금의 탁실라)가 있다. 양자는 100킬로미터 정도 떨어져 있고, 서쪽으로 푸르샤푸라, 동쪽으로 탁샤실라가 있다. 이 푸르샤푸라에 쌀을 2말 정도 담을 수 있는 크기의 부처님발우가 있었다는 것은 법현의 목격에 의해서 확실하다. 게다가 이 부처님발우야말로 당시의 '간다라'를 통과한 구법자나 여행자가 구하고 원하여 참배하는 간다라의 부처님발우로서 전하여 기록한 것이라고 한다면, '계빈'이라고 하는 것은 당연히 푸르샤푸라를 포함한 간다라가 아니면 안 될 것이다. 게다가 푸르샤푸라는 당시 간다라의 수도이며, 개방된 교통의 요충지를 포함하여 경제나 문화의 중심지였던 것만으로 많은 참배자가 모여든 재화 넉넉한 장소로서 어울리는 것이지만, 불교사상을 연구하는 사람의 입장에서 본다면 산속에 폐쇄된 슈리나가르 분지에 있으며 아비다르마 연구의 전통을 계속해서 고수한 설일체유부 교단 사원이 많았던 카슈미르야말로 '계빈'에 어울린다고 생각되는 측면도 여전히 남아 있다. 시대의 추이에는 좌우되지만 카슈미르를 '계빈'으로 여기는 문헌도 분명히 있기 때문이다.

그런데 푸르샤푸라가 카니슈카왕이 머물고 있는 수도였다고 한다면 앞의 인용 중에서 카니슈카왕이 문제의 부처님발우를 가지고 가려고 했던 곳은 도대체 어디였을까, 라고 의아해하는 사람이 있을

지도 모른다. 법현의 기술이 푸르샤푸라를 제압한 직후로서 묘사되는 이상 그는 탁샤실라에 접하여 도시를 조성했다고도 전해지고 있기 때문에 아마도 거기로 운반하려고 했던 것일지도 모른다. 하지만 여기서는 극히 단순하게 제압했을 뿐 푸르샤푸라의 자신의 성 안으로 부처님발우를 개인의 것으로서 가지고 들어가려고 하였지만 지나친 사심에 부끄러움을 느껴 그것을 실현하지 않았다고 해석해 두고자 한다.

뒤는 앞의 법현의 기술을 단서로 당시 불교 사원의 구조를 묘사한 것으로 여겨진다. 아마도 이 사원(saṃghārāma, 승가람, 가람)은 문제의 부처님발우를 신앙 대상으로하여 창건되었고, 점차 증축되어 법현이 본 위용에 이르렀을 것이다. 법현이 '불탑(stūpa)'이라 말하고 있는 것은 그 사원 전체 부지의 북쪽에 배치되고 남쪽에는 빙 둘러 100 전후의 개인 승방을 갖춘 승원이 7개씩 나란히 존재한다. 그것을 법현이 '700여 명의 출가자를 수용할 수 있다.'라고 기술한 건지도 모른다. 그렇다면 문제의 부처님발우는 어디에 안치되었는가, 라고 하면 사원 전체의 구조 속에서는 아마도 불탑을 포함하는 북쪽 부지, 가장 사람들의 왕래가 빈번한 중심부였을 것이다. 그런데 여기서 묘사한 것은 확실히 푸르샤푸라를 전형으로 하는 도시 지역의 사원 구조를 비롯하여 다른 지역의 사원과 큰 차이가 없다는 것이다. 예를 들면 카슈미르 등의 산간 지역 사원이 암벽이나 석굴 등의 자연을 이용하는 정도는 좀 더 많지만, 기본적으로는 같은 배치였음을 고고학적 성과로부터 추측할 수가 있다. 그러나 이와 같은 구조의 사원 다수와 함께 융성한 북서인도의 불교에도 이윽고 변화가 찾아온다. 간다라를 번영시키는 요충지가 된 카라코룸 서쪽 산맥의 길이 에프탈족 지배의 영향에 의해 힌두쿠시 서쪽 산맥 도로를 대신하고, 6세기에 접어들면 간다라는 쇠퇴하고 바미안[梵衍那國]이 카피사와 함께 급속하게 부상한다. 7세기 전반에 이 주변 일대를 왕복한 중국의 삼장법사 현장(玄奘)은 간다라의 쇠락을 봄과 동시에 다른 한편으로 바미안의 번영을 본다. 그리고 2001년 탈레반에 의해서 파괴된 대석불이 있는 사원의 모습에 관해서는 『대당서역기』에서 다음과 같이 기술한다.

〔바미안의〕 왕성 동북쪽 산의 후미진 곳에 돌로 만들어진 부처님의 입상(立像)이 있다. 높이는 140~150척이며 금색이 찬란하게 빛나고 온갖 보배로 장식되어 눈을 어지럽힌다. 동쪽에 가람이 있는데 이 나라의 선왕(先王)이 세운 것이다. 가람 동쪽에는 유석(鍮石)으로 만들어진 석가모니부처님의 입상이 있는데 높이가 100여 척에 달한다. 몸을 부분으로 나누어 각기 따로 주조한 뒤에 그것을 모두 합하여 완성한 것이다. 성의 동쪽으로 2~3리 떨어진 가람에는 부처님의 입열반와상(入涅槃臥像)이 있는데 길이는 1000여 척에 달한다. 왕이 매번 이곳에서 무차대회(無遮大會)를 여는데 위로는 자신의 처자부터 아래로는 나라의 귀중한 보물에 이르기까지 창고를 완전히 열어 베풀며 다시금 자기 몸을 다하여 베풀기도 한다. 군신과 관료들도 승려들에게 죄를 사해주기를 빌면서 베푼다. 이와 같은 일이 자신들이 해야 할 의무라고 생각한다.(대정장, 51권, 873항 중, 현장, 『대당서역기』, 동국대 역경원의 번역에 의거함)

이것을 대강 정리하자면, 북쪽의 산맥을 향해서 왼쪽의 암벽을 파고들어 가 석불을 세운 것이 현장이 '140~150척'이라고 기술하는 55미터의 입상, 오른쪽 그것이 현장이 '100여 척'이라고 기술하는 30미터의 입상이지만, 그 산맥의 남쪽 넓은 장소에 사원(가람)이 있었을 것이다. 그 일각에 열반에 든 와불이 있는 곳에서 무차대회(無遮大會, pañcavārṣika, 5년에 한 번 열리는 희사공양제喜捨供養祭)가 성대하게 거행되었다. 이미 유적으로 변해 버린 대석불의 파괴를 가슴 아파하기보다도 그 산기슭의 사원에서 개최된 자선사업의 성행, 사원의 승원에서 다수의 출가자에 의해 실행되고 있었던 연구나 교육에 치중하는 쪽이 훨씬 중요한 것이라고 나는 생각하지만, 그 바미안의 불교도 8세기에 접어들자 쇠퇴하여 이윽고 힌두교나 이슬람교가 대신하게 되었다. 그러나 산속에 고립되어 있었던 카슈미르의 불교는 교역 요충로 변화 등의 영향을 그다지 입지 않았다. 11세기에 이르러서도 그 불교학의 전통이 계승되고 있었던 것은 새로운 시대가 되었다고 해도 이 땅에서 오랜 시간에 걸쳐 불교의 연구를 한 티베트인 학승이 많이 있었다는 것에서도 알 수 있다.

2
마가다 지역

기원후 7세기 전반경 현장이 중국에서 인도를 방문한 이유는, 마가다 지방에 있었던 불교연구의 일대 중심지 날란다 사원에서 유식사상 연구를 하기 위해서였다. 마가다야말로 중인도에서 한층 더 중앙이라고 할 만한 지역이다. 거기에 있는 날란다 사원도 5세기 전반에 창건된 이래 끊임없이 인도 불교의 학문연구를 선도하는 곳이 되었다. 따라서 현장이 쓴 인도 지리지 『대당서역기(大唐西域記)』도 모두 12권 가운데 절반가량을 중인도 기술에 할애하고 있으며, 그 3분의 1에 해당하는 2권은 마가다, 나아가 그 5분의 1가량이 날란다 사원 및 그 부근 사적의 기술에 할당되고 있다. 그 마가다의 총론이라고 할 수 있는 서두 부분은 다음과 같다.

> 마가다국(摩揭陀國)의 둘레는 5천여 리에 달한다. 성에는 살고 있는 사람이 적고 성 밖의 마을에는 많은 사람들이 처마를 잇대고 살고 있다. 토지는 비옥하고 곡식이 풍성하다. 특이한 벼 품종이 있는데 낟알이 아주 크고 향기와 맛이 뛰어나며 광택과 색이 매우 특이

하다. 이 나라의 사람들은 이 쌀을 가리켜서 '대인에게 공양 올리는 쌀〔供大人米〕'이라고 부른다. 토지는 늪지이며 마을은 고원에 자리 잡고 있다. 한여름부터 중추(仲秋) 전까지는 평지에 물이 흘러 배를 띄울 수 있다. 풍속은 순박하고 질박하며 기후는 온화하고 덥다. 학문을 높이 숭상하고 불법을 존중하고 있다. 절은 50여 곳 있으며 스님들은 1만여 명 남짓 있는데 그들은 대부분 대승법의 가르침을 익히고 있다. 천사(天祠, 이슬람 사원)는 수십 곳 있으며 이교도들도 매우 많다.(대정장, 51권, 910항 하, 현장, 『대당서역기』, 동국대 역경원의 번역에 의거함)

또한 5년간 체재하여 연찬에 힘쓴 날란다 사원 안의 불교연구의 존재방식에 관해서 현장은 마찬가지로 『대당서역기』에 사원의 연혁을 기술한 뒤에 다음과 같이 기록하고 있다.

지금 천 명에 달하는 승도들은 모두 걸출하고 재기가 넘치며 수준 높은 학문을 닦은 자들이다. 덕이 두터워서 당시 그들의 명성을 듣고 이역만리에서 그들에게 도를 배우려고 온 자들이 수백 명이 넘는다. 스님들의 계행이 맑고 깨끗하며 율의(律儀)는 순수하다. 스님들 사이에는 엄격한 규칙이 있으며 대중들은 모두가 올곧고 바르다. 인도 여러 나라들은 모두가 이들을 우러러보며 모범으로 삼고 있을 정도이다. 그들은 가르침을 청하고 깊은 이치를 토론하면서 온종일을 다 소비해도 부족해하였고 아침부터 밤까지 서로를 일깨우고 가르쳤으며 젊은이나 나이 든 이들이나 서로 도움을 주고받았다. 삼장(三藏)의 깊은 이치를 말하지 않는 자는 곧 제 스스로 그것을 부끄럽게 여길 정도이다. 그러므로 이역의 학인들도 그 명성을 널리 날리고 싶어 하는 자는 모두 다 이곳으로 와서 의문을 제기하고 생각함으로써 그 아름다운 명성을 널리 날리게 되는 것이다. 이 때문에 다만 이곳에 유학한다는 이름만을 내걸고 노닐어도 모두 다 정중한 예를 받게 된다. 이곳의 논의의 마당에 끼고 싶어 다른 나라나 이역에서 온 사람들 중에는 질문에 대답을 하지 못해 굴복하고 돌아가는 자도 많으니, 예나 지금이나 학문에 깊이 통달해 있는 사람이어야 비로소 입문할 수 있는 것이다. 그래서 유학하러 왔던 젊은 학자로서 학문에 관해 상세하게 논하지만 그 자리에서 물러나 돌아가고 마는 사람도 실로 열 명 가운데에 7~8명은 된다. 나머지 2~3명도 세상 이치에 환하다 할지라도 대중들 속에서 차례로 질문을 주고받다 보면 그 예리함이 꺾이고 그 명성이 퇴색당하지 않는 자가 없다.(대정장, 51권, 923항 하, 현장, 『대당서역기』, 동국대 역경원의 번역에 의거함)

약간 길어졌지만 굳이 인용한 것은, 인용할 만한 가치가 있다고 생각했기 때문이다. 결코 이것을 미사여구로 받아들여선 안 된다. 여기에 묘사된 진실한 '문답'에 의한 논쟁이야말로 불교연구 혹은 불교사상의 전개를 지탱해 왔던 중추였다. 게다가 그 차원의 고저를 굳이 묻지 않는다면 이 점은 날란다 사원뿐만 아니라 불교사상이 계승되었던 어떠한 지방, 어떠한 나라에서도 그렇다는 것을 알아야 한다.

그러나 여기서는 마가다를 중심으로 중인도, 나아가 부수적으로 북을 제외한 다른 인도를 지리지적으로 개관하는 것을 목적으로 하기 때문에 사상적인 문제는 그다지 깊게 들어가지는 않는다. 다음으로는 우선 마가다의 수도 및 그 인근도시를 약간 언급해 두고자 한다.

수도가 왕조에 의해서 이전되는 것은 당연히 예견되는 것이지만 불교의 개조가 활약할 무렵에 마가다를 지배하고 있었던 시슈나가 왕조에서는 불교에 귀의한 빔비사라왕과 그의 아들이자 부왕을 살해하여 왕이 된 아자타샤트루의 부자 2대에 의해 라자그리하(Rājagṛha, 王舍城)가 수도가 되었다. 아버지에 의해서는 구시가지가 정비되어 완성되는 한편, 아들에 의해서 구시가지의 북문에서 700미터 정도 떨어진 곳에 신시가지가 조성되었다. 라자그리하는 갠지스강 남쪽 연안의 평원에 있으면서 이어진 산들로 에워싸인 견고한 요새와 같은 도성의 입지를 갖추고 있었기 때문이다. 그러나 이 왕조의 말기에 라자그리하는 라자그리하의 북북서, 갠지스강 남쪽 연안에 있는 파탈리푸트라(Pāṭaliputra)로 천도되었다. 이 파탈리푸트라가 다음에 마다가에서 세워지고 모든 인도를 지배하게 된 인도 최강의 제국 마우리야 왕조(기원전 317~180년경)의 수도가 되었고, 기원후 인도 중원을 다시 통일하여 인도 문화 부흥에 공적이 있었던 굽타 왕조(320~550년경)의 수도가 되기도 했다. 그 의미에서 파탈리푸트라는 정치적으로도 문화적으로도 인도에서 일관되게 군림한 수도라고 해도 좋을 것이다. 현장이 인도에서 수학한 7세기 전반에는 굽타 왕조도 이미 붕괴해 버렸으며 606년에 즉위한 쉬라디티야왕(Śīlāditya, 戒日王, 606~647년 즉위. Harṣvardhana라고도 한다)이 갠지스강 중류 지역에서 북쪽 지역에 걸친 인도를 지배하여 즉위한 그 해의 수도는 카냐쿱자(Kānyakubja, 曲女城)로 정해졌다. 그곳은 갠지스강 지류에 맞닿아 있는 도시이고, 현장이 귀국한 641년에 그곳에서 개최된 성대한 무차대회에 현장도 왕으로부터 초대를 받아 참가했다는 것은 『대당서역기』와 『자은전(慈恩傳)』에 기록하여 전하고 있다.

앞서 불교의 개조가 활약할 무렵 마가다의 수도였던 라자그리하를 언급하였는데, 불전 등에서 그 당시의 '16대국(Soḷasa Mahājanapadā)'이라 일컬어졌던 것 가운데 마가다에 비견되는 세력을 가진 나라는 코살라이며 그 수도가 슈라바스티(Śrāvastī, 舍衛城)였다. 불교 개조의 출신 부족인 샤키야족이 이 코살라국에 예속되었다는 것은 잘 알려져 있지만, 이 나라도 샤키야무니 입멸 이후에는 마가다국에 병합되게 된다. 그 수도인 슈라바스티도 라자그리하와 함께 대도시였지만 불전 설법의 장면으로서는, 슈라바스티 쪽이 개조의 고향과 가까운 탓인지, 라자그리하를 훨씬 능가할 정도였다.

지금 불교의 개조인 샤키야무니가 가장 많이 설법한 장면으로서 슈라바스티를 언급하였는데, 이와 관련해서 소위 개조의 '사대영장(四大靈場, catur mahā caitya)'이라고 일컬어지는 성지에 관해 간단하게 기술해 두고자 한다. 중국에서 제정되어 오늘날에도 한국이나 일본의 선종에서 행해지고 있는 식사법 중에는 발우를 펼치기 전에 개조를 떠올리고 '불생가비라(佛生迦毘羅), 성도마게타(成道摩揭陀), 설법바라나(說法波羅奈), 입멸구희라(入滅拘稀羅)'라고 제창하는 '문추게(聞鎚偈)'라는 것이 있는데, 이것은 실로 '사대영지(四大靈地)'를 열거한 것이다. 즉 샤키야무니가 (1) 탄생(jāti)한 카필라바스투(Kapilavastu), (2) 깨달음(bodhi)을 얻어 처음으로 성도한 마가다(Magadha), (3) 처음으로 가르침의 법륜(dharmacakra)을 굴려서 설법한 바라나시(Vārāṇasī), (4) 입멸(parinirvāṇa, 般涅槃)이라는 형태로 서거한 쿠시나가라(Kuśinagara)이다. 이 가운데 (2)만이 도시나 마을

이 아니라 위에서 기술한 마가다라는 넓은 지방이나 나라를 가리키는 막연한 호칭으로 제시되고 있다. 따라서 우선 이 성도의 지역을 협의의 호칭으로 구체적으로 고쳐 말하고, 이참에 그 지역의 설명도 부여해 두고자 한다. 마가다의 옛 수도 라자그리하와 새로운 수도 파탈리푸트라 사이에 갠지스강의 지류로서 나이란자나(Nairañjanā, Nerañjarā, 尼連禪)라는 강이 있는데, 파탈리푸트라에서 이 강을 향해 100km가량 남쪽으로 가면 가야 도시가 있고 거기서부터 다시 10km가량 떨어진 강 연안이 석존 성도(成道) 지역으로 간주된다. 그것을 기념하여 이 지역은 오늘날에는 붓다가야(Buddha-gayā)라고 칭해진다. 거기에는 실로 그 나무 아래에서 성도했다고 전승되는 보리수 및 성도를 기념하여 건립된 금강좌(vajrāsana)도 있고, 그것들을 현장 또한 직접 눈으로 보았다. 또한 그 금강좌에서 4km가량 떨어진 곳에는 무차린다(Mucalinda, 目支隣陀) 연못이 있다. 이것은 석존이 용왕(nāga) 전설과 결부될 때 의외로 중요한 의미를 가지는 것으로 생각된다. 성도를 한 뒤에 처음으로 설법한 지역이 (3) 바라나시이지만, 자세히 말하면 그 6km가량 떨어진 북쪽 교외에 있는 리시바다나 므리가다바(Ṛṣivadana Mṛgadāva, 仙人住處鹿野園)로서 지금의 사르나트이다. 바라나시는 당시의 '16대국' 중 카시국의 수도이며 붓다가야에서는 약 200km 가까이 서북서로 떨어져 있지만 문화적으로도 대단히 번화했고, 교외의 므리가다바에는 당시 새로운 유형의 종교인들이 모여서 자유롭게 문답하고 토론하는 분위기가 팽배해 있었던 것 같다. 그런데 위의 (2), (3)에 비교하면 (1)의 탄생지역인 카필라바스투, (4)의 입멸의 땅인 쿠시나가라는 중인도에 속한다고 하지만, 중앙에서 보면 변경임에 틀림없다. 뒤에 석존이라 불린 사람은 히말라야 산기슭에 있는 작은 왕도(王都)이자 코살라의 속국인 카필라바스투에서 탄생하고, 그곳에서 '수릉여자'처럼 중앙의 도회로 나가 만년에 고향으로 돌아가고자 하여 귀행길에 입멸하였고, 그곳이 바로 쿠시나가라이다. 이곳이 변경의 고요한 마을이었던 것도 귀향 도중의 사건으로서는 당연하다.

그런데 시선을 다소 북쪽으로 옮긴 김에 내처 더 북쪽으로 나아가, 역시 중인도에는 속하지만 북인도에 가까운 중인도 접경지역에 있는 마투라를 이 절에서 언급해 둘 필요가 있기 때문에 바이샬리, 카우삼비, 아요디아보다 먼저 살펴보도록 하자. 마투라(Mathurā)는 불교 발상지에서는 멀지만, 야무나강 오른쪽 연안에 있는 오래된 도시로서 힌두교의 크리슈나 탄생지로서 숭배되는 성지이기도 하다. 마투라에 불교가 전해진 것은 비교적 늦은 시기였다고 생각되지만, 전해지자마자 북쪽과 서쪽 방향 불교전도의 거점이 되었다는 것, 또한 아마도 간다라의 영향이 있었을지도 모르지만 간다라와 함께 불상제작의 발상지가 되었다는 것을 기억해야 한다. 여기서 또 중앙으로 거슬러 올라가면 바이샬리(Vaiśālī, 毘舍離)는 갠지스강 본류를 끼고서 남측의 라자그리하에서 직선거리로 130km가량 떨어진 북측에 위치하는 극히 자유로운 기풍이 넘쳤던 일대 상업도시였다. 이 도시는 '16대국'의 하나인 밧지국의 수도로 정치적으로는 귀족공화국을 채택했다고 알려진다. 불멸 100년 무렵에 이 상업도시에서 불교 교단의 금은수령이 문제가 되어 '제2결집'의 계기가 되었다고 전해지고 있는 것도 까닭이 없는 것이 아니다. 또한 이 일대를 지배한 밧지족의 상류계급이 릿차비족이라고 간주되는데 그 전형적인 인물이 『유마경(維摩經, *Vimalakīrtinirdeśa*)』의 주인공 비말라키르티 거사이다. 이런 의미에서 바이샬리는 불교에서도 특이한 위치를 점하는 도시이지만 특이하다고 하면 카우샴비(Kauśāmbī, 憍賞弥, 拘睒弥)도 또한 빼놓을 수 없다. 카우샴비는 바라나시에서 서쪽으로 180km가량 떨어진 곳이며 이곳은 석존 재세 중에 포교가 이루어진 가장 서쪽 끝이라고 일컬어진다. 그러나 뒤에 이 지역의 불교 교단 내부에 폭력사태에 버금가는 불화(不和)가 발생했다. 이 특이한 사건을 이 도시 이름과 함께 전한 것이 팔리 율장 대품의 제10『구섬미건도(拘睒弥犍度)』이며, 근본설일체유부율(根本說一切有部律)의 율사, 제9『코샴바카바스투(*Kośāmbaka-vastu*)』(의정 번역은 없다)이다.

아요디아(Ayodhya, 阿踰陀)는 현재의 지리상에서는 엄밀하게 특정할 수 없지만 아마도 위의 카우샴비에서 북서쪽으로 150km가량 떨어진 곳이 아닌가 추측된다. 이 아요디아 지역에는 현장이 날란다에서 연구하려고 한 유식사상과의 인연으로 마이트레야(彌勒), 아상가(無著), 바수반두(世親)와 관련 있는 사적이 많기 때문인지 현장의『대당서역기』도 비교적 긴 지면을 할애하고 있다. 역사적으로 실존했던 인물은 아니라고 여겨지는 마이트레야에 대한 언급은 일단 미루어 두고자 한다. 한편 실존인물임이 확실한 아상가와 바수반두는 형제라고 여겨지며 함께 간다라의 푸르샤푸라에서 태어났다. 아우 바수반두는 형 아상가의 영향으로 유식사상으로 전향했다고 전해지지만, 원래는 간다라에 있으면서 카슈미르 설일체유부의 전통설도 배우며 아비다르마 연구에 매진하고 있었다. 그는 푸르샤푸라에서 아요디아의 교단으로 옮겨간 후 거기서『구사론(*Abhidharmakośabhāṣya*)』이나 다른 논전을 저술했다고 진제(眞諦 499~569) 역『바수반두법사전(婆藪槃豆法師傳)』은 명기하고, 현장의

『대당서역기』도 그와 같은 명기는 하지 않지만 그것을 부정하지 않는 서술을 하고 있다. 또한 『바수반두법사전』에 의하면 아상가 쪽은 명확하지는 않지만, 바수반두는 아요디아에 최후까지 머물면서 80세에 사망한 것으로 되어 있다. 그러나 이후 두 사람의 유식사상 전통은 이 지역에서, 더욱이 굽타시기의 날란다 사원에 전해져 계승되고, 7세기 전반에는 현장이 이곳에 유학하여 굽타시기가 끝났음에도 이것을 계승하고 있었던 날란다 사원의 실라바드라(Śīlabhadra)로부터 이 학문의 전통을 배우게 된다.

이상 마가다 지역을 중심으로 하는 중인도의 불교를 지리지 위주로 개괄하였지만 여기서 앞 절에서 다룬 간다라나 카슈미르를 중심으로 하는 북서인도의 불교와 맥락을 맞추면서 양자의 불교적 의의를 지리지적으로 재확인해 두고 싶다.

실질적인 인도의 정치나 문화가 북서인도에서 더욱 동진하여 갠지스강 중류에 정착하여 도시국가를 형성한 인도 아리아인에 의해서 초래된 것임은 새삼스럽게 더 말할 것까지도 없다. 그 중추가 마가다의 라자그리하, 마우리야 왕조의 파탈리푸트라였는데 불교도 이 정치나 문화의 중심지에서 흥기한 것이다. 그 이래로 불교의 중심지 또한 마가다 혹은 갠지스강 중류 지역이었으며, 특히 마우리야 왕조의 아쇼카왕(기원전 268~232년경 재위)에 의해서 거의 인도 전역에 이르는 제국 내 각지에 법칙(法勅)이 건립된 시대에 그러했다. 그러나 기원전 2세기에 접어들어 마우리야 왕조가 쇠퇴하기 시작할 무렵부터 불교의 중심은 북서인도로 옮겨가게 된다. 이 시기에 출현한 사람이 카티야야니푸트라(Kātyāyanīputra, 迦多衍尼子)이며, 그는 『발지론(發智論, *Jñānaprasthāna*)』을 저술하고 그 뒤 북서인도에서 설일체유부 교의의 토대를 이루었다. 더욱이 기원후가 되어 카니슈카왕이 북서인도 일대를 지배하고, 설일체유부가 간다라나 카슈미르에서 『발지론』에 의거하면서 그 주석인 『대비바사론(大毘婆沙論)』을 수세기에 걸쳐서 편찬하는 시대가 되면, 불교의 중심은 완전히 북서인도에 있고 이제는 이곳이 불교가 새롭게 세계종교로서 전개해 가는 거점이 되는 것이다. 그러나 불교의 후발지로서는 전통적 권위도 필요하기 때문에 그것이 앞 절에서 살펴본, 카니슈카왕이 중인도의 파탈리푸트라까지 진격하여 중인도 불교의 상징인 아슈바고샤와 부처님 발우를 푸르샤푸라까지 가지고 돌아왔다고 하는 전승의 배경이었을 것이다. 그런데 그 북서인도의 불교도 간다라의 조락과 함께 쇠퇴하고, 불교는 다시 굽타 왕조의 성립 발전과 궤를 같이하는 것처럼 마가다 지역으로 거슬러 올라간다. 그 학문연구의 중심이 날란다 사원인데 이 부흥을 상징하는 것이, 푸르샤푸라에서 태어나 아요디아에서 저술하고 그 저술이 날란다에서 연구된 바수반두라고 할 수 있다. 기이하게도 앞의 아슈바고샤와는 역의 관계가 된다.

따라서 마가다 지역을 중심으로 하여 불교의 성립과 발전의 역사를 조망한다면, 기원 전후에서 5세기 초 정도까지의 기간은 그 주도권을 북서인도에 양보하였지만, 긴 안목에서 보면 마가다 지역이 시종일관 불교의 주요 무대였다고 할 수 있다. 그러나 인도 불교의 지리지는 인더스강에서 갠지스강까지의 서술에서 끝낼 수밖에 없다. 불교는 서인도, 동인도, 남인도에도 있었기 때문이다. 그 방면의 인도로는 나르마다강과 빈디아산맥의 동서 연장선을 저변으로 하는 역삼각형의 남측이 남인도이며 저변 양단의 동서가 각각 동인도와 서인도에 해당한다. 동인도 근방에는 8세기에 창건되었다고 간주되는 비크라마시라 사원이 있고, 이곳은 11세기에는 날란다 사원에 비견할 정도의 성황을 보였다. 또한 서인도의 발라비에는, 의정(義淨, 635~713)이 유학한 7세기 후반의 일이지만, 날란다 사원과 길항하는 학풍이 형성되었다고 『남해기귀내법전(南海寄歸內法傳)』은 전하고 있다. 아마도 그것은 스티라마티(安慧)의 학문적 계통의 유식사상이었다고 추측된다. 남인도도 결코 불교가 정체해 있었던 것이 아니다. 오히려 걸출한 학장은 남인도에 더 많았다고 말할 수 있을지 모른다. 중론학파의 조종(祖宗)이라고 일컬어지는 나가르주나(龍樹, 150~250)는 티베트의 불교학자인 부통의 『불교사』에 의하면 비다르바 출신으로 간주되고, 불교논리학을 확립하여 대성한 디그나가(陣那)와 다르마키르티(法稱)는 각각 칸치(Kāñcī) 근방과 추다마니(Cūḍāmaṇi) 출신이었다고 한다. 그러나 이 남인도의 불교 학장에서 유래하는 학문도 결국은 날란다 사원에서 유식사상과 함께 연구의 필수과목이 되었다.

3
북전의 지역

이 책의 시작인 '입문 이전'의 서두에서 '수릉여자(壽陵余子)'의 '한단(邯鄲)의 걸음걸이'를 다루었는데, 같은 『장자(莊子)』의 「추수편(秋水篇)」 그 직전 이야기가 '우물에 빠져 버린 개구리(埳井之鼃)', 즉 '우물 안 개구리' 이야기이다. 널리 알려져 있지만, 그 의미를 알기 어려운 이야기일지도 모르기 때문에 여기에서 확인해 두고자 한다. 이것도 논리 사상가 공손룡(公孫龍)에게 장자철학이 융통무애하여 아득하고 멀기만 하다는 것을 제시하기 위한 비유로서, 자그마한 우물 안에서 만족하고 있는 개구리에게 넓고 넓은 바다에 사는 바다거북이 대해의 거대함을 통감하게 했다는 이야기이다. 여기에서 '우물 안 개구리는 대해를 알지 못한다.'라는 속담이 유래하는데, 일반적으로 말하면, 불교도인 자는 장자(莊子)나 노자(老子)를 긍정하는 견해는 피해야만 한다는 것이 나의 생각이지만, 이 경우는 우물 안에서 '자기' 만족하고 있는 개구리 쪽이 아무래도 불교적이지 않다고 부정되어야 할 것이다. 불교도는 '자기'를 부정하고 '타자'로부터 배워야만 하기 때문이다. 그러나 그것을 마치 오늘날의 '세계주의(globalism)'

자가 '지역주의(regionalism)'자를 아래로 보듯이, 그저 자그마한 것보다 큰 쪽이 좋다고 과시할 뿐이라면 결코 불교적이라고 할 수 없다. '문답(問答)'에 의해 정녕코 논증할 수 없는 것은 불교적이라고 말할 수 없기 때문이다.

여기에서 지금 가령, '자기'라고 하는 자국의 전통에만 매몰되지 않고 '타자'인 외국으로부터도 적극적으로 배운다는 존재방식을 '국제주의(internationalism)'라 부르는 것이 허용된다면, 동서교역의 주요 루트를 끼고 당시의 국제도시 푸르샤푸라를 중심으로 전개된 북서인도의 불교는 확실히 '국제주의'적이었다고 할 수 있을 것이다. 사실, 그곳으로부터 불교는 중앙아시아를 매개로 세계, 특히 북쪽의 중국이나 티베트로 전파된다. 그것을 일반적으로 '북전' 불교라 한다. 세세히 따지자면 이와 같은 요약이 반드시 정확한 것은 아닌데, 특히 전파의 기점은 북서인도만이 아니라 시대에 따라서는 마가다 지역이 북서인도 이상으로 유력했던 경우도 있었음을 잊어서는 안 된다. 이와 같은 점도 고려해 두면서, 문물의 전파라고 하면 당시는 인터넷 시대가 아니었기 때문에 당연히 육로나 해로를 통해서였을 것이다.

우선 그 가운데 해로부터 말하면, 세계의 해로는 근 · 현대가 아닌 이상, 이른바 '7개의 바다'라 하지 않으면 안 된다. 즉, 중국해, 벵골만, 아라비아해, 페르시아만, 홍해, 지중해, 대서양의 7개가 그것이다. 그 '7개의 바다'를 최초로 지배했던 것은 이슬람교와 함께 세계로 진출하던 사라센 제국하의 아라비아인이라 여겨진다. 7~8세기를 정점으로 하는 당시의 이슬람 문화는 유럽 문화를 능가하는 것이었지만, 이슬람 세계가 당시 '가난하면 우둔해진다'는 것과 반대의 길을 취한 것은, 육로뿐만이 아니라 '7개의 바다'도 제압한 경제력을 배경으로, '자기'인 '자국의 학문'만이 아니라 '타자'인 그리스나 인도 등의 '외래 학문'을 적극적으로 배웠기 때문이다. 무엇보다도 이 책의 논점으로 말하면, 이것은 단순한 여담에 지나지 않지만, 불교의 전파에 관해서도 '7개의 바다' 중에서 마지막 3개를 제외하고, 나머지 4개는 크게 관계가 있다. 우선, 인도 반도를 동서로 둘러싸고 있는 것은 각각 벵골만과 아라비아해이지만, 간다라의 불교는 아라비아해의 해로를 통해 스리랑카로 전파되는 한편, 마가다를 발원지로 하는 불교는 벵골만에서 스리랑카에 머무르는 것도 있었고, 남중국해 더 나아가서는 남중국해에서 동중국해의 해로를 통해서 북상한 것도 있었다. 어느 해로를 경유한 불교든, 스리랑카나 동남아시아에 머물러 있는 것은 '남전' 불교이고 남중국해에서 중국, 다시 동중국해에서 한국이나 일본에 이른 것은 '북전' 불교이다. 그러나 해로는 대개 '남전' 불교와 관련된 것이기 때문에, 이 이하는 육로로 눈을 돌리고자 한다.

다만, 육로라고 해도 바다에 둘러싸인 '일본'의 입장에서 보면, 동중국해나 동해를 떠나 '북전' 불교도 있을 수 없는 것이지만, 잠시 해로 쪽은 잊기로 하자. 그런 의미에서 그다지 해로 쪽을 개의치 않고 '일본'에 역점을 두고 말하는 '북전' 불교의 언표방식으로 '삼국불교(三國佛教)'라는 호칭이 있다. 이 경우 '삼국'이란, 인도(천축), 중국(진단), 일본을 가리키는데, '천축(天竺)'은 Sindhu, '진단(震旦)'은 Cīnasthāna에서 유래한다고 하는 어구의 해석 문제는 어찌됐든 제쳐둔다고 하면, 이 '삼국'관에 따라서 '북전'의 불교사를 저술한 효시가 가마쿠라 시대의 학승 교넨(凝然, 1240~1322)이고, 그 저서는 『삼국불법전통연기(三國佛法傳通緣起)』이다. 그 뒤 이 '삼국'관은 섬나라 '일본'에서는 잘 뿌리를 내린 것 같다. 근대화 이전의 '일본'에서 '세계'를 표현하려면 아마도 이 '삼국'을 사용했을 것이다. 예를 들면 '삼국 제일의 새색시'처럼 사용되었다고 생각한다. 덧붙여서, 에도 막부를 설치한 1603년에 나가사키에서 간행된 『일포사전(日葡辭書, *Vocabvlario da Lingoa de Iapam*)』에도 '삼국(Sangocu)'은 채록되어 있다. 여기서 언급된 '3개의 나라(Mitçuno cuni)'가 '당토(唐土, Tŏdo)'와 '천축(天竺, Tengicu)'과 '우리 조정(Vaga chô)'인 것이라고는 예상하지만, 그것을 포르투갈어로 "Tres reinos(3개의 영토)"라 설명하는 와중에, 이 사전이 '천축'에 해당하는 것을 '샴(Sião)'이라고 하는 것은 흥미롭다. 벵골만과 중국해를 끊임없이 왕복하였을 기독교의 예수회 선교사들이 인도와 샴(타이)을 구별하지 못했다고는 도저히 생각되지 않지만, 그들에게는 인도보다도 왕복하는 해로에서 직접 대면하였던 샴족이 보다 강하게 인상에 남은 것은 아니었을까 추측된다. 그러나 그 '삼국'을 사용하던 당시 일본인에게는 그와 같은 바다의 뉘앙스가 전혀 없었을 것이다. 따라서 일본은 근대화된 '불교'적 관점에서 '삼국 제일의 새색시'라는 식의 오래된 '삼국'관으로부터는 일찍이 해방되어 해로의 중요성을 재인식할 뿐만 아니라, 적어도 그 구식(旧式)의 '삼국'에는 적극적으로 '한국'과 '티베트'를 부가해 가는 자세가 보인다. 일본과는 다르게 완전히 독자적인 '티베트' 불교에 관해서는 이 절 말미에 약간 정리해서 기술하는 것으로 하고, 다음으로는 간다라에서 중국과 한국을 거쳐 일본으로 전해진 계통인 '북전' 불교의 전형적인 예로서 '미륵반가사유상'을 다루면서 육로 쪽을 좀 더 구체적으로 살펴보도록 하자.

간다라 불상이나 보살상에 당시 북서인도에 이르렀던 헬레니즘의 영향이 있었다는 것은 미술사가 보고하는 바다. 간다라 조각상 중에서 머리에 보관이나 터번을 쓰고 등나무나 돌의자 위에 걸터앉아서, 오른발을 왼 무릎에 얹어놓고, 오른손으로 뺨이나 이마를 받치듯이 하여 사색하고 있는 인물상이 꽤 있는데, 이것을 일반적으로 '반가사유상(半跏思惟像)'이라고 부른다. 그레고리 쇼펜(Gregory Schopen)은 이 포즈에서 근본설일체유부율(根本說一切有部律)에 빈번하게 나타나는 '손에 뺨을 붙이고 깊은 사색에 잠겨 있다(kare kapolaṃ dattvā cintā-paro vyavasthitaḥ)'라는 상투적인 어구를 연결시켜서, 이와 같은 포즈로 고뇌하는 것은 '보살'일 리가 없다고 주장한다. 하지만 나는 그 포즈와 상투적인 어구의 결부는 인정하지만, 해당 포즈를 '낙담의 포즈', 상투적인 어구를 '낙담의 구절'이라 불러서, 보관이나 터번을 쓰고 낙담하고 있기 때문에 오히려 이런 종류의 인물상은 왕족이나 대부호 상인인 '재가보살(在家菩薩)'이 아닐 수 없다고 반론하고, 그런 포즈의 조각상을 '재가보살반가사유상'이라고 부를 것을 제창했다. 게다가, '낙담'이 유래하는 '고뇌'는 '사유(cintā)'와 모순되기는커녕 '사유'의 본질을 이루는 것이라고도 볼 수 있다. 그렇다면 그들은 고뇌의 끝에 도대체 무슨 이유로 '낙담'하고 있는 것일까? 그것은 그들이 '신앙'의 대상인 붓다에 대해서 품었던 기대가 생각한 대로 달성되지 않은 상태를 보여주는 경우가 많다. 그 '낙담'은 머지않아 숭고한 '우수(憂愁)'로 변화했을지도 모르지만, 지금 말하고 있는 '재가보살반가사유상'은 간다라에서 흔히 말하는 실크로드를 경유하여, 한국 특히 백제에서 잘 만들어지기도 했고, 그것을 7세기 일본의 아스카(飛鳥)나 하쿠호우(白鳳) 시대에 백제에서 들여

오거나 일본에서도 만들어져서, 그 전형이 주구지(中宮寺)나 고류지(廣隆寺)의 '미륵반가사유상(彌勒半跏思惟像)'인 것은 새삼스레 말할 것도 없을 것이다. 다만 오늘날에는 그것을 '미륵'과 결부할 수 없다는 것이 학계의 정설이다. 그런데 이 '재가보살반가사유상'이 불교의 바른 '사상'을 반영하였는가를 따지자면, 그 판정은 오히려 부정적인 방향으로 기울지 않을 수 없지만, 간다라에서 일본까지 육로로 불교가 들어온 것을 구상적으로 보여주는 것으로 이것만큼 좋은 예는 없다. 또, 육로에서 흔적의 구상성이 '재가보살반가사유상' 정도는 아니라고 해도, 사고방식상에서 '재가보살'과 대조를 이루는 것은 '출가보살'이지만, 이 '출가보살'이 머지않아 반드시 '부처가 된다'고 약속되는 경우에는 붓다와 마찬가지로 신앙의 대상이 된다. 그 '성불'을 보증하는 것이 가혹한 '사신(捨身)'과 같은 '고행'이고, 그 '사신'을 실행하려고 하는 '출가보살'을 묘사한 것이 '재가보살반가사유상'과 거의 같은 무렵에 일본에 존재한 '옥충두자(玉虫廚子)'이다. 그 미륵좌(彌勒座)를 향하여, 오른쪽 측면에 묘사된 그림은 『금광명경(金光明經)』「사신품(捨身品)」에 기초한 '사신사호(捨身飼虎)', 왼쪽 측면의 그림은 『대반열반경(大般涅槃經)』「성행품(聖行品)」 끝 즈음의 설산무상게(雪山無常偈) 이야기에 기초한 '사신문게(捨身聞偈)'를 표현하고 있다. 중국에서 한국을 경유하여 도래한 불교에 크게 눈을 뜨고 귀의한 아스카의 귀인 '재가보살'이 '사신'에 의해서 '성불'했음에 틀림없는 '출가보살'의 이야기를, 그 그림을 보면서 듣는 구조가 거기에 나타나 있기 때문이다. 그 이야기의 기초인 두 경전을 한역한 이가 다르마라크샤나(曇無讖, 385~433)이다. 그는 원래는 중인도 출신인 듯하지만, 생애의 대부분을 간다라에서 수학했기 때문인지 '계빈

사문(罽賓沙門)'이라 불리며, 계빈(罽賓)—구자(龜玆)—선선(鄯善)—돈황(敦煌)—양주(涼州)의 경로(經路)로 중국에 들어와 번역에 종사한 학승으로 알려져 있다. 물론 그가 중국에 도래한 육로는 어디까지나 하나의 예에 불과하지만, 그 전형을 제시하고 있다고 말할 수 있다. 그 뒤 다르마라크샤나가 활약한 시기를 지나 5세기 말이 되면, 에프탈이 간다라에 침입해 북서인도를 지배하고, 그 영향 때문인지 중앙아시아보다도 '계빈'에서 중국으로 온 역경승 쪽이 많아지지만, 육로는 이전과 같은 경로를 취했을 것이다.

해로에서 본 '북전' 지역에 관해서 말하면, 서인도 출신으로 발라비의 유식학문 계통을 계승하여 광주(廣州, 南海)에서 건강(建康, 南京)으로 들어와 강남(江南) 일대에서 활약한 진제(眞諦, Paramārtha, 499~569), 중국의 학승으로서 광주와 날란다 사원을 해로로 왕복하여 낙양(洛陽)에서 번역에 종사한 의정(義淨, 635~713), 중국 양주(揚州)의 남산율종(南山律宗) 학승으로 해남도(海南島)에 표류하는 등 수차례의 실패 후에도 일본으로 도항(渡航)을 시도하여, 드디어 규슈 다자이후(九州太宰府)에 도착해서 헤이조쿄(나라, 奈良)로 들어가 도다이지(東大寺)에 계단원(戒壇院)을 설치한 감진(鑑眞, 688~763) 등의 발자국을 좇으면, 거의 개략을 얻을 수가 있다.

이제 끝으로 '티베트' 불교이다. 티베트(西藏)는 현재 중화인민공화국의 '티베트자치구'로 되어 있지만, 원래는 언어도 문화도 한민족과는 전혀 다른 독립적인 나라였음을 우선 인식해두지 않으면 안 된다. 티베트의 건국은, 송첸캄포왕(581~649)에 의해서 620년대에 완수되고, 티송데첸왕의 시대인 786년에는 당(唐)을 파괴하고 돈황(敦煌)을 지배하였는데, 그 지배는 약 60년간 계속되었다. 지배한 영토는 시대에 따라서 변했는데, 가장 광대했던 때에는, 북서에는 호탄(于闐)을 포함하고 동으로는 난주(蘭州)를 지배하여 장안(長安)에까지 이를 정도였다. 이 티베트를 '토번 왕국(土蕃王國)'이라 불렀지만, 그 왕국 최후의 다르마왕이 842년에 살해되고, 다음 해에는 왕국이 분열하여 이 이후를 '분열씨족시대(分裂氏族時代)'라 부른다. 불교는 티송데첸 왕대에 공식적으로 인도로부터 도입되어 정착한 것이지만, 이 '토번 왕국' 시기의 불교 전파를 '전전기(前伝期, snga dar)'라 부르고, '분열씨족시대'의 전파를 '후전기(後伝期, phyi dar)'라 부른다. '전전기'의 불교는 샨타라크쉬타(Śāntarakṣita, 725~783년경)와 카말라실라(Kamalaśīla, 740~797년경)에 의해서 올바른 방향설정이 결정되었고, '후전기'는 아티샤(Atīśa, 982~1054)를 매개로 부흥이 기도되었다. 티베트의 이와 같은 불교 전통 확립을 전제로 하여, 후에 청해(青海)의 총카 출신인 총카파(Tsong kha pa, 1357~1419)가 후대 학자들이 권위라고 우러러볼 만한 불교학을 수립한다. 그 불교학을 계승한 겔룩파(dGe lugs pa)에 의해 1642년에 달라이 라마 정권이 성립해서 현재에 이르게 되지만, 1949년 중국공산당에 의한 티베트 장악 이후 달라이 라마는 라사로 피신하고 1959년에는 인도로 망명하여 다람살라에서 망명정권을 세웠던 것이다.

이것에서도 알 수 있듯이, 티베트는 인도 쪽에서 보면, 히말라야 산맥을 넘어 북측으로 드넓은 고원에 있는 이웃 나라이다. 티베트의 서측은 카슈미르에서 동으로 라다크를 통과한 가리가 있고, 그 동남에 있는 카일라사 산기슭 마나사로바 호수에서 흘러나온 창포강이 동으로 흘러 중앙으로 접어들었던 곳에 창이 있고, 바로 중앙이 우가 된다. 창포강에는 북에서 키츄강이 흘러들어 오고 있는데, 창포강으로 합류하기 직전 키츄강 오른쪽 연안에 라사가 있다. 그 합류지점에서 창포강을 따라 동으로 내려가면 왼쪽 연안에 삼예가 있고, 약간 앞의 오른쪽 연안이 체탄이다. 창포강은 다시 동으로 흐른 뒤, 오른 쪽으로 크게 우회하여 인도 측의 브라흐마푸트라강이 되고, 그것은 갠지스강으로 합류하여 벵골만으로 흘러들어 간다. 이상으로, 티베트는 서에서 동으로, 지형적으로도 인도와 밀접하게 연결되어 있고, 히말라야산맥 또한 양자를 가로질러 있을 뿐만 아니라, 인도에서 네팔을 매개로 산간을 거쳐 티베트로 통하는 길도 꽤 알려져 있다.

그러나 불교의 관점에서 말하면, 지형의 연계 이상으로 중요한 것은, 티베트가 인도에서 전개한 불교를 단순하게 지형상 이웃 나라의 것(불교)이라고 하지 않고, 의식하여 정통적으로 계승해 발전시켰다는 점에 있다. 그런 정통적인 계승에 관해서는, 우선 중국이나 한국 그리고 일본과는 달리 불교 도입에서부터 정식적인 불교 교단의 설립이 이루어진 점을 들 수 있다. 775년에 정초된 삼예 사원은 779년에 대본당(大本堂, 대웅전)이 완성되는데, 이 시기에 인도에서 설일체유부의 비구 12인이 초대되고, 앞서 날란다 사원에서 초빙되어 머물고 있었던 샨타라크쉬타가 계사(戒師)가 되어, 티베트에 최초로 6인의 정식 출가승(出家僧)이 탄생하고 교단도 발족되었다. 슌누뻬루의 『청사(靑史, *Deb ther sngon po*)』에 의하면, 티베트 구족계(具足戒)의 사자상승(師子相承) 계보에는 세 가지가 있고, 이것이 그 제1의 것으로 '저지율(低地律, smad 'dul ba)'이라 불리며 정착하지만, '전전기(前伝期)' 직후 불교의 쇠락과 함께 동쪽의 캄으로 옮겨서 명맥을 유지하고, 뒤에 곤빠라뿌세루를 거쳐, 다시 중앙의 우와 창에서 부흥하게 되었다. 이것에 대해서, 제2는 '고지율(高地律, stod 'dul ba)'이라 불리고, '후전기(後伝期)'에 서티베트 가리의 왕 예셰우에게 초대된 동인도 학승 다르마팔라에서 출발한다. 마지막 제3은 제2의 도입보다 거의 2세기 후인 1204년에 초대되어 중앙 티베트에 이르렀던 카슈미르의 대학승 샤키야쉬리바드라(Śākyaśrībhadra, 1127~1225)를 연원으로 하는 것으로, 총카파도 이 제3의 계보에 속한다.

무엇보다도 교단이 설립되어 출가자가 율을 지켰다고 해도, 율은 소위 '습관(śīla, 戒)'에 지나지 않는다. 티베트 불교의 우수한 점은, 그 '습관'을 토대로 끊임없이 '사상(思想, dṛṣṭi)'을 거듭하여 '문답'에 의한 논쟁으로 주장의 진위를 비판적으로 결착하려 해왔다는 것이다. 그 결과, 인도에서 디그나가와 다르마키르티에 의해서 확립되고 대성된 불교논리학은 대부분 이 티베트에서만 정통적으로 계승되어 발전되어 갔던 것이다. 여기에서, 이와 같은 '문답'에 의한 진위의 결착을 제시하는 가장 중대한 '사상'적 사건의 하나로 이른바 '삼예의 논쟁'을 들 수 있다. 이 논쟁은, 티베트의 돈황 지배에 의해 티베트에 와서 선종(禪宗)을 널리 포교하려고 했던 중국의 마하연(摩訶衍)과, 샨타라크쉬타의 유언에 따라 날란다 사원에서 초빙되어 794년에 티베트로 온 인도의 카말라실라가 삼예 사원의 왕의 어전에서 행한 것이다. 이 논쟁에서 '불사불관(不思不觀)'의 돈오(頓悟)를 주장하는 마하연의 '돈문파(頓門派, Ton mun pa)'에, '사상(思想, lta ba=dṛṣṭi, 見)'에 기초한 방법에 따라서 '실습(實習, spyod pa)'을 주장하는 카말라실라의 '점문파(漸門派, Tsen min pa)'가 승리했다. 이것을 이 책의 「입문 이전」 제2절에서 정리한 도식을 이용하면, (b)(ㄴ)(β)의 '무구별의 지의 무지'에 대해서, (a)(ㄱ)(α)의 '구별의 지의 무지'의 승리를 명확하게 보여주는 전형적인 예라고 볼 수 있다. 이후 티베트에서는 이 승리의 의미가 끊임없이 반추되었던 것을 여기에 명기해 두지 않으면 안 된다.

불교는 이 티베트로부터 다시 몽골이나 만주로 전파되어, 이것이 '북전'의 주요한 또 하나의 흐름을 형성한다. 티베트와 몽골의 관계는, 원조(元朝)로서의 몽골인의 티베트 지배로 시작되지만, 종교상으로는 역으로 몽골인으로 하여금 불교에 귀의하도록 하기에 이른다. 그 최초는 사캬파가 주도권을 쥐고, 1270년에는 이 파의 팍파가 쿠빌라이 황제의 스승이 되었는데, 이와 같은 중국 왕조와의 관계는, 달라이 라마 정권 확립 후에도 이어졌다. 만주와의 관계도 마찬가지로 청조(淸朝) 만주인이 티베트를 지배하지만, 청조는 몽골인을 장악하기 위해서라도 불교를 국교로 하였고, 1735년에는 겔룩파의 창캬 루루뻬도루쥬가 청의 장인(掌印) 대라마로 임명되었던 것이다.

4
남전의 지역

앞 절의 끝에 티베트에서의 불교 전승에 관해 기술할 때, 중국이나 한국 그리고 일본에는 보이지 않는 특징의 하나로서, 명확한 율에 기초한 교단의 설립과 출가승의 수계(受戒, 구족계를 받는 것)를 지적했지만, '북전' 티베트 불교의 존재방식과 비견할 수 있는 것은, 실론(싱할라, 스리랑카) 및 그곳을 기점으로 하여 동남아시아 일대에 전해졌던 남방상좌부(南方上座部)의 율에 기초한 '남전' 불교이다. 이 '남전'의 불교국이란 전파의 기점이 됐던 실론은 물론, 고대의 동인도로 현재의 방글라데시 인접국인 버마(1989년부터 미얀마연방), 타이, 라오스, 캄보디아 등이다.

그런데 불교가 이와 같은 율에 기초하여 교단으로 정착해 갔다고 하는 것은, '타자'인 불교가 '외래사상'으로서 명확하게 되었을 뿐만 아니라 '자기'인 '토착사상'의 주술적 요소와의 대립 또한 선명해졌음을 의미한다. 또한 양자의 대립과 타협이 되풀이되었지만, 교단이 강력해질수록 이 대립과 협력이 유야무야 될 위험성은, 명확한 교단 의식이 없는 경우에 비하면 압도적으로 적어질 것이다. 그러나 그

것으로 문제가 없어진 것은 아니다. '타자'인 불교에 대한 '자기'인 적(敵)은 어떠한 상황에서도 뿌리 깊은 것인데, 티베트에서는 그 적(敵)이 본 교(敎)에 뿌리를 내린 밀교적인 것이었다고 한다면, 실론을 필두로 하는 '남전' 불교의 적(敵)은 호주(護呪, paritta)를 용인하는 힌두교적인 것이었다고 말할 수 있을지도 모른다. 하지만 아무리 타협을 한 경우가 있었다 하더라도 이와 같은 대립은 하나의 교단으로서 불교가 추구해 온 것에 대한 증거가 되는 것이다. 이것은 '자기'의 확대로 힌두교 일색이 되어버린 인도에는 어느새 그런 의미에서의 불교 교단이 존재하지 않음을 통해, 저절로 분명해진다.

다만 실론에서 교단설립의 역사는 티베트와는 비교가 되지 않을 정도로 오래된 기원전의 사건이기 때문에, 티베트만큼 명백하지는 않다. 불교가 전해지기 이전의 실론은, 인도반도 선단(先端)의 동남쪽에 근접하여 위치해 있다는 지리적 관계외에도 본래부터 인도와는 밀접한 친연관계를 보였다. 하지만 기원전 5세기 후반경 실론에 도착하여 선주민을 지배했다고 전승되는 인도아리아계의 싱할라족은, 남인도의 타밀족이 대부분 육지와 연결되어 선주민과 연계되어 있었던 것과는 달리, 멀리 인도 서해안의 슈르파라카(Śūrpāraka, Suppāraka)에서 아라비아해를 남하하여 섬에 상륙했다고 생각된다. 싱할라족의 원 거주지는 펀자브 지방이었다고 추측되는데, 당시에 이미 인더스강을 남하하여 인도 서해안에서 반도 남단 현재의 코모린곶(岬)을 돌아 실론에 이르는 교역해로(交易海路)가 무역상인에 의해서 활발하게 이용되고 있었다. 덧붙여 불교전래 이후 불교도가 된 싱할라족과 힌두교도인 타밀족 사이에 종종 분쟁이 반복되어 오늘에 이르고 있는 것은 불행한 일이 아닐 수 없다.

그런데 문제의 실론에서 교단설립에 관해서는, 전승에 기초하여 팔리어로 쓰여 4세기 후반부터 5세기 초에 걸쳐 편찬된 삼장(三藏) 외의 문헌 『도사(島史, *Dīpavaṃsa*)』와, 마찬가지로 5세기 말에 편찬된 『대사(大史, *Mahāvaṃsa*)』에 따르면, 대략 아래와 같은 것이 역사적 사실이 아니었을까 추측된다.

실론 왕 데바남피야 티샤(Devānampiya Tissa, 기원전 250~210년경 재위) 대에, 목갈리푸타 티샤(Moggaliputta tissa)의 제자로 서인도 교단 출신의 마힌다(Mahinda)가 법납 12년이라고 하기 때문에, 32세경 교단에 의해서 전도를 위해 다른 네 사람의 비구와 함께 실론에 파견되었으며, 아마도 위에서 기술한 것처럼, 슈르파라카에서 해로를 통해 실론에 상륙했을 것이다. 이때 마힌다의 아버지 혹은 형이라고 일컬어지는 마우리야 왕조의 아쇼카왕이 실론 왕에게 보냈다는 서한으로서 『도사(島史)』는 어디까지나 전설에 불과할지도 모르는 이야기를 다음과 같이 전한다.

> 나는 이미 불과 법과 승(교단)에 귀의하였으며, 석자(釋子, Sakya-putta)의 교계(教誡, sāsana)에서 불제자(優婆塞)임을 전해드리겠습니다. 당신 또한 이들 삼사(三事, 三寶)에 대해서 또 최상의 승자의 교계에 대해서 마음을 징정(澄淨)하십시오. 교주에 대한 귀의에 이르시기를 바랍니다.

실론 왕은 마힌다 일행을 환대하고, 머지않아 수도인 아누라다푸라(Anurādhapura)의 마하메가바나라마(Mahāmeghavanārāma)에 사원을 비롯한 많은 시설을 설립하여 기진(寄進)했다. 이것이 후에 마하비하라(Mahāvihāra, 大寺)라고 불리며 남방상좌부의 문자 그대로 거점이 된 사원이다.

이상의 것을, 그 뒤에 계승되어 확정된 팔리 남방상좌부의 불교 전통을 감안하면서 생각해 보면, 마힌다 일행은 (마힌다) 본인을 포함해서 5인의 비구를 중심으로 구성되었고, 후세의 분식 가능성이 있을 수 있지만, 정식으로 출가승을 탄생시키기에 필요한 최소한의 인원은 갖추어졌던 것이다. 아마도 창건하자마자 마하비하라 사원에서 당시 이미 서인도에 확립되어 있었던 상좌부(上座部, Sthavira-vāda, Thera-vāda) 혹은 다른 이름으로 분별설부(分別說部, Vibhajya-vāda, Vihajja-vāda)라 불리던 교단의 율에 따라서 싱할라족 왕가의 자제가 출가하여 수계하게 되면서 서서히 일반인에게도 침투해 들어간 것이 아닌가 한다.

여기서 다른 의미로 문제가 되는 것은, 그 시대의 서인도에 있어서 상좌부 교단이란 어떠한 것이었는가 하는 것이다. 마힌다의 아버지 혹은 형이 아쇼카왕이었다는 것이 설령 전적으로 전설에 지나지 않는다고 해도, 이것이 아쇼카왕의 시대에서였다고 하는 것은 확실한 것 같다. 마힌다의 스승인 목갈리푸타 티샤도 그 당시의 왕도 파탈리푸트라 출신인 듯하기 때문에 교단도 원래는 불교의 연고지인 마가다 지역과 깊은 연관이 있었을 것이라고 당연히 생각하게 된다. 그러나 아쇼카왕의 시대가 되면, 왕이 거의 전체 인도에 걸쳐 제국 내의 각 지역에 법칙을 건립한 이후에 불교가 전파된 것이 아니라, 사르나트, 카우샴비, 산치에 건립된 작은 석주(石柱) 법칙에 교단분열을 경계한 비문이 확인되기 때문에, 교단 자신의 힘으로 인도 각지에 전개되어 확대되어 갔던 불교 교단이 오히려 분열이 가능한 정도까지 성장하고 있었던 것으로도 추측된다. 그런데 이 당시 교단의 발전 상황을 어떻게 인식하는가에 따라 붓다 입멸에서 아쇼카왕 즉위까지의 시간 간격을 100년으로 볼 수도 있고 200년으로 볼 수도 있다. 나는 200년으로 보고 싶다. 즉 당시의 불교 교단은 상당히 독자적으로 발전하고 있었을 것이다. 이것과 관련한 불멸 연대론에 관해서는, 그 약간을 제2장 제2절에서 언급할 것이다. 하여튼 당시 '16대국'의 하나로 꼽히는 아반티 지방의 도시 웃자이니(Ujjayinī, Ujjenī, 鄔闍衍那, 優禪那)에는, 파탈리푸트라의 불교 교단에 비견할 정도까지 성장했던 교단이 존재했음은 확실한 듯하다. 이 웃자이니가 서인도에 속하고, 그 교단은 파탈리푸트라와도 연고가 있었을지도 모른다 하더라도, 교단분열을 경계한 비문이 있었던 산치를 경유하여 웃자이니에 교선(敎線)을 확대했다고 생각된다. 따라서 어떤 의미에서 중앙과는 다른 전개를 보였던 상좌부에는 불교 교단이 없었던 것은 아닌가라고 판단된다.

이렇게 해서 마힌다는 위와 같은 교단적 배경을 가지고 실론에서 불교 전도에 노력했다고 생각되지만, 스승인 목갈리푸타 티샤 문하에서 이미 삼장에 통달하여 환히 알고 있었다고 전해지는 마힌다는 실론에서도 다수의 경전을 설파한 것 같다. 이것이 훨씬 훗날 팔리 삼장의 성립과도 이어져, 팔리어가 인도 본토의 어떤 언어 계통에서 유래하고 있는가 하는 문제에도 단서를 준다. 자신들의 성전 언어인 팔리어에 관해서, 남방상좌부 자체의 전승은 마가다 기원설을 채용하지만, 언어학적으로는 북인도나 서인도의 중간층인 프라크리트의 피샤차어에 가깝다고도 한다. 그러므로 불교 교단은 당초 마가다 지역을 중심으로 마가다어의 성전을 구송했었지만, 교단이 서방의 인도로 발전해 감에 따라 각각의 지방 언어를 사용하고 있는 것 같다. 그중 하나가 아주 먼 훗날 피샤차어에도 가까운 팔리어로서 구송되어 웃자이니 주변의 언어가 되지 않았을까 한다. 덧붙여서 마힌다는 어머니가 그 주변 출신으로 웃자이니에서 자랐던 것 같다.

이 팔리어에 의한 삼장의 성립에 관해서는, 제2장 제3절에서 간단하게 살펴볼 텐데, 마힌다에 의한 교단설립에 버금가는 실론 교단 관계의 중대사는, 마하비하라 사원 건립 후 220년 가까이 경과하여, 밧타가마니 아바야(Vaṭṭagāmaṇī Abhaya, 기원전 44년, 29~17년경 재위)가 아바야기리비하라(Abhayagirivihāra, 無畏山寺)를 건립하여, 붙임성 좋고 타협적인 성격의 승려 마하티사에게 기진(寄進)한 것이다. 여기에 전통적인 마하비하라파(大寺派)와 대중적인 아바야기리비하라파(無畏山寺派)가 두고두고 대립 · 항쟁하는 씨앗이 뿌려지게 된다. 일반적으로 말하면, 전자는 상좌부 교의의 전통을 엄격하게 지키려고 한 의미에서 보수적이었음에 반해, 후자는 전통적 권위에 도전적이고 교의에도 사로잡히지 않는 자유로움을 보인다는 점에서 혁신적이었다고 할 수 있다. 그러나 이와 같은 레디컬한 면이 대중의 호응을 얻어, 도리어 토착 요소와 결합하기 쉬운 경향도 있었던 것은 부정할 수 없는 것이다.

다른 한편, 이 아바야 왕대에 교단적 문제는 아니지만, 성전 전승에서 획기적 변화가 있었음을 『도사(島史)』는 다음과 같이 전하고 있다.

> 이전에는 위대한 지혜를 가진 비구들이 구송(mukha-pāṭha)에 의하여 삼장(piṭaka-ttaya)의 성전과 그것에 대한 주석(aṭṭhakatā)을 전

승하였지만, 그(아바야왕) 대에 비구들은 유정들의 쇠퇴를 보고서 모여, 법이 변함없이 오래도록 남아 있을 수 있도록 하기 위해 서책(potthaka)에 기록으로 남겼다.

이것은 거의 사실로서 확인되고 있지만, 이와 같은 성전 전승상의 변화를 경험한 뒤, 기원후 5세기가 되어 남방상좌부에는 그때까지의 마하비하라파의 성전 전승상의 집대성을 완수하기 위하여, 팔리 불교 역사상 공전절후(空前絶後)의 위대한 학승이 출현한다. 그가 바로 붓다고사(Buddhaghosa, 佛音)이다. 13세기 편찬으로 간주되는 『소사(小史, *Cūḷavaṃsa*)』에 의하면, 그의 생애는 다음과 같으나 이 소개의 직후에 언급되겠지만 그 진위는 사실 의심스럽다. 그는 마가다의 붓다가야 보살도량(bodhi-maṇḍa) 부근에서 바라문으로 태어났다고 한다. 3종의 베다를 비롯한 모든 학예에 정통하고, 논쟁을 좋아하여 인도 각지를 순회하던 중 레바타라는 대상좌를 만난다. 레바타는 붓다고사를 전도유망하고 장래가 촉망되는 젊은이로 보았으며, 또한 붓다고사 자신도 불교를 알고 싶다고 하여 출가했다고 한다. 출가 후 삼장(piṭaka-ttaya)을 공부하고, '이 삼장이 일승(一乘)의 도(道)다(ekāyano ayaṃ maggo)'라고 납득하였지만, 이즈음 그의 부처님 음성과도 같은 깊이 있는 목소리로 말미암아 '붓다고사'라 불리게 되었다고 한다. 그 지역에서 잠깐 연륜을 쌓고 있던 어느 날, 레바타는 인도 본토에는 성전(pāli)만 있고, 주석은 없지만, 실론에는 마힌다에 의해 싱할라어(Sīhala-bhāsā)로 전승되고 있는 주석이 있기 때문에, 그곳에 가서 그것들을 마가다어(Māgadha-bhāsā, nirutti-bhāsā)로 번역하도록 권고했다. 그리하여 붓다고사는 마하비하라 사원으로 가서

상가파라의 문하에서 싱할라어의 모든 문헌을 학습한 뒤 그 전부를 마가다어로 번역하는 것을 청하였다. 그는 어학력과 이해력 테스트에 합격하여 허가된 삼장과 함께 일체의 문헌을 받아 간다카라라는 승방에서 번역에 몰두했다고 한다. 붓다고사는 자신의 저작이나 주석도 다수 저술하면서 일체의 임무를 완료한 후 석존성도의 '대보리(mahā-bodhi)'의 땅에 참배하기 위해 다시 인도로 되돌아갔다고 『소사』는 전하고 있다.

이 『소사』에서 말하는 마가다어란 팔리어의 마가다 기원설에 기초한 견해를 보여주는 것이기 때문에 실질적으로는 팔리어를 가리킨다. 하지만 붓다고사의 이 팔리어 번역은, 당시 존재했던 모든 싱할라 주석서에 미친 것은 아니었다 하더라도, 상당한 사실을 반영한 것으로 간주되고 있다. 다만 그가 마가다의 바라문 출신인지 아닌지 하는 점은, 전승 자체가 마가다 중심주의로 분식되기도 하여 오히려 의심스럽기조차 하다. 사실은 남인도 출신이 아니었나 하고 추측되기도 한다. 그러나 그가 지은 엄청난 저술의 현존이, 그의 남아 있는 족적의 위대함을 사실로 웅변하고 있다. 특히, 그의 『청정도론(淸淨道論, *Visuddhimagga*)』은 계 · 정 · 혜 삼학이라는 불교의 기본을 강격(綱格)으로 하여, 마하비하라파의 정통설을 명시할 수 있도록 저술되어 있고, 현재도 '남전'의 모든 나라 상좌부의 최고 권위서로 추앙받고 있다.

이상과 같이 확립된 실론(스리랑카)의 불교가 그곳을 거점으로 하여 벵골만을 끼고 다시 동남아시아 각국으로 전파되어, 현재와 같은 '남전' 불교권을 형성하게 되었던 것이다.

그 '남전' 불교를 수용한 동남아시아 나라들 가운데 가장 빠른 것이 버마(미얀마)이다. 그렇다고는 해도 버마가 불교를 수용한 시기는 11세기 중엽이기 때문에 불교의 전파는 상당히 늦었다고 볼 수 있다. 버마는 이라와디강 중류 지역에 먼저 정착한 티베트버마어족의 퓨족을 내륙 서부에서 남하하여 이라와디강 중류 지역까지 진출한 같은 어족인 버마족이 동화 · 흡수한 뒤 9세기 중엽에 파간 왕조를 창시하면서 탄생했다고 한다. 불교는 그 왕조의 아노야타왕(1044~1077년경 재위) 대에 실론에서 남방상좌부 불교가 전래되어 정착했으며, 수많은 성쇠를 경험하면서 오늘에 이르고 있다. 타이의 경우는 버마보다 늦어, 불교 도입이 13세기 무렵이다. 타이족은 원래 몽골계로 중국의 강남지방에 거주하고 있었던 것으로 여겨지지만, 서서히 메콩강 상류에서 중류로 이동하여, 13세기에는 타이족의 여러 부족국가가 형성된다. 그중에서도 크메르 즉 캄보디아를 격파하고 1238년에 건국된 수코타이 왕조가 현재 타이국가의 기원이 되었다. 이 왕조의 람카무헨왕(1275~1317년경 재위)의 재위 연대에 버마를 통해서 알려진 불교를 정식으로 도입했으며, 실론에서 상좌부의 마하비하라파의 출가승이나 성전이 전래되었다. 라오스나 캄보디아의 불교는 타이에서 다시 전해진 것이다. 라오스는 타이계의 여러 부족 중 하나인 라오족에 의해 형성되었는데, 란상 왕국 시대인 14세기 말에서 15세기 초 타이에서 상좌부불교가 전해져 국교로 정해졌다. 캄보디아는, 인도차이나(지나) 반도의 서남부에 위치하지만, 주로 이 반도의 원주민인 크메르족의 후예에 의해 구성된 나라이다. 앙코르 시대(800~1500년경)라 칭해지는 시기에는 힌디문화를 수용하여 그 유적 앙코르와트는 너무나도 유명하지만, 그 시대가 끝난 뒤 타이에서 전해진 상좌부의 불교가 정착되어 오늘에 이르고 있다.

그런데 벵골만이 아니라 중국해에서만 직접 마주하고 있는 베트남과 인도네시아는 중국해가 '남전'과 '북전'을 잇는 교역해로의 요충지이기도 한 만큼, 불교의 전파상에서도 복잡한 양상을 나타내고 있다. 베트남은 중국해뿐만 아니라 중국 남부와 직결되어 있고 그런 이유로 베트남에서는 북에는 중국 대승불교가 남에는 타이나 캄보디아 상좌부불교가 교차한다. 인도네시아는 중국해에서 대승불교, 인도양에서 힌두교 및 이슬람교로 세 가지 종교가 함께 존재한다. 특히, 인도네시아의 자바섬(島) 중부에 있는 유명한 보로부두르의 유적은 8세기 후반부터 9세기 전반에 건립되었다고 추정되는 불탑을 중심으로 하는 틀림없는 불교건축이지만, 이슬람교의 영향이 없다고 하기에는 복잡한 싱크리티즘(혼합주의)적 요소가 반영되어 있다.

마지막으로, '남전'과 '북전'이 교차한다는 이야기를 하는 김에 다소 시대를 소급하여, 5세기 전반 현재의 말레이반도나 수마트라섬, 자바섬 등을 통해서 중국해를 북상한 역경승에 대해 언급해두고 싶다. 『고승법현전(高僧法顯傳, 佛國記)』을 기록하고 번역사업에도 종사한 중국의 법현(法顯, 339~420년경)은 장안에서 출발하여 간다라와 마가다에서 불교를 견문한다. 그 뒤 실론에 체류하고 나서, 아마 수마트라섬 주변을 통과해서 건강(建康, 현재의 남경)으로 돌아가는 모습을, 그의 『불국기』 말미에 기록하고 있다. 구나발마(Guṇavarman, 367~431)와 구나발타라(Guṇabhadra, 374~468)는 함께 『고승전(高僧傳)』 권 제3에 나온다. 구나발마는 간다라 출신의 인도승으로 간다라에서 실론으로 갔다고 하는데, 아마도 아라비아해를 경유했다고 생각되고, 실론부터는 자바섬을 경유하여 중국의 건강에 이르렀다.

한편 구나발타라는 중인도 출신의 인도승으로 역시 실론으로 갔다고 하는데, 아마도 벵골만 쪽의 해로였다고 생각되고, 실론부터는 보다 대륙 쪽으로 나아가서 그런지 결국 광주(廣州)에 상륙했다. 전자는 아비다르마에도 정통했지만, 율전에도 통달해서 『보살선계경(菩薩善戒經)』 등의 율과 관련된 한역도 많이 남아 있고, 그 업적은 유게(遺偈)를 포함하여 중국 초기선종과 연결되는 요소를 남겼다. 후자는 여래장사상이나 유식사상과 관계된 경전의 한역을 많이 하였는데, 특히 그 4권 『능가경(楞伽經)』은 중국 초기선종의 형성에 직접적인 영향을 끼쳤다.

제2장

불교전파의 역사

1
인도고대

여기서 '인도고대'라는 표현을 사용한 것은 '고대인도'라는 단어를 사용해서 '중세인도'와 대비되는 엄밀한 의미로서의 역사적 개념으로 사용하지 않음을 의도한다. 역사적 개념으로서 '고대'라는 것은 봉건제도를 기반으로 하는 '중세'와 대비되어, 그와 같은 봉건사회로 아직 나아가지 않은 시대로 이해된다. 그러나 가령 그와 같은 의미에서 '고대인도'를 사용했다고 해도 인도의 경우 이러한 종류의 시대구분이 명확한 정설이 되어 있는 것도 아니다. 일반적으로 서양의 역사에서 말하면 중세란 4세기 말 게르만 민족의 대이동에서 르네상스 무렵까지 대략 1000년을 가리키고 있기 때문에 고대라고 하면 그 이전이 되지만, 인도의 경우에는 그 구분 방식을 확정할 수가 없다. 가장 큰 차이는 굽타 왕조(320~550년경)를 '고대'로 다룰 것인가, '중세'로 다룰 것인가라는 점에서 드러나고 있을 터인데, 전자의 방식이 많을지도 모른다. 나 개인은, 굽타 왕조의 전성기를 본다면 봉건제는 충분히 성립해 있었다고 생각하여 후자라고 해도 좋다고 생각하지만, 하여튼 동양이나 아시아 역사는 서양의 역사와는 별개의 독자적인 것이라는 역사관에는 반대하고 싶다. 물론 단순한 진화론에 입각할 수는 없다고 해도 정치, 경제, 사회, 문화, 그것들의 전파의 더딤과 빠름에 다양한 현현 방식이 있을 터이지만, 반드시 물은 높은 곳에서 낮은 곳으로 흐르는 것과 같이, 바다의 동서를 불문하고 문화는 높은 차원에서 낮은 차원으로 삼투해 가는 것이라고 생각하기 때문이다.

그러한 이유로, 내가 여기서 '고대인도'라는 호칭을 피하고 '인도고대'라는 표현방식을 사용하는 것이 상식적인 역사관마저도 방기하는 것은 전혀 아니다. 다시 말해 '인도고대'라고 하는 것은, '고대인도'의 역사적 개념을 부정하는 것이 아니라, 그와 같은 규정에서 다소 자유롭게 인도불교 성립 이전의 역사에 역점을 두고서 인도 고대시대를 개관해 두고자 하는 데 지나지 않음을 우선 말하고 싶다.

그런데 인도의 불교성립 이전이라고 특정되고 있는 것은 아니지만, 그 성립 전후를 포함한 인도 종교사상 전개에 관해 영국 빅토리아 시기를 대표하는 산스크리트학의 대석학 모니에르 윌리엄스는 그의 저서 『불교』의 서두에서 이전의 저서 『베다주의와 바라문주의와 힌두주의』를 근거로 해서 그것을 정리하는 형태로 그 세 개의 주의와 그것에 대응하는 문헌군에 관해서 일별을 부여하고 있다. 편리하기도 하고 그 구분의 큰 틀은 오늘날에도 답습되고 있다고 생각하기 때문에 아래에 그것을 도시한 후 약간의 설명을 더하고 싶다. 또한 도시 가운데 〔 〕 안에 부기한 연대는 모니에르 윌리엄스에 의한 것이 아니라 최근 일반적으로 인정되고 있다고 생각하는 것의 최대 합의점을 제시한 것이다.

(Ⅰ) 베다주의(Vedism)	(1) 4베다와 브라흐마나문헌 〔기원전 1200~800년경〕
(Ⅱ) 바라문주의(Brāhmanism)	(2) 우파니샤드문헌 〔기원전 500년 전후〕
(Ⅲ) 힌두주의(Hinduism) 시바교(Śaivism) 비슈누교(Vaiṣṇavism) 샤티교(Śāktism)	(3) 법전문헌 (the Low-books, Dharmaśāstras) 『마누법전』 『야즈냐발키야법전』 『파자샤라법전』 〔기원전 200~기원후 200년경〕 (4) 신애(信愛)문헌 (the Bhakti śāstras) 『마하바라타』『라마야나』 및 푸라나문헌 〔기원전 5세기~기원후 4세기〕 (5) 탄트라문헌 〔5세기 이후〕

위의 그림 가운데, 앞서 언급한 연대 이외에도 (3)의 문헌의 구체적 이름은 같은 저자의 이전 저서에 의해 보충한 것을 여기에 부기해 두지만, 위와 같은 큰 틀은 오늘날에도 시인되고 있다고 할 수 있다. 뿐만 아니라 오늘날에는 일반화하고 있는 세 가지 주의(主義)의 명명도 실은 모니에르 윌리엄스에 의해서 행해진 듯하다. 또한 오늘날의 철자기호에서는 장음기호가 생략되어 있지만 그것이 본질적인 차이는 아니다. 다만 그의 번역어로 'Vedism'은 '베다

의 종교', 'Brāhmanism'은 '바라문교', 'Hinduism'은 '힌두교'로 되는 것이 일반적이라고 생각하지만, 이 번역어에는 이것들을 무조건 '종교'의 한 파라고 믿어 버리는 뉘앙스가 강하다고 생각되기 때문에 그것을 피하고자 하는 경우에는 굳이 귀에 익숙하지 않은 '주의(主義)'를 사용해서 구별하는 것으로 한다. 그 점에서 'Saivism', 'Vaiṣṇavism', 'Śāktism'은 각각의 시바(Śiva), 비슈누(Viṣṇu), 삭티(Śākti)에 대한 신애(信愛)를 나타내는 힌두교 내의 한 종파로 간주되어 문제가 없다고 생각하기 때문에 굳이 '주의'를 붙여서 번역어를 만들지는 않았다.

덧붙여 여기서 '불교'에 대한 서양에서의 호칭에 관해서도 한마디 해 두고자 한다. 『불교』라고 하는 책의 원제는 'Buddhism'이지만, 이것이 간행된 1889년의 19세기 말은 둘째 치고 같은 세기 초 무렵에는 영어의 'Buddhism', 독일의 'Buddhismus', 프랑스어의 'bouddhisme'도 아직 확정적이지 않았던 것 같다. 현재 'Buddhism'을 사용하는 모니에르 윌리엄스조차 그 개조(開祖)인 'Buddha'에 관해서 '밧다' 등으로 발음되지 않도록 같은 책 안에 'u'는 'bud(꽃망울)'의 'u'가 아니라 'bull(황소)'의 'u'와 같이 발음하도록 주의하고 있다. 근대 불교학의 개조로서 찬란하게 빛나는 프랑스의 E. 뷔르누프(Eugene Burnovf, 1801~1852)는 그의 『인도불교사입문』(1844)이나 『법화경』의 불역(1952)에서도 밝힌 것처럼 역시 19세기 전반에서 'bouddhisme'을 사용하고 있지만, 같은 세기 후반의 니체(1844~1900)가 'Buddhismus'를 명확하게 사용하는 것에 커다란 영향을 끼쳤던 같은 세기 전반의 쇼펜하우어(1788~1860)는 오로지 'Buddhismus'만을 사용하였다. 이와 같은 우여곡절도 있으면서 19세기 후반에 겨우 확실하게 정착해 가는 듯했던 'Buddhismus', 'bouddhisme'과 일본에서 메이지유신까지 한자로 사용해 왔던 '불교(佛敎)'라는 단어에 관해서는 차차 밝혀 가기로 하자.

그런데 앞서 언급한 그림으로 돌아가면 모니에르 윌리엄스는 그와 같은 전개를 기술한 뒤에 (1) ~ (5)에 관해서 다음과 같이 기술하고 있다.

> 인도 종교의 국면 가운데 불교가 일어난 시기에는 아마도 처음 세 개만이 삼투해 갔을 것이다. 그러나 나는 이 이하에서 불교는 발전함에 따라 인도의 신들을 불교 자신의 신조(信條) 중 하나로 인정함으로써 스스로를 제4의, 최종적으로는 제5의 국면에조차 적응시켜 가는 한편, 힌두교 또한 불교로부터 각종의 관념을 수용하였다는 것을 밝히고 싶다.

불교가 발전함에 따라서 불교와 힌두교가 서로 영향을 주고받았다는 것은 당연하지만, 이것은 오늘날에 이르러서도 역시 유효하며 중요한 지적이라고 말하지 않으면 안 된다. 게다가 오늘날 우리에게 부과된 문제는 그 상호영향을 어떻게 생각하는가라는 점에 있지만, 인도의 '자기'라고 할 수 있는 힌두교가 불교까지 포함하여 다양하게 '자기' 증식을 해 간다고 생각하는 경우와 인도에게 '타자'인 불교가 힌두화되고 있다고 생각하는 경우에는 자연히 심각한 차이가 생길 것이다. 그리스도교도로서 불교와 힌두교의 실제가 어떠한 것이었던가를 영어권 사람들에게 알리고자 한 모니에르 윌리엄스에게 이 문제는 심각한 것은 아니지만 이 책에서는 이 점에 관해서도 고찰해 두고자 한다.

하여튼 위의 인용에 포함되어 있는 중요한 문제를 먼저 지적했지만, 인용 중에서 불교가 흥기한 시기 5개 가운데, (1) ~ (3)이 모두 빠짐없이 나왔던 것처럼 말해지고 있기는 하지만, (3)이 과연 그러했던가에 관해서는 오늘날의 연대론에 의하면 상당한 의문이 있다. 그러나 (3)의 법전문헌의 구체적 성립을 별도로 한다면, 그것과 함께 생각되는 힌두교의 부상 방식에도 미묘한 해석이 있을 수 있기 때문에 지금은 (Ⅲ)-(3)은 언급하지 않는 것으로 하고, 불교성립 이전에 충분히 성립해 있었던 (Ⅰ)-(1), (Ⅱ)-(2)에 관해서만 간단하게 설명해 두고자 한다.

(Ⅰ)-(1)의 4베다와 브라흐마나문헌에 의한 베다주의 시대에는 아리아인이 인도에 침입하여 펀자브를 중심으로 북서인도에서 활약했던 시기이다. 4베다라고 하는 것은 협의에 있어서는 '본집(saṃhitā)'이라 불리는 중핵적 부분만을 가리키고, ①『리그베다(*Ṛg-veda*)』, ②『사마베다(*Sāma-veda*)』, ③『야주르베다(*Yajur-veda*)』, ④『아타르바베다(*Atharva-veda*)』로 구성된다, 이것들은 기원전 1200년부터 1000년에 걸쳐서 거의 이 순서로 성립했다고 생각되며, 차례로 ①찬가(讚歌), ②가사(歌詞), ③제사(祭詞), ④주사(呪詞)를 집록(集錄)한 것이다. 이 각각의 베다에는 이상의 '본집' 이외에 ⓐ브라흐마나문헌(Brāhmaṇa, 祭義書), ⓑ아란야카문헌(Āraṇyaka, 森林書), ⓒ우파니샤드문헌(Upaniṣad, 奧義書)이 있고, 이들도 역시 거의 이 순서로 성립했다고 생각된다. ⓐ는 기원전 800년경, ⓒ는 기원전 500년경, ⓑ가 그 양자의 중간이라 여겨진다. 이 가운데의 ⓐ를 모니에르 윌리엄스는 '본집'에 이어진 것으로서 (Ⅰ)-(1)에 포함시켰다.

(Ⅱ)-(2)의 우파니샤드문헌에 의한 바라문주의 시대는 아리아인이 활약한 무대가 갠지스강 중류지역인 마가다 중심으로 이동한 시기라고 볼 수 있다. 우파니샤드문헌은 내용적으로는 당시 철학적 비설(哲學的秘說)의 최종적 집성이었기 때문에 '베다의 극치'라고 하는 의미에서 '베단타(vedānta)'라고 칭해지기도 한다. 또한 그림에 제시되지 않은 위의 설명 중 ⓑ의 아란야카는 사람이 사는 마을에서 멀리 떨어진 숲에서 전수되어야 하는 비의의 집록이며, 제식의 설명과 함께 철학적 문제도 다루고 있어 내용적으로도 시기적으로도 (Ⅰ)-(1)과 (Ⅱ)-(2) 사이의 과도적인 것이다.

이렇게 해서 인도고대의 종교는 (Ⅰ)-(1)에서 (Ⅱ)-(2)로 전개해 갔다고 말할 수 있지만, 그 양자의 저류로서 끊임없이 공통으로 존재하고 있는 것이 '베다(veda)' 지상주의 의식이다. '베다'는 원래는 '지식'을 의미하는 말이지만 아리아인의 고대 제식과 깊게 결합해 있기 때문에 그것은 실질적으로 '제식의 지식'을 표현하고, 이것을 지배하는 소수의 세습된 바라문 제관만이 지상의 권위를 장악했다. 그 의미에서 4베다 가운데에 『리그베다(*Ṛg-veda*)』는 권청승(勸請僧, hotṛ), 『사마베다(*Sama-veda*)』는 영가승(詠歌僧, udgātṛ), 『야주르베다(*Yajur-veda*)』는 제공승(祭供僧, adhvaryu), 『아타르바베다(*Atharva-veda*)』는 기도승(祈禱僧, brahmana)과 같은 제관에 소속하고 있는 것이다. 그리고 다른 것에는 없고 '제식의 지식'의 언어표현에만 보이는 4베다나 브라흐마나문헌에서 숭배되고 있는 신들은 대개 자연계의 위력이나 구성요소를 신격화한 자연신이다. 이윽고 다양한 신들을 일원화하는 사색의 흔적이 보이고, 그 경향이 브라흐마나문헌 후기에는 한층 더 진행된다. (Ⅱ)-(2)의 우파니샤드문헌은 더욱이 그 제식의 철학적 사변이 진행된 것으로 간주할 수 있다. 아래에서는 방대한 문헌에서 본다면 극히 작은 실례를 제시해 보려고 한다.

(Ⅰ)-(1)의 예로서는 『리그베다』의 속에 (a)제1편 제164장 제46송, (b)제8편 제58장 제46송, (c)제10편 제90장 제12송을 인용한다.

(a) 사람들은 인드라 · 미트라 · 바르나 · 아그니라고 부르는데, 그것은 아름답고 날개를 가지고 있는 하늘의 독수리(태양)이다. 영감이 있는 시인들은 유일한 실재(ekaṃ sat)를 다르게 말한다. 아그니 · 야마 · 마타리슈반이라고도 한다.

(b) 다양하게 타오르는 불은 하나뿐이다. 널리 삼투하고 있는 태양도 하나이다. 다만 한 개의 우사스(uṣas, 黎明)도 이 모든 것에 개별적으로 현현한다. 혹은 이 하나가 모두에 개별적으로 현현하고 있다.

(c) 이 〔푸루샤〕의 입에서 제관(brahman)이 나오고, 두 다리가 왕족(rājanya=kṣatriya)이 되고, 무릇 서민(vaiśya)이 되는 것은 두 눈이다. 노예(sūdra)는 두 발에서 생긴다.

다음으로, (Ⅱ)-(2) 예로 옮겨가지만 우파니샤드문헌에도 다양한 종류가 있기 때문에, 여기서는 석존 이전인 것이 확실시되고 있는 『브리하드아란야카우파니샤드(*Bṛihadāraṇyakopaniṣad*)』와 『찬도기야우파니샤드(*Chāndogyopaniṣad*)』 등에 의해 ⓐ전자 제3편 제5장 제1절, ⓑ전자 제4편 제4장 제7절, ⓒ후자 제3편 제14장 제1절, ⓓ후자 제7편 제26장 제1절, ⓔ후자 제8편 제5장 제2절, ⓕ후자 제8편 제15

장 제1절을 인용한다. ⓔ 이외는 일부의 인용이다.

ⓐ 이렇게 해서 크시다카의 자손 카호라는 그에게 질문했다. "야즈나발키아여! 실로 무엇이든 직감에 의해서(sākṣāt) 직감을 벗어나서는 존재하지 않는(aparokṣāt) 브라흐만과 같은 존재, 또한 모든 것에 내재하고 있는 아트만(ātmā sarvāntaraḥ)의 존재, 그것을 나에게 설명해 주십시오." "그것은 모든 것에 내재하고 있는 당신의 아트만이다." "야즈나발키아여! 모든 것에 내재하고 있는 것이란 어떠한 것입니까?" "무릇 무엇이든 굶주림이나 근심이나 병들거나 늙거나 죽음을 초월한 사람이라면 실로 그를 아트만이라고 알고 바라문은 자식에 대한 욕망, 재산에 대한 욕망, 세간에 대한 욕망을 버리고서, 걸식의 수행(bhikṣā-carya)을 행한다."

ⓑ 무릇 그의 심장에 있으며 모든 애욕이 해탈(pramucyante)할 때, 이렇게 해서 죽을 수밖에 없는 사람은 불사(不死, amṛta)가 되어, 이 세상에서 브라흐만을 얻는다.

ⓒ 실로 이 모든 것은 브라흐만이다(sarvaṃ khalv idaṃ brahma).

ⓓ 아트만에만 이 모든 것이 존재한다(ātmata evêdaṃ sarvam).

ⓔ 이렇게 해서, 무릇 모든 소마의 공희제(供犧祭, sattrāyaṇa)와 사람이 부르는 바의 것, 그것이 순결한 행(brahma-carya, 梵行)에 다름 아니다. 왜냐하면 순결행(純潔行)에 의해서만 실재하는 아트만을 방어하는 것이 있기 때문이다. 이렇게 해서 무릇 모든 침묵의 수행(mauna)과 사람이 부르는 바의 존재, 그것이 순결한 행에 다름 아니다. 왜냐하면 순결한 행에 의해서만 아트만을 알

고 숙려(熟廬)하기 때문이다.

ⓕ 스승(guru)을 위한 일 이외의 나머지 시간에 베다를 규정대로 학습한 뒤, 스승(ācārya)의 집에서 〔자신의 집으로〕 돌아온 뒤에, 가정의 청정한 장소에서 암송을 배우면서, 여법(如法)한 것들을 양육하고, 모든 감각기관을 아트만에 안치(安置)하여(saṃpratiṣṭhāpya), 목욕재계하는 곳(禊場, tīrtha) 이외에는 모든 생물을 살해하지 않는다. 실로 그와 같은 사람은 수명이 다할 때까지 이렇게 생활하고 또 〔죽어서는〕 브라흐만의 세계에 도달한다. 그리고 다시 되돌아오는 일은 결코 있을 수 없다.

이상의 예문 가운데 '아트만'은 번역하기 어려운 전형적인 용어이기 때문에 음사해서 제시했지만, '영혼'과 '자기'의 의미를 동시에 가지고 있다고 이해한다면 크게 어긋나지 않을 것이다. 그리고 이들의 예문은 '자기'인 '영혼'이 '모든 곳에 내재'하는 것으로서 '자기'를 확대하여 참으로 해방되었을 때에는 '브라흐만'과 합일한다고 하는 일원론 지향의 구조를 나타내고 있지만, 후자의 ⓔ, ⓕ의 경우를 보자면 ⓔ에서는 공희제(供犧祭)의 본질이 '순결한 수행(brahma-carya, 梵行)'에서 구해지며, ⓕ에서는 그 '순결한 수행'을 배우는 '학생(brahma-cārin, 梵行者)'을 제1단계로 하는 4개의 '주기(住期, āśrama)'가 예기되는 듯한 기술이 이루어지고 있다. 그런데 '주기(āśrama)'라고 하는 용어는, (Ⅱ)-(2)문헌에도 아직 나타나지 않다가 (Ⅲ)-(3)의 『마누법전』에는 '4주기' 각각이 상세히 규정되고 있다. '4주기'란 ①학생기(學生期, brahmacārin), ②가주기(家住期, gṛhastha), ③임주기(林住期, vānaprastha), ④유행기(遊行期, saṃnyāsin)이다. 다만 'āśrama'

를 '주기'라 하는 것은 근대의 역어에서 어의로서는 반드시 바른 것은 아니며, 중요한 어의를 은폐시켜 버리는 결점도 있다. 'āśrama'는 동사의 어근에서 말하면 'ŚRAM(힘써 노력하다)'에서 유래하는 말로, 원래는 '고행자의 주거'를 의미하고 같은 어근에서 유래한 중요한 낱말이 'śramaṇa(힘써 노력하는 사람의 의미로, 팔리어는 samaṇa, 음사가 '사문(沙門)')이다. 그런데 이 ŚRAM에 '4주기'의 ③, ④가 급속하게 부상되었던 것이 (Ⅱ)-(2)문헌이 성립 전개된 기원전 500년을 전후한 시대이다. 이 시대의 이 새로운 동향을 (Ⅱ)-(2)의 '바라문주의(Brahmanism)'에 대비시켜서 부른다면 '사문주의(Śramanism)'라 할 수 있지만, 일반적으로 전자가 '제식주의'인 것에 반해서 후자는 '고행주의'이다. 게다가 이 '사문주의'-'고행주의'의 구도야말로 불교의 개조(開組)가 참여하여 결별해 가는 이 시대의 각인(刻印)에 다름 아니다. 이것은 다음 절에서 상세하게 다루겠지만, '4주기'에 앞서 명확하게 이 무렵 확립된 것이, 위에서 인용한 문장의 예 (Ⅰ)-(1)의 (c)에서 이미 시사되고 있는 '사성제도(四姓制度, 카스트제도)'이다. 즉, ① 바라문(brāhmaṇa), ②왕족(kṣatriya), ③서민(vaiśya), ④노예(śūdra)이며 『마누법전』 제10장 제4송에는 다음과 같은 말이 있다.

> 바라문 · 왕족 · 서민의 3계급(varṇa)은 재생족(dvi-jāti=dvi-ja)이다. 그런데 제4의 노예는 1생족(eka-jāti=eka-ja)이며, 제5는 없다.

단지 태어나는 것만으로 일생을 마치는 존재는 '1생족'으로 노예이고, 성인이 되어 입문식에서 다시 태어난다고 여겨지는 것이 '재생족'으로 위의 3계급이다. '계급'의 원어 'varṇa'는 피부의 색깔로서 위

3계급은 원칙으로는 백인종이다. 극히 차별적인 용어이지만, '카스트'는 유럽열강 식민 지배 이후의 호칭이다.

2
개조의 전기

개조(開祖)의 전기를 기술하기 전에 우선, 개조의 호칭에 관해서 약간 설명을 하지 않으면 안 된다. 지금까지도 '불(佛)', '석존(釋尊)', '샤키야무니'를 거의 한정하지 않고 사용한 것 같은 생각이 드는데, 일반적으로는 이것 이외에도, '불타(佛陀)', '세존(世尊)', '여래(如來)' 등이 사용된다. 이 책에서는 결론을 먼저 말하자면, 역사상 개조를 부를 때에는 '샤키야무니(Śākyamuni)'라는 음사와 의역의 혼합인 '석존'을 사용하는 것으로 한다. 이것의 음사는 '석가모니'이지만, '샤키야(Śākya, 석가)'란 개조의 출신 부족을 표현하고, '석'은 그 음사이다. 한편 '무니(muni, 牟尼)'란 존자나 행자, 특히 침묵의 행자를 의미하고 '존'은 그 의역이다.

'석존' 이외의 호칭에 관해서는 이른바 '여래십호(如來十號)'라고 하는 것을 제시해 두는 것이 좋다고 생각되기 때문에, 그 실례(実例)를 팔리 불전에서는 A (長部) 제2경 『사문과경(沙門果經)』을, 산스크리트 불전에서는 B 『법화경(法華經)』「서품」을 참조하여 아래에 제시한다. 그러나 '십호'라고 해도 실질적으로는 11종의 명칭이 있는데,

그것을 어떻게 10종으로 헤아리는가에 관한 이론도 있기 때문에 실례를 제시하기 전에 그 11종을 일반적인 한역으로 열거하고, 각 한역에 대응하는 팔리어와 산스크리트어를 차례로 기록한 다음 (원어가 하나인 경우에는 공통) 그 간단한 어의를 부연해 두는 것으로 한다.

① 여래(如來, tathagāta): '진여에서 온 분'과 '진여에 도달한 분'이라는 두 해석 이외에 '진여를 이해한 분' 등의 해석도 있음.

② 응공(應供, arahat, arhat): 아라한으로도 음사되고, '공양을 받을 만한 분'의 뜻.

③ 정등각자(正等覺者, sammā-sambuddha, samyak-saṃbuddha): 정변지(正徧知)로도 한역되고, '바르고 완전하게 깨달은 분'의 뜻.

④ 명행족(明行足, vijjā-caraṇa-sampanna, vidyā-caraṇa-saṃpanna): '밝은 지혜와 행동을 완비한 분'의 뜻.

⑤ 선서(善逝, sugata): '잘 가신 분'의 뜻.

⑥ 세간해(世間解, loka-vidū, loka-vid): '세간을 아는 분'의 뜻.

⑦ 무상사(無上師, anuttara): '그 위가 없는 분'의 뜻.

⑧ 조어장부(調御丈夫, purisa-damma-sārathi, puruṣa-damya-sārathi): '사람을 잘 거느리는 분'의 뜻.

⑨ 천인사(天人師, satthā deva-manussānam, śāstā devānāṃ manuṣyānām): '신들이나 사람들의 스승'의 뜻.

⑩ 불(佛, buddha): '깨달은 분'의 뜻.

⑪ 세존(世尊, bhagavat): '거룩한 분'의 뜻.

이상의 11종에 대해, 무엇을 '십호'라 하는가에 관해서는 ①을 총칭으로 간주하고 ②~⑪을 '십호'라고 하는 설과, ⑩, ⑪을 하나의 호칭으로 간주하고 다른 9개와 함께 '십호'라고 하는 설이 대표적이지만, 어쨌든 이 '십호'의 열거를 일괄하는 것은 역사상 석존이 '신앙(saddhā, śraddha)'의 대상으로서 신격화되는 시대로 접어들면서부터일 것이다. 사실, 팔리 『사문과경』에 보이는 '신앙(saddhā)'과 연결된 '십호'의 기술은 보다 오래된 형태를 보존하고 있다고 추측되는 한역에서는 전혀 보이지 않는다. 또한 여기에서는 일반적으로 신격화가 행해지는 경우, 그 호칭은 대부분 그 민족의 미화된 칭호라는 점을 유의해 두지 않으면 안 된다. 위의 '십호'에도 예외는 없지만, 특히 ⑪의 '세존(bhagavat)'은 힌두교의 성전이라고도 여겨지는 『바가바드기타(*Bhagavad-gītā*)』의 '바가바드'인 크리슈나신에 대한 호칭과 동일하고, 『리그베다』나 『아타르바베다』 이래의 미칭(美稱)이기도 하다. 따라서 '십호'의 의미를 검토했다고 해서 불교의 개조라는 의미가 명확해지지 않는다는 것은, 예를 들면 그리스도교의 '그리스도'의 유래인 그리스어 '그리스토스(Christos)'는 헤브라이어 '메시아(masiaḥ)'의 번역이며, 왕이나 예언자를 가리키는 '기름부음을 받은 자'를 의미한다는 것을 알았다고 해서 예수 혹은 그리스도교의 의미가 명확해지지는 않는 것과 같다.

우리가 유의해야 할 것은 이 정도로 하고 앞에서 중단한 실례 A, B를 제시하면 다음과 같다.

A

대왕이시여 이 세계에 ①여래가 출현하셨습니다. [즉] ②응공, ③정등각자, ④명행족, ⑤선서, ⑥세간해, ⑦무상사, ⑧조어장부, ⑨천인사, ⑩불, ⑪세존입니다.

B

그것보다도 훨씬 오래된 일이지만, 실로 그때 일월등명(日月燈明, Comdrasūryapradīpa)이라는 이름의 ①여래, ②응공, ③정등각자, ④명행족, ⑤선서, ⑥세간해, ⑦무상사, ⑧조어장부, ⑨천인사, ⑩불, ⑪세존이 계셨습니다.

석존이 이와 같이 신격화된다든지 나아가 그 미칭이 석존 이외의 불(佛)에게도 적용된다든지 하는 문제를 다루기 이전에 석존의 탄생, 성도와 설법과 입멸은 '사대영지(四大靈地)'를 다룬, 제1장 제2절에서 이미 언급했지만 여기에서는 그 탄생 시기를 '불멸연대론'과 함께 설명해 두고 싶다.

석존의 입멸 연대에 관해서는 예전부터 많은 설이 전해지고 있지만, 고대 인도인은 역사적 사실에 대한 관심이 희박했기 때문에, 확실한 연대를 결정하는 것은 다른 경우와 마찬가지로 거의 불가능에 가깝다. 따라서 인도의 역사연대를 추정하기 위해서는 그 관련 상황 가운데 보다 확실한 역사적 사적을 기준으로, 인도 내외의 상황도 살펴보면서 그 일점을 가능한 한 좁혀 가는 방법을 취해야 한다.

'불멸연대론'의 경우 그것보다 확실한 역사적 사적은 아쇼카 왕의 즉위 연대이다. 그 연대는 그리스 역사 등을 고려한 결과로 상당한 정확도를 가지고 기원전 268년 혹은 그 전후 몇 년이라고 추측된다. 그런데 불교도(우바새, upāsaka)가 되었다고 전해지는 이 왕의 즉위를 '북전' 불교의 대표설은 불멸 후 116년의 일이라 하고, '남전'은 불멸 후 218년의 일이라고 한다. 그리고 불멸과 아쇼카왕의 즉위 기간을 전자는 115년간, 후자는 217년간으로 하여, 즉위 년대를 기원전 268년으로 산정하여 계산하면, 전자의 불멸연대는 기원전 383(=268+116-1)년이 되고, 후자의 불멸연대는 기원전 485(=268+218-1)년이 될 것이다. 이것은 두 전승에 근거하여 두 주장의 단순한 계산식을 제시했을 뿐, 실제로 이 양쪽 주장에는 즉위연대 설정 차이나 전승의 해석 차이 등에 의해서 여러 주장이 병존한다. 여기서는 이들 여러 가지 주장을 대표하는 두 주장을 각각 제시할 뿐이지만 석존의 생애를 만 80세라고 하는 것에서는 그다지 이설이 없기 때문에, 석존의 생애는 전자를 대표하는 나카무라 하지메(中村元)설이 기원전 463~383년이고, 후자의 주장은 W. 가이거설인 기원전 563~483년이며, 정확히 100년의 차이가 있다. 최근 학계의 동향은 전자로 수렴해 가는 추세이지만, 나 개인으로서는 아쇼카왕 즉위의 무렵까지 불교 교단은 교단 독자의 힘으로 인도 각지에 진전하고, 어떤 지역에서는 교단이 분열할 정도로 발전했다고 여겨지기 때문에 불멸과 즉위의 사이를 100년 정도로 하는 것은 짧은 것이 아닌가 하는 생각이 강하게 든다. 따라서 나는 지금도 석존은 기원전 6~5세기에 활약했다고 하는 쪽이 더 정확하지 않는가 생각하지만, 그건 어떻든 간에, 석존이 활약했던 그 시대야말로 전 절에서 본 Ⅱ-(2)의 '바라문주의'-'제식주의'에 대항해서, '사문주의'-'고행주의'의 새로운 동향이 대두했던 시기이다. 게다가 이 새로운 동향을 담당하는 수행자의 대표적인 호칭 중 하나가 '사문(samaṇa, śramaṇa)'이지만, 그 밖에도 '4주기'

의 네 번째를 이르는 'saṃnyāsin'이 있다. 이것은 자신의 전부를 버리고서 탁발에 의해 생활하는 '유행자'를 의미한다. 또한 후대에 불교의 출가자를 부르는 정식 용어가 된 팔리어 'bhikkhu', 산스크리트어 'bhikṣu', 그리고 그 음사어인 '비구'란 이 새로운 고행자의 탁발 걸식 형태를 가리키는 호칭이다. 또한 다른 호칭으로는 parivrājaka(팔리어는 paribbājaka, 출가자), yogin(요가의 실행자), muni(침묵의 행자), ṛṣi(팔리어는 isi, 선인) 등이 있고, 이 고행자가 모여서 자유로운 논쟁을 했던 당시의 대표적인 장소 중 하나가, 제1장 제2절에서도 언급한 리시바다나 므리가다바이다. 석존 또한 출가 후 여기에 머물렀음은 말할 것도 없다. 그러나 미리 예단하지 않는 편이 좋다고 생각하기 때문에, 아래에서는 석존의 탄생 전후부터 그 생애까지 간단하게 살펴보고자 한다.

석존이란 말할 것까지도 없이 개조로 추앙되고 공경받는 호칭이지만, 출가 전 주어진 아명(兒名)은 싯다르타(Siddhārtha, Siddhattha)였다고 한다. 싯다르타는 왕족인 샤키야족의 왕 슈도다나(Śuddhodana, Suddhodana, 淨飯)와 어머니 마야(Māyā, 痲耶)의 아들로서, 도성 카필라바스투의 교외 룸비니(Lumbini) 동산에서 탄생했지만, 얼마 지나지 않아 어머니를 잃고 이모 고타미(Gautamī, Gotamī)에 의해 양육되었다고 한다. 샤키야족은 당시 인도 북부의 히말라야산맥에서 소국가를 형성하고, 코살라국에 귀속되어 있었지만, 왕족에 의한 과두 귀족제 치하에서 석존 만년에 코살라국에 의해 멸망되기까지는 비교적 평안하게 지내고 있었던 것 같다. 그 소왕국을 계승해야 할 왕자로서 성장한 싯다르타는 성인이 된 후, 야소다라(Yaśodharā)를 왕비로 맞이하여 아들 라훌라(Rāhula)를 얻었지만, 사람의 노화, 질병, 죽음에 대해서 느끼는 바가 있고 당시 신흥 '사문주의'를 동경하여 29세 때 출가했다고 전해진다. 카필라바스투의 도성을 뒤로한 싯다르타는 머지않아 '요동치는 파도의 갠지스(Gaṅgāṃ pracalat-taraṅgām)강을 건너서 화려한 저택이 많은 라자그리하에 도착했다.'라고 『불소행찬(佛所行讚)』에 기술되어 있다. 그는 말하자면, 당시 인도 최고 문화 번영국 마가다의 수도 근처로 향했던 것이다. 라자그리하 근교의 산악지에서 수행에 들어갔는데, 위엄으로 가득 찬 그의 모습은 곧 도시 전체에 평판이 자자해져 마가다의 빔비사라 왕까지 방문하였다고 문헌은 전하고 있다.

이렇게 해서 마가다에서 '사문(śramaṇa, samaṇa)' 수행으로 고행을 하고 있던 싯다르타는 수행자 무리에서 주로 '사문 가우타마'라 불리게 되었는데, 그 이름 '가우타마(Gautama, Gotama, '최상의 소'라는 의미)'는 샤키야족의 가계에서 유래한 것으로 여겨진다. 마가다에서는 아라다 카라마(Ārāḍa Kālāma, Āḷāra Kālāma)나 우드라카 라마푸트라(Udraka Ramaputra, Uddaka Ramaputta)라는 두 명의 선인(ṛṣi)에게도 사사했지만, 사문 가우타마의 생각은 충족되지 않아서 머지않아 나이란자나 강가에서 가혹한 고행(tapas)에 들어갔다. 거기에는 그의 진지한 고행의 모습을 경탄해서 지켜보는 5인의 비구도 있었다. 고행이 6년이 이르렀고 죽을 정도로 몸이 앙상해졌을 때 그는 처음으로 고행의 허망함을 느꼈다. 겨우 일어나 마을 여인이 건네 준 요구르트(우유죽)를 먹은 것이 이때이다. 마을 여인 이름을 '남전'에서는 수자타(Sujātā)라 하고, '북전'에서는 난다바라(Nandabalā)라 한다. 이것을 타락이라고 인식한 5인의 비구는 가우타마의 곁을 떠났다. 그러나 본래의 체력을 회복한 가우타마는 고행주의를 완전히 극복하고 보리수 아래에서 드디어 '연기(pratītyasamutpāda)'를 깨닫는다. 이것이 불교의 개조 석존의 탄생이며 때는 석존 35세였다고 한다.

얼마 후 석존은 그 깨달음을 전하기 위해 떠나간 다섯 명의 비구가 수행자들이 모인 코살라의 리시바다나 므리가다바에 머물고 있다는 것을 알고서 그곳으로 가서 다섯 비구에게 '사제(四諦, catuḥ-satya)'를 설하였는데 이것이 석존의 첫 설법이라고 여겨진다. 그 다섯 비구는 ①아즈나타 카운딘야(Ājñāta-Kauṇḍinya, Aññā-Koṇḍañña), ②바스파(Vāṣpa, Vappa), ③바드라지트(Bhadrajit, Bhaddiya), ④마하나만(Mahānāman, Mahānāma), ⑤아슈바지트(Aśvajit, Assaji)인데, 카운딘야가 최초의 이해자였다고 전해지고 있다. 또한 '연기'와 '사제'의 교의에 관해서는 제4장에서 기술하겠지만 석존이 설법을 하기로 결심하기 이전, 아직 나이란자나 강변에 머물 때 보리수나무 아래 석존의 결가부좌 모습에 감동을 받은 트라푸사(Trapuṣa, Tapussa)와 발리카(Bhallika)라고 하는 두 명의 상인이 음식을 드리자, 석존이 그것을 4천왕으로부터 부처님발우(佛鉢)로 받았다는 전설이 있고, 이것이 부처에 대한 재가신자의 최초의 귀의라 여겨진다. 또한 이 전설이 제1장 제1절에서 살펴본 간다라의 부처님발우 배경이 되기에 이른 것이다.

그런데 다섯 비구에 대한 설법에서 개시된 석존의 전도는 그 뒤 다시 마가다 지역으로 향해 감에 따라 더욱 활발해진다. 라자그리하로 가는 도중에 나이란자나강의 근처에 머물고 거기서 카사파 삼형제와 신통력을 위주로 한 승부에서 이기고, 불교 교단에 들어온 삼형제의 제자 1000명에게 가야쉬르사(Gayāśīrṣa, 象頭)산에서 새로이 설법을 행했다. 왕도(王都) 라자그리하에 들어갈 무렵에는 다섯 비구

중에 한 사람인 아슈바지트의 탁발 중에 '연기'에 관한 게송을 들었던 샤리푸트라(Śāriputra, Sāriputta, 舍利佛, 舍利子)가 친구인 마하마우드가리야야나(Mahāmaudgalyāyana, Mahāmmoggalāna, 大目犍連, 目連)에게 권유하여 다른 무리 250명과 함께 대거 스승 산자인(Sañjayin)의 문하를 떠나서 불교 교단에 들어간 사건이 일어났다. 이것은 훗날 '지혜제일'이라고 석존에 의해 존중된 샤리푸트라가 얼마나 불교의 '연기'설에 매료되었는지를 보여준다. 그러나 어쨌든 불교 교단은 이와 같이 해서 대략 1250인의 출가비구 교단으로 성장했던 것이다. 이 대략의 숫자는 오랫동안 교단의 기억에 남았기 때문인지, 석존이 '1250인의 비구와 함께했다.'라는 문언이 서두를 장식한 경전이 후세에 대단히 많이 나온다. 물론 석존 재세 중의 교단의 발전은 이 숫자에서 끝나 버리는 것은 아니다. 특히 마가다에서는 빔비사라왕과 그 뒤를 이은 아들 아자타샤트루왕의 귀의도 받았고, 재가신자도 상당한 수였을 것이다.

또한 석존 만년에는 이모인 고타미의 출가에 의해 여성 출가자, 즉 비구니(bhikṣuṇī, bhikkunī)의 교단이 형성된 것도 중요하다. 유명한 비구니로는 재색을 겸비한 크세마(Kṣemā, Khemā)나 지혜가 뛰어나고 출가 전의 남편에게도 알기 쉽게 설법한 다르마딘나(Dharmadinnā, Dhammadinnā) 등이 있다. 이리하여 석존 45년간 전도한 땅은, 동쪽은 참파, 서쪽은 카우샴비에 이르는 갠지스 강 중류 지역 일대까지였다.

이 사이 정치적인 동향으로는 마가다국의 빔비사라왕과는 끊임없이 길항(拮抗)하면서도 역시 석존에게 귀의한 코살라국의 왕 프라세나지트(Prasenajit, Pasenadi)가 아들인 비루다카(Virūḍhaka,

Viḍūḍabha)에게 나라를 빼앗긴 것이 있다. 그 뒤 왕위를 계승하고 다시 카필라바스투까지 정복했던 비루다카왕도 얼마 안 있어 생각지도 못한 죽음을 맞이하고서 머지않아 이 코살라국은 마가다국의 지배하에 들어가게 된다. 이때 마가다국의 왕은 바로 부왕을 살해해서 왕위를 찬탈한 아자타샤트루인데, 이 왕이 앞서 말한 『사문과경』에서 석존에게 가르침을 청한 사람이다. 상당히 피비린내 나는 정치적 사건도 그 배경에 있었던 것이다. 그러나 여기에서는 『사문과경』에 등장하는 소위 '육사외도'를 다른 문헌도 참조하면서 극히 간단한 설명과 함께 경전의 순서에 따라 열거해 두고 싶다.

그 사상적 의미는 후에 제4장을 중심으로 기술할 것이지만, 이 '육사외도'는 '바라문주의'-'제식주의'에 대항하는 '사문주의'-'고행주의'를 대표하는, 당시 새롭게 흥기한 자유로운 사상가에 다름 아니다.

① 푸라나 카사파(Pūraṇa Kāśyapa, Pūraṇa Kassapa): 선악의 행위는 결과를 초래하지 않는다고 하는 도덕부정론자
② 마스카린 고살리푸트라(Maskarin Gośāliputra, Makkhali Gosāla): 우연적 숙명론자. 12개의 원소만 인정하며, '사명외도'(Ājīvaka)라 불렸다.
③ 아지타 케사캄바라(Ajita Keśakambala, Ajita Kesakambala): 4원소만을 인정한 도덕부정의 유물론자
④ 카쿠다 카티야야나(Kakuda Kātyāyana, Pakudha Kaccāyana): 7원소만이 실재한다고 하는 완전한 원소 구성론자
⑤ 니르그란타 즈나티푸트라(Nirgrantha Jñātiputra, Nigaṇṭha

Nātaputra): 불살해와 무소유를 강조하는 완전한 고행주의자. 자이나교의 실질적 개조

⑥ 산자인 바이라티푸트라(Sañjayin Vairaṭṭīputra, Sañjaya Belaṭṭhiputra): 진리명제를 세울 수 없다고 하는 회의론적 불가지론자이자 궤변가

앞서 기술한 것과 같이 마지막의 산자인은 샤리푸트라나 마하마우드가리야야나를 매개로 석존에 의해서 논파되었다고 생각하지 않으면 안 되지만, 그 의미는 다음에 물을 것이다. 석존은 이와 같은 새로운 사상가들과도 전혀 다른 사상을 주장하며 생애를 마감했지만, 석존이 쿠시나가라에서 입멸한 것은 제1장 제2절에 언급한 그대로이다.

또한, 마지막으로 석존의 십대제자라고 말할 수 있는 사람을, 중간에 샤리푸트라와 마하마우드가리야야나와 같이 석존 재세 중에 죽은 이도 포함하여 열거하고 이 절을 마무리하고 싶다.

① 샤리푸트라(Śāriputra, Sāriputta, 舍利佛): 지혜제일(旨慧第一)

② 마하마우드가리야야나(Mahāmaudgalyāyana, Mahāmoggallāna, 大目犍連): 신통제일(神通第一)

③ 마하카샤파(Mahākāśyapa, Mahākassapa, 大迦葉): 두타제일(頭陀第一)

④ 수부티(Subūti, 須菩提): 해공제일(解空第一)

⑤ 푸르나마이트라야니푸트라(Pūrṇamaitrāyanīputra, Puṇṇamantanī putta, 富樓那弥多羅尼子): 설법제일(說法第一)

⑥ 마하카티야야나(Mahākātyāyana, Mahākaccāna, 摩訶迦旃延): 논의제일(論議第一)

⑦ 아니루다(Aniruddha, Anuruddha, 阿那律): 천안제일(天眼第一)

⑧ 우팔리(Upāli, 優波離): 지율제일(持律第一)

⑨ 라훌라(Rāhula, 羅睺羅): 밀행제일(密行第一)

⑩ 아난다(Ananda, 阿難): 다문제일(密行第一)

십대제자의 인선이나 순서에는 문헌의 계통에 따라 차이가 있고, 그 차이에도 매우 흥미로운 것이 있지만 그다지 학문적인 것이 아니어서, 여기에서는 가장 대중적인 『유마경』에 의지했음을 밝혀 두고 싶다.

3
삼장의 성립

석존이 80세에 쿠시나가라에서 사망한 직후, 마하카샤파의 제안으로 마가다의 수도인 라자그리하(왕사성)의 근교 '사프타파르나굴(Saptaparṇa-guhā, Sattapaṇṇi-guhā, 七葉窟)'에서 500인의 아르하트(arhat, dgra bcom pa, 阿羅漢)가 모여, 석존이 생전에 설한 경(sūtra, sutta)과 율(vinaya)을 확인했다. 이것을 '제1결집'이라 하는데, 모였던 아르하트의 수에 따라 '500인 결집'이라고도 하고, 모였던 장소에 따라 '왕사성 결집'이라고도 한다. '결집(saṃgīti)'이란 불설(佛說)을 암송하여 확인하고 확정한 불교편찬위원회(佛敎編纂會議)를 말하는 것인데, 이 '제1결집'에서는 경은 아난다에 의해, 율은 우팔리에 의해 암송되었다고 한다. 물론 그 두 사람이 제안자인 마하카샤파와 함께 앞 절의 끝부분에서 거론한 10대 제자라는 것은 말할 것도 없다. 근본설일체유부율(根本說一切有部律)의 『잡사(雜事, *Kṣudraka-vastu*)』에는, 이 회의에서 경의 확정으로부터 율의 송출로 이어가는 장면이 다음과 같이 기록되어 있다.

그때, (Ⅰ)무릇, '5온'의 테마와 상응하는 경은 모두 (1) '5온(五蘊, Pañca-skandha)'으로 수렴되어 규정되었다. 무릇, '6처'의 테마와 상응하는 경은 모두 (2) '6처(六處, Ṣaḍ-āyatana)'로 수렴되었다. 연기의 '4성제'에 의한 앎과 상응하는 경은 모두 (3) '인연상응(因緣相應, Nidāna-Saṃyukta, Gleng gzhi dang yang dag par rad tu ldan pa)'으로 수렴되었다. 아울러 성문에 의해 설해진 다수의 경은 모두 (4) '성문소설(聲聞所說)'로 수렴되었다. 무릇, 부처에 의해 설해진 다수의 경은 모두 (5) '불소설(佛所說=如來所說)'로 수렴되었다. 무릇, '4념처(念處)', '4정단(正斷)', '4신족(神足)', '5근(根)', '5력(力)', '7각지(覺支)', '8도지〔道支(와 37보리분법(菩提分法)〕'와 상응하는 경은 모두 (6) '도지(道支=道品)'로 수렴되었다. 무릇, 다수의 올바르게 표현된 경의 모두는 (7) '바르게 표현된 부류(Yang dag par brjod pa'i(mdo sde))'로 수렴되었다. (이상의) 풍송(諷頌, 비유하여 읊음)을 동반한 상응(Sagātha-saṃyukta, Tshigs su bcad pa dang bcad par yang dag par ldan pa) 전체가 '상응아함(相應阿含, Saṃyuktāgama, Yang dag par ldan pa'i lng, 雜阿含)'이라 하여 수렴될 수 있는 것이다. (Ⅱ)무릇, 아주 긴 경이라면 모두 '장아함(長阿含, Dīrghāgama, Lung ring po)'이라 규정된다. (Ⅲ)무릇, 중간 정도 길이의 경이라면 모두 '중아함(中阿含, Madhyamāgama, Lung bar ma)'이라 규정된다. (Ⅳ)무릇, 한 마디에서 두 마디라 하여 열 마디에 이르기까지 '법수(法數)를 모은' 것이라면 '증일아함(增一阿含, Ekottarāgama, gCig las 'phros pa'i lung)'이라 말해지는 것이다. (이상의 확정이 끝나면) 거기에서 마하카샤파는 아난다를 보면서 다음과 같이, '아난다여, 그대의 아함은 거기까지가 전부입니까?'라고 물었다. '마하카샤파여, 여기까지가 전부입니다. 이것 이외 다른 것은 없습니다.'라고 대답하고 사자좌(獅子座)에서 내려왔다. (이것으로 경의 확정이 완전히 종료된 셈이지만) 그 후에 마하카샤파는, '여러분, 세존의 경은 남김없이 수렴되었기 때문에 이제는 율이 심의(審議)되어야 합니다.'라고 말했다. 그때 우팔리는 학식자로서 율의 인연이나 경위에 정통해 있었기 때문에 마하카샤파는 사자좌에 앉아서, '여러분, 우팔리는 학식자로서 율의 인연이나 경위에 정통해 있어, 세존 또한 지율자(持律者)의 최상의 존재라고 명기하셨기 때문에, 그를 모셔서 율을 모으도록 지명합시다.'라고 말했다. (그러자 그 자리에 모인 사람들은) '그렇게 하십시오.' (라고 답했다.) 그리하여 마하카샤파는 우팔리에게, '우팔리여. 그대가 성취자라면, 여래의 율을 남김없이 모으는 것이 가능하겠습니까?'라고 말했다. '가능합니다.'(라고 우팔리는 대답했다.)(P. ed., Ne, 296b8-297b2: D. ed., Da, 314a3-b4. 의정 역, 대정장, 24권, 407항, 중-하)

이와 같이 하여, 장면은 경에서 율의 확인으로 진행되어 가지만, 근본설일체유부율의 『잡사』는 성립이 늦어서인지, 이 문헌에 의하면, 율 뒤에는 논(論, 아비다르마)의 확정도 행해졌다. 그런데 '제1결집' 시점에서 논(論)까지 성립되었다는 것은 생각하기 어렵기 때문에 이것은 '제1결집' 시점에 이미 경 · 율 · 논의 삼장이 갖추어져 전승되고 있었다고 하는 권위를 부가하기 위하여 후세에 이르러 논의 존재도 덧붙인 것이 아닌가 한다. 그러나 경과 율에 관한 기술까지 사실무근이라고 의심할 필요는 없다. 같은 계통의 문헌이기에 당연한 것이라고는 하겠지만, 경장에 관한 '상응(잡)아함'의 기술은 제1

장 4절에서 다룬 구나발타라(求那跋陀羅)에 의해 5세기 초반에 한역되고 한역된 뒤에 책의 페이지가 뒤섞이는 일이 있었다. 그런데 최근 최종적으로 중국(대만)의 불교학자 인순(印順)에 의해서 바로잡힌 순서와도 거의 일치하고, 경장의 실제 내용을 이루는 4아함의 순서도, 설일체유부 혹은 근본설일체유부의 전승이라고 말해지는 것과 일치한다.

그래서 앞의 인용도 정리할 겸, 아래의 (근본)설일체유부의 4아함의 순서를 토대로 그 4아함의 필두를 장식하는 '상응(잡)아함'의 내용에 대해, 왼쪽에는 앞의 인용 중에서 기호만을 게재하고, 그 오른쪽에는 인순에 의해서 재배열된 내역의 큰 괄호이름(아라비아 숫자 옆의 것)을 게재하여, 상호 간에 비교가 수월하도록 제시할 것이다. 큰 괄호이름 오른쪽에 제시한 3개의 군에 관해서는 뒤에 12분교와 관련하여 설명할 것이다.

(Ⅰ) 상응(잡)아함(Saṃyuktāgama)

(一) ······ (1) 오온송(五蘊誦)
(二) ······ (2) 육입처송(六入處誦)
(三) ······ (3) 잡인송(雜因誦)
(四) (4) 도품송(道品誦)
(1)–(4): 수다라 (修多羅, sūtra)
(五) (5) 팔중송(八衆誦) — 기야(祇夜, geya)
(六) (6) 제자소설송(弟子所說誦)
(七) (7) 여래소설송(如來所說誦)
(6)–(7): 기설 (記說, vyākaraṇa)

(Ⅱ) 장아함(長阿含, Dīrghāgama)

(Ⅲ) 중아함(中阿含, Madhayāgama)

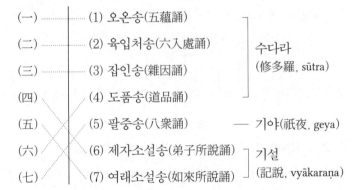

(Ⅳ) 증일아함(增一阿含, Ekottarāgama)

여기서 기호만으로 제시한 왼쪽의 (一)~(七)의 내용을 앞에서 인용한 기술에서 구해 보면, 왼쪽 단과 오른쪽 단의 관계는, 대략 점선으로 연결된 항목끼리 대응관계에 있음을 알 수 있다. '대략'이라고 말한 것은, 나에게는 아직 티베트 역에서 "Yang dag par brjod pa'i sde"라고 되어 있는 것의 의미가 명확하게 파악되지 않기 때문이다.

하지만 앞서 인용한 근본설일체유부율 『잡사』의 기재가 '제1결집'의 어떤 확정된 사실을 전승하고 있는 것은 분명하다. 그렇다고 해서 구나발타라가 나중에 한역한 『잡아함경』의 원전이 가령 인도에서 기원후 400년에 성립했고, 불멸이 W. 가이거설에 의해서 기원전 483년 무렵이었다고 해도, 그 사이의 900년 가까운 역사가 쉽게 매몰되는 것도 아니다. 무엇보다 '북전' 불교는, 단일한 언어, 단일한 전승으로 오늘날까지 단절되는 것 없이 계승되어 왔던 것은 아니어서, 그 공백을 메우는 것은 이만저만한 일이 아니다. 그러나 나로서는 확고한 의식하에 전통적 권위를 지키려고 한 부파의 전승은 반드시 그 나름의 근거가 있다는 사고방식을 취하고 있다.

그 의미에서 팔리어라는 단일어도, 게다가 '분별설부(分別說部, Vibhajja-vādin)'라고도 일컬어지는 상좌부의 단일한 전승을 계승하여 오늘날에까지 이르고 있는 '남전' 불교의 전통은 보다 근거가 있는 것으로서 존중받지 않으면 안 된다. 그래서 아래에 팔리 불교가 전하는 경전인 5부(五部, nikāya)의 큰 틀을 위의 그림과 대비하는 형태로 제시하면 다음과 같다.

1. 장부(長部, Dīgha-nikāya)
2. 중부(中部, Majjhima-nikāya)
3. 상응부(相應部, Saṃyutta-nikāya)
   (1) 유게편(有偈篇, Saghāta-vagga)
   (2) 인연편(因緣篇, Nidāna-vagga)
   (3) 건도편(犍度篇, Khandha-vagga)
   (4) 육처편(六處篇, Saḷāyatana-vagga)
   (5) 대편(大篇, Mahā-vagga), ('도품송'과 유사한 것이 많다.)
4. 증지부(增支部, Aṅguttara-nikāya)
5. 소부(小部, Khuddaka-nikāya)

여기에서, '북전' 불교를 대표하는 설일체유부의 4아함(四阿含, āgama)과 '남전' 불교를 대표하는 분별설부의 5부(五部, nikāya)를 비교하면, 완전히 다른 지역에 전승된 것임에도 불구하고, 놀라울 정도로 비슷하다는 것을 느끼게 될 것이다. '아함(āgama)'과 '부(nikāya)'에서 후자가 단지 '부류'를 의미하는 것에 비하여, 전자는 '전승되어 온 것'이라는 의미로, 후자에 비하면 훨씬 권위 있는 뉘앙스가 강하지만, 이 경우에는 양자 모두 전승된 성전의 부류를 지칭하는 말로서 실질적으로는 같은 것을 함의하고 있다고 간주해도 좋다. 그런데 쌍방은 '상응아함'과 '상응부'의 내용 번역까지 같다고 말할 수밖에 없고, 순서만이 다를 뿐이어서 (Ⅰ)과 3, (Ⅱ)와 1, (Ⅲ)과 2, (Ⅳ)와 4가 대응한다. 그런데 전자에는 없는 것이 후자에는 5로서 여분으로 더해져 있는데, 그 '소(小)'에 해당하는 팔리의 원어 'khuddaka'는, 단순히 양적으로 '작은 것'이라는 의미가 아니라 오히려 잡다한

'부수물'을 가리키는 듯한 뉘앙스가 강하다. 그러므로 '남전' 분별설부의 교단적 판단에는, '소부'란 부수적인 것이라고 간주되었던 경전 무리(群)가 되며, 그 대부분은 운문의 송(頌, 시)으로 표현된 통속적인 사고를 제시한 것이다. 한편, 이 '남전'의 '소부'에 해당하는 것이 '북전'에는 전혀 알려지지 않았던 것은 아니며, 팔리어 'khuddaka'와 같은 뜻인 산스크리트어 'kṣudraka'를 포함한 '소아함(小阿含, Kṣudrakāgama)'의 명칭은 '북전'에도 알려져 있었다. 그럼에도 불구하고, '북전'의 설일체유부에서 이것을 잘라내 버리고 4아함으로 한 것은, '소아함'을 4아함과 대등한 아함이라고는 보지 않는다는, '남전'의 분별설부 이상으로 강한 판단이 작동하고 있었기 때문이 아니었나 생각할 수 있을 것이다.

덧붙여, 이 문제에 관하여, 앞의 '북전' 4아함의 그림 중에서 설명을 나중으로 미룬 '수다라(修多羅)', '기야(祇夜)', '기설(記說)'에 관해서 기술하자면, 인순은 『잡아함경』의 난정(亂丁, 책의 페이지가 뒤섞이는 일)을 정정하는 과정에서 대단히 흥미롭고 중요한 견해를 표명하고 있다. 즉, 인순에 의하면 『잡아함경』은 9분교나 12분교 중에서 처음 3분교로 구성되어 있는데, 그것은 산문의 단경으로서 '수다라'가 가장 오래된 기본을 이루고, 이것에 산문을 포함한 '기야'나 해설적 성격의 '기설'이 추가되어 원형이 마련되었다는 견해를 의미한다. 하지만 이 견해는 불전의 집성은 먼저 운문이 있고 나중에 산문이 성립되었다는 학자의 견해에 대해서, 제1의적인 료의경(了義經, 이를테면 修多羅)을 통속적인 미료의(未了義, 이를테면 祇夜)보다도 중시하는 원시불교의 견해를 인순 자신도 기술하면서 따랐던 것이다. 나는 이런 인순의 견해에 전적으로 찬성한다. 그것은 '소부'의 경우에는 앞에서 언급한 교단의 판단에 따른다는 것을 의미한다. 그러나 실제 현재의 상황에서는, 이와 같은 교단의 판단은 '신앙(信仰)'으로 왜곡된 비학문적인 것으로 여겨지고, 학문적으로는 그런 질곡으로부터 해방되어 보다 오래되고 통속적인 운문 쪽으로 눈을 돌리는 것이 찬미되었다. 따라서 잡거(雜居, 잡다하게 뒤섞여 있음)적인 '소부'에 속하는 『수타니파타』나 『담마파다』, 혹은 운문은 아닐지라도 더욱 통속적인 이야기인 『쟈타카』 등이 유행하는 것은 틀림없는 사실이다. 그렇지만 그것은 '학문'이라는 미명 아래, 일개 학자 혹은 딜레탕트(dilettante, 아마추어 학문 애호가, 호사가)가, 자기 멋대로 해석이 가능한 미료의의 운문이나 통속적인 이야기를 자신이 원하는 대로 '자기' 확대한 것은 아닐까?

그런데 앞에서 말한 '9분교'나 '12분교' 가운데, '12분교(十二分教, dvādaśāṃga-vaco-gata, 12 부분의 교설에 속하는 것)'[이하, 항목의 한역과 그 순서는, 현장 역 『유가사지론(瑜伽師地論)』「성문지(聲聞地)」의 것, 괄호 안의 원어는 동일한 경우 이외는 산스크리트어, 팔리어 순, 필요하다면 일반적 한역어도 제시하지만, 끝부분은 일단의 기준으로서 부여한 '말의 뜻(語義)']란, ①계경(契經, sūtra, sutta, 修多羅, 散文要旨), ②응송(應頌, geya, geyya, 祇夜, 重頌, 散文要約), ③기별(記別, vyākaraṇa, veyyākaraṇa, 解說), ④풍송(諷頌, gāthā, 伽他, 韻文詩), ⑤자설[自說, udāna, 優陀那, (붓다가) 자발적으로 말한 것], ⑥인연(因緣, nidāna, 起因話), ⑦비유(譬喩, avadāna, apadāna, 教訓話), ⑧본사(本事, vṛtta 혹은 itivṛttaka, itivuttaka, 過去話), ⑨본생[本生, jātaka, (붓다의) 전생 이야기], ⑩방광[方廣, vaipulya, vetulla, 깊고 넓은 것, 다만 팔리에서는 vedalla로 사용되고 있는데, 그 의미는 '왕복문답(往復問答)'이라는 뜻임], ⑪희법(希法,

adbhuta-dharma, addhuta-dhamma, 奇跡話), ⑫논의(論議, upadeśa, 優波提舍, 解釋)이지만, 팔리 '남전'에서는 한결같이 이들 중에서 ⑥, ⑦, ⑫를 뺀 나머지 9가지의 '9분교'를 말한다. 이와는 다른 '9분교'로는 ③, ⑤, ⑩을 뺀 『법화경(法華經)』의 9분교가 유명하다. 이 '9분교'나 '12분교'는 불설인 법을 그 표현 형식이나 내용에 따라 구분함으로써 형성된 것으로, 삼장의 형성 성립과 병행하고 있는 것이지만, 실제로 문제가 되는 것은 '9분교'나 '12분교' 형식을 근거로 해서 '삼장'이 성립되었을 경우에는 '교단'의 판단이 작용했다는 것이다. 따라서 그것에 좀 더 주목하는 것이 중요하다.

기술하다 보니, 핵심인 '삼장'에 대한 설명이 훨씬 뒤로 밀려나 버렸는데, '삼장(三藏, tri-piṭaka, ti-piṭaka; piṭaka-traya, piṭaka-ttaya)'이란, 불교의 성전(聖典)인 A경(sūtra, sutta), B율(vinaya), C론(abhidharma, abhidhamma)이라고 하는 '세 가지'를 '바구니(籠)'라고 하는 '보관함(藏)'에 넣어 보관하여 지키려고 수집된 불전(佛典)을 가리킨다. 그것은 결국 '붓다의 말씀(Buddha-vacana, 佛語)'과 다름없다. 게다가, 이 '붓다의 말씀'이라는 의미야말로 '불교(佛敎)'라고 한역되어 온 것 중에서 가장 정통적인 의미이다. 그런 이유로 현장이 'Buddha-vacana'를 '불교'로 한역한 카티야야니푸트라의 『발지론(發智論)』 1절을 번역하였다. 회수(回收)된 산스크리트 문장에 의한 번역에 근거하여 아래에 제시해 두고자 한다.

> 불교란 어떠한 것인가? 무릇 무엇이든지, 여래의 말과 이야기와 언어표현과 담화와 해석과 말의 영역과 말의 음성과 말에 의한 행위와 말에 의해서 (타인에게) 표시하는 것이라면, '그것들이 모두 불

교'이다. 불교란 선(善)이라 말해져야만 하는가, 무기(無記, 명기할 수 없는 것)라 말해져야만 하는가? 선의 경우도 있을 것이고, 무기의 경우도 있을 것이다. 선의 경우는 어떠한 것인가? 무릇 무엇이든, 여래가 선심을 가지고 말을 하고 있을 때의 말과 말에 의하여 (타인에게) 표시하는 것이라면, '그것들은 모두 선'이다. 무기의 경우는 어떠한 것인가? 여래가 무기의 마음을 가지고 말을 하고 있을 때라고 앞에서 말한 바와 같다.(현장 역, 대정장, 26권, 981항 상-중)

불교의 정통적 교단의 해석으로는, 여기서 말해지고 있는 것처럼 '불교(Buddha-vacana)'란 '삼장'에 다름 아니라고 하는 것은, 앞서 인용한 것 중에서 '불교란, 선이라 말해져야만 하는 것인가, 무기라 말해져야만 하는 것인가?'라는 부분을 해석한 『발지론』의 주석서 『대비바사론(大毘婆沙論)』에서 경장(sūtra-piṭaka)과 논장(abhidharma-piṭaka)은 다분히 선이며, 율장(vinaya-piṭaka)은 다분히 무기라고 답해지고 있는(현장 역, 대정장, 27권, 659항 하. 이 직후에 근본설일체유부의 '12분교'의 해석이 주어져 있으므로 참조할 것) 것에서도 알 수 있다. 게다가 여래가 '사상(dṛṣṭi, diṭṭhi, 見)'에 관하여 말한 이야기인 경장과 그것에 관한 교단의 정확한 의미 연구의 집대성인 논장은 논리적 혹은 윤리적으로 올바르다고 판단이 내려진 것이기 때문에 많은 경우 '선이다'라고 말한다. 이에 비해 여래가 '습관(śīla, sīla, 계율)'에 관해서 말한 이야기 혹은 그 교단의 해석 등의 집대성인 율장(vinaya-piṭaka)은 습관이 시대나 지역에 의해서도 변화하는 것이기에 비록 여래일지라도 논리적 혹은 윤리적으로 일방적인 판단을 내리는 것은 가능하지 않다. 따라서 많은 경우 '무기이다'라고 말해질 수밖에 없다. 이것의 가장 비근한 예를 하나 말하면, 화장만이 동서고금에 변하지 않는 장례법이라고 말하는 것은 가능하지 않지만, '무아(無我)'는 옳다고 하는 것은 계속해서 주장할 수 있는 것이다. 그러나 우리들은 '사상'의 관점에서 논쟁을 이어가기보다 '습관'을 고집하여 논쟁을 일으키는 편이 압도적으로 많다. 교단도 예외가 아니어서, 율장에 명예롭지 못한 부분이 많은 것도 이 때문이다.

율장은 교단의 '습관'의 집대성이지만, 여기에는 크게 두 종류가 있다. 하나는 교단의 행사규칙에 관한 것이고, 다른 하나는 교단을 구성하는 개인이 지켜야 할 규율 조목(prātimokṣa, pātimokkha, 波羅提木叉, 別解脫, 戒本)에 관한 것이다. 전자는 남방 분별설부 및 다수의 한역에서는 '근간(根幹)'을 의미하는 'Khandhaka(犍度)'의 범주로 취급되고, 근본설일체유부에서는 '사병(事柄)'을 의미하는 'Vastu(gZhi, 事)'의 범주로 취급된다. '출가수계', '포살', '안거' 등의 교단 행사나 교단 소유물의 규정 및 그것들에 관련된 경위 등이 기록되어 있는 것은 전자다. 한편, 일반적으로 비구의 250계, 비구니의 348계 등이라 일컬어지고 있는 것은 후자로, 많은 경우 개개의 규율조문이 그것들의 성립 경위나 해석과 함께 기술되며, 이것이 '경 · 분별(經分別, Sutta-vibhaṅga)'[이 경우의 '경'은 '조문(條文)'의 의미] 혹은 '율 · 분별(律分別, Vinaya-vibhaṅga)'이라고 불리는 범주를 구성한다.

그런데 율장의 성립전개에 관해서 말하면, 바로 앞에서 언급한 것처럼 율은 교단의 '습관'에 밀착한 것인 만큼, '사상'의 국면과는 다른 트러블에 휩쓸린 적이 많다. 실로 이 절의 서두에서 언급한 '제1결집'의 100년 후 즈음에 일어났다고 일컬어지는 '제2결집'은 바야흐로 이런 종류의 트러블에서 유래한 것이다. 그 발단은 바이샬리의 비구가 금은 수령 등의 10개 항목을 올바르다고 한 것인데, 이것에 대해서 그 지역의 비구 700인이 모여 '그 10개의 항목은 올바르지 않다(10事非法)'고 재정(裁定, 옳고 그름을 따져서 결정함)한 것이 '제2결집'이다. 이것은 불교 교단을 크게 둘로 분열시킨 원인이라고 할 정도로 큰 사건이지만, 이후에는 '남전'에만 전해지는 '제3결집'도 있다. '제3결집'은 파탈리푸트라에서 행해졌다고 하는데, 아마도 팔리어 마가다 기원설과도 맥이 닿아 있는 전승일 것이다.

4
발전의 시대

'불교(부처님 말씀)'가 앞 절에서 살펴본 바와 같이, '삼장'과 다르지 않다고 한다면, '불교'의 발전이란, '삼장'의 발전이라고 하지 않으면 안 된다. 확실히 그렇다고 나는 생각한다. 하지만 교단에 의해서 공식적으로 규정된 '삼장'으로부터만 불교의 전개를 조망하는 것이 많았다고는 볼 수 없기 때문에 이 절에서는 그 시점을 강조하여 불교 발전의 시대를 가능한 한 긴 시간 단위에서 파악해 보고자 한다.

삼장 가운데 그 성격의 면에서 판단하면, 직접 불교의 발전과 적극적으로 관련을 맺고 있는 것은 율장과 논장이다. 물론 경장이 전혀 관계가 없는 것은 아니지만, 교단의 측면에서 본다면 경장에는 함부로 변경을 허용하지 않는 권위가 주어져 전승되는 것이라는 의식이 강하기 때문에, 가령 개변이나 증광은 피하기 어렵다고 해도, 경장은 여래가 '사상'에 관해서 말한 불변의 언어로서 전승되고 수지되어 가는 성격의 존재라고 생각한다. 그러므로 후대 불교의 전개 속에서 전통적인 교단이 공식으로 인지하지 않은 경전이 창작되어 '대승경전'으로서 유행하게 되면, 이것을 '비불설'이라 배척하는 당연한 움직임도 생긴 것이다. 그런데 이 '대승경전'도 역사적 사실로서 경장에 포함해 버리면 경장은 불교의 발전에 전혀 관계없는 것이기는커녕, 어떤 측면에서는 불교의 발전 그 자체라고 말할 수 있을 것이다. 그만큼 '대승경전'은 어떤 시기 이후 급속하게 전개된다. 이 문제는 제5장 제2절에서 기술할 것이다. 여기서는 위의 전통적 교단의 '삼장'관에 따라서 불교의 발전을 조망해 보고자 한다.

율장과 논장 가운데 율장이 불교의 발전과 관계있다는 의미는, 원래 율장 자체가 교단을 둘러싼 생활 속에서 '습관'상의 무엇인가가 교단 혹은 개인에게 문제가 되었을 때(隨犯) 그것에 대처하기 위해 제정된(隨制) 규칙이나 경위 등의 기록의 총체라는 것이다. 이 '수범수제(隨犯隨制)'라는 성격에서도 알 수 있는 것처럼, 율장은 논쟁을 하여 참과 거짓의 판단을 내리는 '사상'상의 문제를 포함하지 않으며, 『대비바사론』에도 규정되어 있는 '무기(無記)'의 의미가 아니면 안 된다. 그러므로 율장의 기재에는 불교의 '사상'이라기보다는 각 시대의 통인도적이고 통속적인 종교 '습관'을 염려하여 일어난 사건의 해결이 반영되고 있는 경우가 압도적으로 많다. 그런데 여기서 "통인도적이고 통속적인 종교 '습관'"이라고 말한 것은 모니에르 윌리엄스의 앞의 명명에 따르면 '힌두주의'와 다르지 않지만 그것은 석존이나 '육사외도'의 시대에는 '바라문주의'의 '제식주의'에 대해서 '사문주의'의 '고행주의'로서 급부상했던 것이다. 인도인 일반의 종교적 통념도 바라문의 제식보다는 사문(Śramaṇa, samaṇa)의 고행에 의한 영혼 지배력이 훨씬 강하게 사후 세계까지 영향을 미친다고 믿는 방향으로 크게 기울어져 있었다. 4추방죄(四追放罪) 제4의 허언금지 조항 제정 전후의 경위에 관한 율장의 기재는 당시

이 통념의 실태를 대단히 잘 반영하고 있다. 이 추방죄 제4조라는 것은 단순한 허언의 금지가 아니며 초인적 능력(anuttara-manuṣya-dharma, uttari-manussa-dhamma, 上人法, 過人法)에 관해서 그것을 얻지 못했는데도 불구하고 얻었다는 허언을 금지하는 것이다. 중요한 것은 그 배경으로 다음 날 죽음을 맞이할지도 모른다고 두려워하는 사람들이 많은 기근 지역에서 탁발을 한 비구가 이와 같은 허언을 하여 많은 보시 음식을 얻어 비구들은 건강하게 생존했다는 경위가 있다. 끼니조차 거의 없는 중생들이 마지막 남은 음식을 초인적 능력을 얻은 비구에게 보시한다면 자기 자신은 죽는다고 해도 그 보시의 공덕과 비구의 영혼 지배력에 의해 지옥으로 떨어지지는 않을 거라는 일말의 희망이 거기에 작동했던 것이다. 따라서 그 중생의 희망마저 빼앗아 버리는 가혹한 거짓말을 절대 해서는 안 된다는 것이 이 추방죄 제4조 제정의 이유라고 생각한다. 또한 거기에는 '사문(비구)'의 고행에 의한 초인적 능력이 영혼(ātman)을 구제한다는 통념이 널리 삼투되어 있음을 알 수 있는데, 율장의 불교는 '무기' 때문에 이러한 종류의 거짓말을 중죄라고 단정하지만, '사상'적으로는 '고행주의'의 긍정이 되어 버리는 초인적 능력의 획득 그 자체를 금하지는 않는다. 그 결과 불교 교단 발전의 역사에서, '습관'의 차원에서 통념과 타협하거나 '사상'이 통념의 침식을 쉽게 받는 경향이 빈번히 보이기 때문에 이를 충분히 유의해야 한다. 게다가 이것은 불교 역사상 '고행주의'를 부정하고 '사상'을 중시하는 '승원주의(the cenobitical principle)'에 대립하여, '고행주의'를 용인하고 '습관'을 중시하는 '은둔주의(the eremitical principle)'가 끊임없이 부상해 왔던 현상이다. 이와 같은 현상의 대표적 사례가 데바닷타 전설이다.

데바닷타는 석존의 아버지 슈도다나왕의 아우인 아므르토다나(Amṛtodana, Amitodana, 甘露飯)의 아들로 간주되기 때문에 데바닷타는 석존의 사촌 동생이기도 하다. 하지만 그 연령차는 부모와 자식 정도의 차이가 날 만큼 크다. 데바닷타 전설은 장성하여 석존 교단에 입문한 데바닷타가 마침내 석존에게 반역한다는 이야기를 중핵으로 전개된다. 게다가 그 이야기의 중핵은 앞의 '승원주의' 대립에 있어서 호사가의 재료가 되었기 때문에, 소재는 석존 재세시대를 배경으로 하지만, 데바닷타 전설 자체는 시대를 초월하여 양 측의 어느 측에 입각하는가의 시금석이라도 되는 듯, 복잡하게 증광(增廣)되어 가는 것이다. 따라서 여기서 내가 그 요점을 간추려 개괄하고 있는 것도 석존 재세 때의 일은 전혀 아니며, 오히려 후대의 '승원주의' 대 '은둔주의'의 반영으로서 이해하고 싶다.

마가다 왕 빔비사라도, 자신의 아버지를 살해하여 왕위를 계승한 아자타샤트루도, 모두 불교에 귀의했다는 것은 이미 언급하였지만, 전설에 의하면 석존 교단의 탈취를 도모한 데바닷타는 아자타샤트루의 환심을 사고서 부왕 살해를 사주하고 자신도 석존 살해를 시도했다고 전해진다. 그러나 이와 같은 이야기가 기록된 전설의 영역을 벗어나지 않는다고 해도, 중요한 것은 데바닷타가 '고행주의'를 부정한 석존과는 달리 극히 엄격한 고행주의자였다는 사실이다. 팔리 율장의 『소품(*Cullavagga*)』 「파승건도(破僧犍度, Saṃgha-bheda-kkhandhaka)」에 의하면 그가 석존에 반대하여 교단에 내밀었던 다섯 가지 요구사항이란 다음과 같은 발언이었다고 한다.

여러분! 이들 다섯 요구사항(五事)은 각종의 관점에서 소욕(少欲)이나 만족이나 검약이나 소탕(掃蕩, dhutatā)이나 징정(澄淨, pāsādikatā)이나 환멸(還滅)이나 역행(力行)을 위한 것입니다. …… (1) 출가자는 죽을 때까지 숲속에 머물러 살아야 한다(森林住者). 누구든지 마을에 들어간다면 죄를 범하는 것이다(yāvajīvaṃ āraññikā assu, yo gāmantaṃ osareyya vajjaṃ naṃ phuseyya). …… (2) 출가자는 죽을 때까지 걸식으로 살아야 한다(常乞食者). 누구든지 공양초대를 받아들인다면 죄를 범하는 것이다(Yāvajīvaṃ piṇḍapātikā assu, yo nimantanaṃ sādiyeyya vajjaṃ naṃ phuseyya). …… (3) 출가자는 죽을 때까지 분소의(쓰레기와 묘지에서 모은 넝마로 만든 승복)를 입어야 한다(糞掃衣者). 누구든지 재가자에게 옷을 보시 받는다면 죄를 범하는 것이다(Yāvajīvaṃ paṃsukulikā assu, ye gahapaticīvaraṃ sādiyeyya vajjaṃ naṃ phuseyya). …… (4) 출가자는 죽을 때까지 나무 밑동에 살아야 한다(樹下住者). 누구든지 지붕 있는 집에 머문다면 죄를 범하는 것이다(Yāvajīvaṃ rukkhamūlikā assu, yo channaṃ upagaccheyya vajjaṃ naṃ phuseyya). …… (5) 출가자는 죽을 때까지 생선과 고기를 먹지 않아야 한다(禁魚肉者). 누구든지 생선과 고기를 먹는다면 죄를 범하는 것이다(Yāvajīvaṃ macchamaṃsaṃ na khādeyyuṃ, yo macchamaṃsaṃ khādeyya vajjaṃ naṃ phūseyyā"ti). …… [그러나] 사문 고타마(가우타마)는 이것을 허락하지 않으셨다.(역자의 수정)

이 요구는 '자기'나 '영혼'인 아트만에 붙은 먼지나 티끌을 소탕하는 '두타(dhuta, dhūta)' 등을 목적으로 하는 완전한 '고행주의'의 주장이기 때문에 석존이 '사상'적인 관점에서 이것에 반대하는 것은 당연하다. 그러나 다른 한편으로는 제자라고 해도 석존의 '사상'적 진의를 이해하지 못하고 오히려 '습관'에 젖어 고행자를 이상적인 종교인으로 간주하는 '사문주의'적 통념에 물든 사람들이 출가자에도, 일반 재가신자에도 압도적으로 많았다는 사실을 알 수 있다. 현재 이 「파승건도」가 기록하는 바에 의하면 500인의 비구는 결국은 샤리푸트라(舍利佛)와 마하마우드가리야야나(大目犍連)에게 설득되지만 한 때 대거 데바닷타를 좇아서 교단을 떠났던 것이다.

이상이 이른바 이야기의 핵심이 되어, 불교의 발전과 함께 증광되어 갔던 것이다. 하지만 시대의 추이에 따른 사원의 대규모화와 함께 삼투했다고 생각되는 '승원주의'에 대해서 '고행주의'적 관점에서 교단의 타락을 바로잡으려고 생각하는 사람은 데바닷타 측에 서서 '은둔주의'적 입장에서 이야기를 만들고, 반대의 입장을 견지했던 사람들은 '승원주의'를 고수하고자 데바닷타를 '사상'상의 악인으로 취급했을 것이다. 이것이 내가 추측하는 데바닷타 전설의 실태이지만, '사상'을 중시한 석존은 '은둔주의'에 대해서는 반대를 표명하였을지언정, '사상'을 배우는 과정에서 좋은 생활환경을 구성하는 '승원주의'화에 반대한 흔적은 전혀 없다. 그렇게 하기는커녕 '승원주의'화에는 분명히 관대했기 때문에 불교 교단을 둘러싸고 세간에 다음과 같은 풍문이 돌았다고 팔리 율장의 『대품(大品, *Mahāvagga*)』「대건도(大犍度, Mahākhandhaka)」의 한 구절은 전하고 있다. 그 풍문 및 그것과 인연이 있는 이야기란, 석존의 제자가 '습관은 즐거움이며 행사(行事, samācāra, 威儀)도 즐거움이며 맛있는 음식을 먹고서 바람도 들어가지 않는 침구에서 휴식을 취한다.'라고 말한 것이다. 출가자 중에는 안일한 생활을 구하여 출가하는 사람들이 있었기 때문에 석존도 결국에는 데바닷타의 다섯 가지 요구사항(五事)과 실질적으로 거의 같은 사의(四依), 즉 상걸식(常乞食), 분소의(糞掃衣), 수하좌(樹下坐), 진기약(陳棄藥, 특수한 의약품)을 예외규정으로 두어 데바닷타의 다섯 요구사항(五事)을 허가하였다. 또한 근본설일체유부율 『잡사(雜事)』(의정 역, 대정장, 24권, 286–287항 상)에 의하면 불교 교단이 지금까지 관행으로 여기지 않았던 장례식을 도입한 이유에도 역시 같은 '사문주의'적 세간의 눈이 있었던 것 같다. 이때 불교 교단이 출가자들의 사체를 하찮게 다룬다는 소문이 퍼지게 되자, 결국 힌두적 '관습'에 따라서 장례식을 도입하게 되지만, 그 즈음에는 실로 힌두적으로 벌레의 '불살생(ahiṃsā)'이나 티끌의 '청소(śauca)' 등을 특히 염두에 두고 있었다.

그런데 '사문주의'의 '고행주의'는 이윽고 '법전(法典)문헌'이나 '신애(信愛)문헌(the Bhakti-śāstra=서사시문헌)' 등을 끌어들여 보다 큰 '힌두주의'의 물결이 되었지만, 석존 시대의 '사문주의'를 대표하는 것은 '육사외도'이며, 더욱이 그 여섯 스승[六師]의 '고행주의'를 대표한다고 말해도 좋은 것은 니르그란타의 자이나교이다. 그런데 자이나교는 '자기'나 '영혼'인 아트만의 정화를 목적으로 하여 '고행'하는 것을 자기의 '사상'으로 한 진정한 '고행주의'이기 때문에 아트만(ātman)을 부정한 '무아설(anātma-vāda)'에 입각한 불교 '사상'이 자이나교를 비판하는 것은 당연하지만, 역으로 불교가 자이나교와 유사한 면이 있다고 한다면 '습관'상은 물론 '사상'적으로도 무절조(無節操)라는 점이다. 이는 불교에 있어서 결코 명예로운 일은 아닐 것이다. 그런데 불교는 위에서 본 바와 같이 '무기'의 '습관'상에서 힌두적 세평에 신경을 너무 많이 썼기 때문에 '사상'적 표출이라고 해야 할 경전에도 자이나교 성전과 너무나 유사한 듯한, 고래로부터 물든 통념에 영합하기 쉬운 운문이 포함되어 전승되었다. 그 결과 '사상'을 중시하는 전통적 교단은 뒤에 이와 같은 운문 및 같은 경향의 산문 경전을 경장의 가장 끝에 정리하여 '소부(부수부)'로 배치하거나, '소아함(부수아함)'이라 하여 4아함 밖에 배치하는 것을 결정하지 않았나 추측된다. 그러나 이 결정이 이루어진 시기는, 인순의 표현을 이용해서 말한다면, 이미 4부나 4아함의 제1의적인 료의경뿐만 아니라 통속적인 미료의도 슬며시 편입되었다고 말할 수 있는 상황이 되었던 것이다.

그렇지만 여기서는 이 건에 관해서 더 이상의 설명을 하지 않고 위에서 기술한 것의 전형적인 실례를 제시해 두고자 한다. A는 자이나교 성전 『다사베야리야 수타(*Dasaveyāliya sutta*)』에 의한 것이고, B는 불교 경장의 '소부' 혹은 '소아함'에 의한 것이다. A 중 ①은 같은 성전 제1장 제5송, ②는 제3장 제15송이다. 또한 B의 ①과 B의 ②는 각각 『담마파다』 제49송과 제184송, 혹은 『우다나바르가』 제18장 제8송과 제26장 제2송에 해당한다.

A

① 부처님(buddha)들은 꿀벌과 같이 집착으로부터 자유롭게 되어 잡다한 시식에 만족하여 드신다. 그러므로 고행자(sāhu=sādhu)라고 일컬어지기도 한다.

② 자제와 고행(tava=tapas)에 있어 과거의 업을 소멸하여 성취의 길에 이른 구세자(tāi=tāyin)들은 반열반에 드신다(parinivvuḍa=parinirvṛta).

B

① 마치 꿀벌이 색깔이나 향기를 손상하지 않고 꽃의 맛을 취하여 날아가는 것처럼, 행자(muni)는 마을에서 마찬가지로 행해야 한다.

② 인욕(kṣānti)과 신고(辛苦)가 최고의 고행(tapas)이 되어 최고의 열반(nirvāṇa)에 든다고 부처님(buddha)들은 말씀하신다. 대개 타인을 괴롭히며 다른 사람들을 상처 주는 출가자(pravrajita)는 사문(śramaṇa)이 아니다.

A, B 양자의 유사성은 부정할 수도 없지만, 이와 같이 해서 이상의 '소부'나 '소아함'뿐만 아니라 후대 경장 중에 통속적인 미료의경도 슬며시 편입된 기연은 이미 제1결집이 두타(dhūta, dhuta) 제1이라고 말해지는 마하카샤파에 의해서 주최된 것에서도 유래한다고 나는 생각한다. 그러나 하여튼 샤리푸트라나 마하마우드가리야야나가 석존의 만년에 전자는 병으로 후자는 타살로 석존보다 앞서 죽었다는 것은 사실인 것 같기 때문에 어쩔 수 없다. 물론 사건의 간접적 원인을 마하카샤파 한 사람에게 돌릴 수는 없지만, 후세의 전통적 불교 교단이 경장을 통째로 료의경으로서 수용할 수 없게 된 것은「입문 이전」의 제2절에서 인용한『교의구별형성론』의 (α)에서 밝힌 그대로이다. 이것은 (β)의 '모든 여래의 말씀이 법륜(즉 법설)을 굴리는 것이다.'라고 하는 대중부 계통의 교의에 대해서 '모든 경전이 료의(nītārtha)로서 설해진 것은 아니다.'라고 하는 설일체유부의 교의를 표현한 것이다. 한마디로 말하면 설일체유부 혹은 그것에 준하는 전통적 불교 교단은 이 사고에 의해서 경장을 고수하면서도 적극적으

로 경장의 '사상'적 해석 연구의 성과로서 논장을 형성해 갔던 것이며, 불교 '사상'의 발전이란 오히려 거기밖에 없다고 말하지 않으면 안 된다.

이 명확한 논장(abhidharma-piṭaka) 형성의 선구를 이룬 것이 기원전 2~1세기경 북서인도 설일체유부의 논사들에 의해서 행해진, 뒤에 '6족발지(六足發智)'라고 불리게 된 아비다르마논전의 성립이다. '6족발지'란 ①『품류족론(品類足論, *Prakaraṇa-pāda*)』, ②『식신(족)론[識身(足)論, *Vijñāna-kāya*]』, ③『법온(족)론[法蘊(足)論, *Dharma-skandha*]』, ④『시설론(施設論, *Prajñapti-śāstra*)』, ⑤『계신(족)론[界身(足)論, *Dhātu kāya*]』, ⑥『집이문(족)론[集異門(足)論, *Saṃgīti-paryāya*]』인 6전론(六典論, 열거 순서는 야소미트라의 『구사론석』에 의한다)을 '족'으로 보고서 그것의 '머리'라고도 할 수 있는 수위(首位)로 열거되는 카티야야니푸트라 논사의 『발지론』을 가리킨다. 그리고 기원후 2세기의 카니슈카왕 치하 전후로 『발지론』을 근간에 두고서 저술 편찬이 거듭되어 왔던 것이 설일체유부의 일대총서 『대비바사론』이었던 것이다. 게다가 설일체유부의 견해에 의하면 이와 같이 해서 경장의 료의를 '사상'적으로 바르다고 확인하고 결정했던 성과가 가령 논사 개인의 것이라고 해도 '불설'이라고 간주되는데 그것이 『대비바사론』의 벽두에는 다음과 같이 기술되고 있다.

> 묻는다. 누가 이 『대비바사론』을 지었는가? 답한다. 불세존(buddha-bhagavān)이다. 왜냐하면 모든 관점에서 알려지지 않으면 안 되는 법의 존재방식(dharnatā, 法性)은 극히 심오하고 미묘하기 때문에 일체지자(sarva-jña)인 불세존 이외의 누구도 가능하지 않기

때문이다. 그러므로 논사들이 저술했다고 해도 불세존이 지은 '불설'이라고 간주하지 않으면 안 된다.(현장 역, 대정장, 27권, 1항 상)

이와 같이 간주된 논사들의 활약이 이윽고 중인도의 마가다에 다시 이르러서, 날란다 사원을 중심으로 더욱더 활발한 논사들의 '사상' 구축이 보이게 되었던 것이다. 7세기 전반에 인도를 방문하여 날란다 사원에서 수학한 현장은 지금의 파미르고원 타슈쿠르간에 관한 『대당서역기』의 기술(대정장, 51권, 942항 상)에서 탁샤실라 출신의 쿠마라라타(Kumāralāta, 童受)와 관련하여 인도를 빛나게 하는 4인의 논사로서 '동으로 아슈바고샤(Aśvaghoṣa), 남으로 아리야데바(Āryadeva, 提婆), 서로 나가르주나(Nāgārjuna, 龍樹), 북으로 쿠마라라타'의 평판이 있었음을 전하고, 7세기 후반 날란다 사원에 유학한 의정은 『남해기귀내법전』「서방학법(西方學法)」에서 그곳의 활발한 논쟁 상황을 보고하면서, 과거로부터 가까운 시기에 이르기까지 명성을 떨친 논사에 관해 다음과 같이 기술하고 있다.

먼 옛날에는 나가르주나, 아리야데바, 아슈바고샤 등이 있었다. 중간 무렵에는 바수반두, 아상가, 상가바드라(Saṃghabhadra, 僧賢, 衆賢), 바비베카(Bhāviveka, 淸弁) 등이 있었다. 최근에는 디그나가(Dignāga, 陳那) 다르마팔라(Dharmapāla, 護法), 다르마키르티(Dharmakīrti, 法稱), 실라바드라(Śīlabhadra, 戒賢) 나아가 싱하찬드라(Siṃhacandra, 獅子月), 스티라마티(Sthiramati, 安慧), 구나마티(Guṇamati, 德慧), 프라즈냐굽타(Prajñāgupta, 慧護), 구나프라바(Guṇaprabha, 德光), 지나프라바(Jinaprabha, 勝光) 등이 있었다.(대

정장, 54권, 229항 중)

의정보다 700년가량 후대의 티베트 대불교학자인 총카파(Tsong kha pa, 1357~1419)는 자전시 『둔렉마(mDun legs ma)』에서 자기 자신이 철저하게 연구한 논서 저자의 논사로서 '6인 장엄자(rgyan drug)'와 '2인 최승자(mchog gnyis)'를 언급하지만 전통적으로 전자는 나가르주나, 아리야데바, 아상가, 바수반두, 디그나가, 다르마키르티의 6인이라고 이해되며, 후자는 율의 연구자 구나프라바와 샤키야프라바라고 여겨진다. 또한 티베트는 총카파가 활약할 무렵에 전 불교사상사에 비추어 보아도 최고의 차원을 보존하고 있다고 생각되지만 이 성대한 상황을 준비한 삼장의 티베트 역은 명확한 '번역가능론'의 의식에 지지를 받으며 814년에는 『번역명의대집』이 성립, 824년에는 가장 오래된 역경목록 『덴카르마(*lDan dkar ma*)』가 성립하고, 이 '전전기(前傳記)' 중에 중요한 것의 대부분이 완료된다. 17세기 초 완성된 몽골어역대장경, 18세기 말 완성된 만주어역대장경이 이 티베트 대장경에 근거하여 이루어졌다는 사실은 말할 것까지도 없다.

제3장

불교와 신앙체계

1
종교의 정의

불교가 세계종교의 하나라고 일컬어지고 있는 것은 확실한 것 같다. 그것이 독선적 주장이 아닌 한, 다른 종교와 비교해서 불교는 어떠한 독자적인 신앙체계를 갖는 것인가를 끊임없이 겸허하게 계속해서 질문하지 않으면 안 된다.

불교가 부응(否應) 없이 이러한 질문을 밀어붙이는 것처럼 느껴졌던 이질적인 세계와의 접촉 경험은, 예를 들면 기원전 북서인도에서 헬레니즘 세계와의 교류나 기원후 그리스도교 세계 혹은 사라센 제국 이후 이슬람 세계와의 교류 혹은 대립 등에서 때로는 집중적으로 때로는 단속적으로 거듭되어 왔다. 하지만 특히 불교를 수용한 뒤의 '일본'이라는 의미에서 생각해 본다면 다네가시마(種子島)로 소총이 전래된 것보다 6년 늦은 1549년의 프란치스코 하비에르의 선교를 시작으로 하는 오다 노부나가(織田信長, 1534~1582) 정권하에서 그리스도교 포교의 시기와 쇄국과 함께 진행된 그리스도교 금지가 해제된 메이지유신 이후 지금에 이르는 시대까지 이러한 종류의 경험이 거듭되어 왔다는 것은 틀림없는 사실이다. 게다가 이 절 서두의 '세계종교'라든가 '다른 종교'라는 언표 방식으로 사용되는 경우의 '종교'라는 말을 일본인이 의식한 것은 이 두 번째의 시기가 처음이었던 것이다.

이 처음으로 '일본인'에게 의식되었다고 하는 의미에서의 '종교'란 말할 것도 없이 영어나 프랑스어의 religion, 독일어의 Religion의 역어로서의 '종교'를 가리킨다. 이 책에서도 이 의미에서 '종교'를 사용하고 있다. 또한 '종교의 정의'라고 하는 것도 물론 이 의미에서의 정의를 의도하고 있다. 그렇기 때문에 메이지유신 이전에 사용해 왔던 한자로서만의 '종교(宗教)'의 의미에 관해서는 여기서 간단하게 설명하는 것으로 그치고자 한다. 그 대표적인 사례로 알려진 당대(唐代) 초기 법장(法藏)의 『화엄오교장(華嚴五教章)』의 예를 들면, '네 개의 종교를 세워서 일대의 성교(聖教)를 통수(通收)한다.'(대정장, 45권, 480항 하) 등으로 말해지고 있는 경우이다. 이 경우 '종교'의 종(宗)이란 '가르침의 소전(所詮)의 뜻(언어에 의해서 지시되는 당체)'이며 '교(教)'란 '종을 능전(能詮)하는 글(그 종을 표현하는 언어)'이다. 따라서 이와 같은 용례에서의 '종교'란 실로 불교를 가리키며 그 불교라고 하는 것은 「입문 이전」에서 지적한 두 개의 불교를 염두에 두고 있다. '종'이 가르침으로서의 언어가 발화되는 당체로서의 '불'을 가리키고, '교'가 언어 그 자체로서의 '삼장'을 가리킨다고 한다면 (a)의 '부처님이 말씀하신 가르침'이라는 것이 되지만, 중국의 실제 많은 용례에서는 인도의 『능가경』에서 제시된 유명한 '손가락과 달'의 비유와 같은 사고를 지향하는 것이 대세이다. 이것에 의하면 '종'이란 언망절여(言忘慮絶)의 부처님의 깨달음의 경지이며 달로 비유된다. 그런데 도저히 그 경지는 언어로 표현할 수가 없지만 달을 가리키는 손가락의 역할 같은 언어는 필요하기 때문에 굳이 가르침으로 표현하고 그 가르침의 손가락에 의해서 달인 부처님을 지목하는 것이 종교라고 여겨진다. 따라서 메이지유신 이전의 많은 종교 용례가 시사하는 불교란 (b)의 '부처가 되기 위한 가르침'을 의미하는 경우가 압도적으로 많기 때문에 신경을 쓰지 않으면 안 된다. 그 결과, 불교에 (a)-α의 방향과 (b)-β 방향 두 가지가 있었던 것처럼, 종교에도 두 가지 방향이 있다고 하는 것이 되지만 여기서는 그 두 가지 방향의 구별이 중요하다는 것만을 덧붙이고 한자인 '종교(宗教)'에서 더 나아가는 것으로 하자.

서양에서 불교에 적합한 호칭을 'Buddhism', 'Buddhismus', 'Buddhisme' 등으로 명확하게 고정하려고 한 것은 19세기 후반 무렵이라고 제2장 제1절에서 언급하였다. 하지만 서양에서 다른 세계의 종교가 확실하게 의식된 것은 의외로 더디었다. 서양도 타자로부터 배워야만 했던 그리스도교를 역시 필요할 때 마음대로 이용할 수 있는 것(自家藥籠) 속의 '자기'라고 믿어버려 타자로서의 신은 별도로 한다고 해도 '타자'인 타국의 '종교'에는 그다지 눈을 돌리지 않았던 것으로 생각된다. 그러나 16세기가 되어 종교개혁의 기운을 경험하고, 아이러니하게도 17세기에 서구 열강의 식민 활동이 활발해짐과 함께 타국의 '종교'가 의식되게 된다. 그리고 'religion'이란 그리스도교뿐이라는 서양의 인식에도 성장이 보이게 되었던 것이다. 그 인식의 방향에는, 사견에 지나지 않을지도 모르지만, 두 가지가 있을 것이다. 하나는 현존의 미개민족을 매개로 하여 알려진 미개사회 종교인 '원시종교'이며, 다른 하나는 문화가 충분히 성숙한 사회에 보였던, 그리스도교와는 전혀 이질적인 종교들이다. 후자의 대표가 불교이며, 힌두교나 유교 등이 있다. 무엇보다도 후자의 예로서 이것들에 앞서 십자군을 전후로 이슬람교에 대한 인식이 서구세계에 있었다는 것은 당연하지만 그 뿌리는 깊은 곳에서 얽혀 있다는 사정도 있고 '타자'의 '종교' 인식에는 종교개혁 이후에 형성된 모든 '종교' 의식과는 다른 것이 있다고 나는 생각한다.

하여튼 그 두 가지 방향의 인식 가운데 전자에 선수를 친 가장 유력한 업적이 프랑스의 볼테르(Voltaire, 1694~1778)와 거의 같은 시대인 찰스 드 브로스(Charles de Brosses, 1709~1777)의 『주물신의 예배(*Du culte des dieux fetiches*)』(1760)에서 아프리카 흑인 종교 연구를 통해서 밝혀진 '주물숭배(呪物崇拜, fetichisme, fetishism)'의 제창이다. 이것은 아프리카의 미개민족에 의해서 신적 공덕을 부여받았다고 믿어지고 있는 사물이나 호부(護符) 등이 주물로서 숭배되고 있는 것의 고찰을 통해서, 이와 같은 '주물숭배'가 모든 미개민족이나 대부분의 고대민족에 보편적으로 존재하고 있었다는 것을 사실에 의해서 증명하려고 한 것인데, 이는 그 뒤의 '원시종교' 연구에 커다란 영향을 미쳤다. 거의 1세기 이상을 경과하여 나타난 애니미즘을 제창한 에드워드 타일러(Edward Tylor, 1832~1917)의 『원시문화(*Primitive Culture*)』(1871), 프리애니미즘 혹은 애니마티즘(animatism)을 제창한 로버트 마레(Robert Marett, 1866~1943)의 『종교의 발단(*The Tjreshold of Religion*)』, 종교에 대한 주술선행설을 주장한 제임스 프레이저(James Frazer, 1854~1941)의 『황금가지(*The Golden Bough*)』(1890) 등은 찰스 드 브로스의 연구 없이는 존재할 수 없었을 것이다. 그중에서 타일러의 애니미즘에서, 나 개인적으로 배운 바가 많다. 왜냐하면 그는, 미개인은 동식물로부터 무생물에 이르기까지 생명체에는 모두 영령이 있다고 믿고 있었다고 간주하고, 그 '영적 존재에 대한 신념(the belief in spiritual beings)'을 핵심으로 하는 미개인의 사고방식을 애니미즘이라고 불렀던 것이지만, 불교란 실로 이와 같은 미개의 영혼관을 부정하고자 했던 것에 다르지 않다고 나는 생각하고 있기 때문이다.

그런데 한편으로 이와 같은 '원시종교'에 관한 실증적 연구가 진전하는 사이에, 다른 한편에서는 '타자'인 문화의 '종교'도 시야에 넣는 종교의 철학적 연구 또한 당연히 진행되고 있었는데, 여기서는 그런 의미의 순연한 성과 사례의 하나로 칸트(1724~1804)의 『단순한 이성의 한계 안에서의 종교(*Die Religion innerhalb der Grenzen der bloßen Vernunft*)』에서 종교의 정의에 관한 약간의 문장을 인용해 보고자 한다.

> 종교(Religion)란 (주관적으로 보면) 우리들의 의무를 모두 신의 명령(göttlicher Gebote)으로서 인식하는 것이다. 어떤 종교에서 무엇인가를 나의 의무로서 승인하는 것에 앞서 그것이 신의 명령인 것을 내가 알지 않으면 안 된다고 한다면 그것은 '계시된(혹은 계시를 필요로 하는) 종교(die geoffenbarte Riligion)'이다. 그것에 반해서 어떤 종교에서 무엇인가를 신의 명령으로서 승인하기보다도 이전에 그것이 의무임을 나는 미리 알고 있지 않으면 안 된다고 한다면 그것은 '자연종교(die natürliche Religion)'이다. 자연적 종교만이 도덕적으로 필연적이다. 즉 의무라고 명언하는 사람은 (신앙의 사건에 있어서) 합리론자(Rationalist)라고도 부른다. 그 사람이 모든 초자연적인 신의 계시(Offenbarung)의 현실성을 부정한다면 자연주의자(Naturalist)라 불린다. 그런데 계시를 용인한다고 해도 그

것을 알고 그것이 현실적이라고 상정하는 것은 종교에는 반드시 필요하지 않다고 주장한다면 그 사람은 순수합리론자(ein reiner Rationalist)라 부르자. 그러나 계시로의 신앙(Glaube)이 보편적 종교(die allgemeine Religion)에 있어서 필연적이라고 본다면 그 사람은 신앙의 사건에서 순수한 초자연주의자(der reine Supernaturalist)라 부르고자 한다.

(중략)

종교를 최초의 기원이나 내적 가능성에 의해서 구별하지 않고(이 구별에서는 자연종교와 계시종교로 나누어지지만) 외부로의 전달이 가능하다는 성질에 의해서 구분한다면 두 종류의 종교가 있을 수 있다. 즉 (현존재조차라고 한다면) 누군가가 이성에 의해 확신할 수 있는 자연적 종교(die natürliche Religion)인가, 혹은 학식(Gelehrsamkeit)을 사용해서만 타인을 확신시킬 수 있는 학식적 종교(eine gelehrte Religion)인가(타인은 학식 가운데 학식을 통해서 인도되지 않을 수 없다), 그 둘 중의 어느 하나이다. 이 구별은 극히 중요하다. 보편적인 인간 종교로서의 적당/부적당은 종교의 기원에만 근거해서는 그 어떤 하나로 추론할 수 없으나, 보편적으로 전달할 수 있는가 어떤가라는 성질에 근거한다면 추론은 가능하며 외부로의 전달이 가능하다고 하는 성질은 어떠한 인간도 구속하는 종교의 본질적 특색을 이루는 것이다.(다케시 기타오카北岡武司의 번역에 의함)

인용 전반의 '계시적 종교'와 '자연적 종교'의 구분은 유명하며 오늘날에도 자주 적용되는 것 같다. 인용 후반의 '자연적 종교'와 '학식적 종교'라는 구분은 나에게는 매우 매력적으로 생각되지만 오늘날에는 그다지 귀에 익은 것이 아닌 것 같다. 하여튼 18세기 후반에 활약한 칸트에게 그리스도교 이외의 종교들이 명확하게 의식되고 있었던 것은 분명하지만, '불교'의 의미가 구체적으로 의식된 적은 없었다. 19세기 후반에 유포된 마르크스주의나 진화론 등에 이르러서는 알려지는 징조조차 없다. 18세기 후반부터 서서히 유럽에 대두해 왔던 인도학은 19세기에 들어와서 인도유럽어족의 자각 형성과 함께 일거에 융성하게 되었으며, 19세기 후반에는 불교학 연구도 가속하여 많은 대석학을 배출하게 된다. 그리고 영국 빅토리아 왕조 치하의 옥스퍼드 대학에서 모니에르 윌리엄스와 막스 뮐러라는 두 거장이 경쟁하고 있었다는 것은「입문 이전」의 제1절에서 언급한 것과 같다. 두 사람은 함께 산스크리트학이나 베다학 등을 중심으로 인도학 전반에 거대한 족적을 남겼지만 '비교종교학'을 창시한 한 사람으로도 지목되는 막스 뮐러는 특히 그 종교관에서는 모니에르 윌리엄스와는 대단히 다른 바가 있었다. '비교종교학'이라는 입장에서 '종교'를 과학화하는 것을 지향한 데다가 독일 출신이라는 것도 있어서, 칸트를 참조한다든지 니체가 비판한 슈트라우스를 매개로 진화론도 배려한다든지 하면서 종교를 느슨하게 정의하려고 노력하였다. 그러나 그리스도교적 의미에서의 '창조자(the Creator)'를 가지고 와서 '종교'를 규정하려고 하는 등의 시도는 결코 하지 않았던 것 같다. 그런 막스 뮐러의 '종교'의 정의를 그의 저서『종교학입문(*Introduction to the Science of Religion*)』(1873)의 기술을 근거로 저술된『종교의 기원과 성장에 관한 강의(*Lectures on the Origin and Growth of Religion*)』(1878)에서 인용하여 아래에 제시해 두고자 한다.

> 종교란 일종의 지적 능력(a mental faculty)이다. 이 능력은 감각이나 이성에서 독립하고, 아니 그것에도 불구하고 인간이 다른 명칭이나 각종의 의장(衣裝)에서 무한자(the infinite)를 파악하려고 하는 것이다. 그 능력 없이는 어떠한 종교도 최저의 우상이나 주물의 숭배조차 불가능하게 될 것이다. 그런데 만약 우리들이 다만 주의 깊게 듣고자 한다면 우리들은 모든 종교 가운데 정령의 신음소리, 생각할 수 없는 것을 생각하고, 말할 수 없는 것을 말하려는 몸부림, 무한자에 대한 열망, 신의 사랑을 들을 수가 있는 것이다.

이것은 '모든 종교'에서 인정되는 '무한자(無限者)'를 파악하는 '지적 능력'을 '종교'라고 정의하는 것이기 때문에 불교가 부정하는 '애니미즘'조차 훌륭한 종교라고 인정할 뿐만 아니라 다윈의 진화론이 통속적으로 수용되는 과정에 창조신을 세우지 않는 불교에서 과학적 종교를 발견하여 기뻐했던 일련의 서구 지식인에게 용기를 주는 활동까지 제시한 것일 수도 있다. 그런데 그리스도교도임을 스스럼없이 밝히면서 저술 활동을 하고 있었던 모니에르 윌리엄스는 이와 같은 동향을 극히 비판적으로 통찰하면서, 막스 뮐러보다는 그 에피고넨들을 의식하고 있었다고 생각되지만, 그의 저서 『불교』(1889)에서, 거의 1세기 전의 칸트조차 생각하지 못했을 것 같은 그리스도교적 관점에서 엄격하게 '종교'를 정의하고, 불교는 종교가 아니라고 단언하기에 이른다. 이하에서 그 논술 부분을 제시하면서 중요 문장을 A, B, C 3군으로 나누어서 인용한다. A는 불교가 종교가 아니라는 비판을 제시한 것, B는 그 판단의 근거가 되는 '종교'의 정의, C는 '종교'가 충족해야 할 요건을 제시한 것이지만 C는 초역인 것을 유의해 주시기 바란다.

A

그리스도교는 종교이지만 불교는 적어도 그 초창기의 가장 엄밀한 형태에서는 전혀 종교라고는 할 수가 없고, 단순히 염세적인 인생관에 근거한 도덕이나 철학의 체계에 지나지 않는다.

B

'종교'라는 말의 정의는 확실히 각종 곤란에 직면하게 된다. 게다가 그 어원 해석은 너무나도 부정확해서 우리가 그것을 설명하는 것에 그다지 도움이 되지 않는다. 그러나 그 말의 적절한 의미에서 스스로 하나의 종교라는 것을 주장하려고 하는 모든 체계는 무한한 힘과 앎과 사랑을 가진 하나의 살아 있는 참된 신(God)이며, 무릇 눈에 보이는 것과 보이지 않는 것, 즉 모든 사물의 창조자(Creator)이며 설계자(Designer) 또는 유지자(Preserver)의 영원한 존재를 전제로 하지 않으면 안 된다는 것을 우리가 긍정한다면 우리는 정당화될 것이다.

C

종교는 네 가지 요건을 충족시키지 않으면 안 된다. 즉 (1) 종교는 창조자를 계시하지 않으면 안 된다. (2) 종교는 인간을 스스로 계시하지 않으면 안 된다. (3) 종교는 유한한 피조물이 무한의 창조자와 교류하고자 하는 무엇인가의 방법을 계시하지 않으면 안 된다. (4) 이와 같은 체계는 그 명칭이 인간의 본성에 부여된 갱생 효과에 의해서 종교라고 말해질 만한 것을 증명하지 않으면 안 된다.

이 『불교』가 간행된 7년 후 1896년에는 원래 독일 출신이지만 당시는 영국을 경유하여 미국에서 활약했던 폴 카루스(Paul Carus, 1852~1919)가 자신의 '과학적 종교의 신(the God of the Religion of Science)'을 신봉하는 입장에서, 이 정의를 모니에르 윌리엄스의 성공회(Anglican Church) 신조에 근거한, 너무나도 교조적이고 그리스도교의 입장에 편향되어 불공평한 견해라고 비판하면서 불교를 옹호하였다. 최근 들어 이것을 알게 된 나로서는 모니에르가 제기한 문제를 카루스만큼 간단하게 잘라 버릴 수밖에 없다. 내가 지금 말한 것은, 만약 "'창조자'를 전제로 하지 않으면 종교가 아니다."라고 한다면 불교는 분명히 종교가 아니지만, 불교가 단순히 염세적 인생관에 근거한 도덕이나 철학의 체계인 것은 아니라는 것이다. 이것은 단언할 수 있는 것이다. 더 적극적으로 말한다면, 불교란 '일체지자(一切智者)'인 여래에 대한 신앙의 체계라는 의미에서 명백하게 종교이다. 불교도는 그 여래의 말씀을 신앙하기 때문에 가능하면 그것을 바르게 이해하고 해석하지 않으며 안 된다.

이 책에서는 나의 힘이 미치는 한에서 그것을 이루고자 생각하고 있지만, 'religion'의 정의로 반드시 언급되는 오히려 교과서적인 지식에 관해서는 여기서도 언급해 두는 쪽이 좋을 것이다. 그것은 'religion'의 어원 해석에 관한 대표적인 두 가지 설명으로, 이것에 관해서는 뮐러도 윌리엄스도 그다지 중시하고 있지 않지만, 일단은 지식으로서 언급해 두지 않을 수 없고, 서구에서는 인구(人口)에 회자되었던 것이다. 두 가지 설 모두 많은 서구 언어들의 조상어[祖語]라고 할 수 있는 라틴어 'religio'에 관한 어원을 탐구하는 것이다. 제1설은 'relego(다시 읽다, 반복하다)' 유래설로서 키케로(기원전, 106~43)의 『신들의 본성에 관하여(De natura deorum)』 제2장 제28절에 의거한다. 제2설은 'religio(다시 결합한다)' 유래설이며 이것은 신과 인간이 다시 결합되는 것을 의도한 것이다. 이는 그리스도교 신학자인 락탄티우스(240~320년경)의 설인 듯하다. 그러나 이미 뮐러나 윌리엄스도 그러한 것처럼, 오늘날은 이 어원 해석에 의해서 '종교'란 무엇인가에 관한 중요한 발언을 하려고 하는 학자는 존재하지 않는다.

2
업과 윤회

1884년, 1876년 이래 막스 뮐러 문하에서 수학했던 난조 분유(南條文雄)가 귀국한다. 그 전 해에는 그가 저술한 『대명삼장성교목록(大明三藏聖教目錄)』이 옥스퍼드에서 출간되었지만 난조 귀국 2년 뒤인 1886년에는 이노우에 엔료(井上圓了)가 『진리금침(眞理金針)』을 간행하고 나아가 그다음 해에는 『불교활론(佛教活論)』을 간행하여 대단히 커다란 영향을 끼쳤다. 난조의 『대명삼장성교목록』은 이와쿠라(岩倉) 사절단이 서구 회람(1871~1873)에서 귀국한 다음 해인 1874년에 런던의 인도성에 헌정한 명판대장경(明版大藏經)에 관해서 그 명판 자체의 목록을 저본으로 하면서 영문으로 한역 불전의 추정 원제와 함께 내용을 간단하게 해설한 목록이며 한역 불전 연구자에게는 그 뒤 오랫동안 지대한 편의를 주었다. 그런데 이노우에의 『진리금침』 출판은 이와쿠라 사절단의 파견으로 상징되는 메이지 초기 정부의 구화주의(歐化主義)가 난조 유학 사이에 크게 전환되어 1889년의 메이지 헌법 발포, 그다음 해의 교육칙어 하사로 향하여 국수주의의 추세를 강화해 가는 도상의 그리스도교 비판의 획기적인 사상적 사건으로 인식되지 않으면 안 된다.

우선 바깥에서 사실만을 추적한다면 이노우에가 『불교활론』을 출판한 다음 해인 1888년에는 미야케 세츠레이(三宅雪嶺)가 이노우에 엔료나 시마지 모쿠라이(島地默雷) 등과 함께 정교사(政教社)를 설립하고 메이지 헌법이 제정된 해에는 그 제정에 앞선 1월에 오우치 세이란(大內青巒)이 중심이 되어 존황봉불대동단(尊皇奉佛大同團)을 결성했다. 또한 오우치는 이것에 앞선 1887년에 조동부종회(曹洞扶宗會)를 조동종(曹洞宗) 청송사(青松寺)에서 결성하여 1890년에 공표한 『조동교회수증의(曹洞教會修証義)』 편찬에 큰 영향을 미치고, 더욱이 교육칙어가 발표된 다음 해인 1891년에는 우치무라 간조(內村鑑三)가 칙어 배례를 거절하는 소위 불경사건이 일어난다. 또한 이들 사실을 안에서 사상의 문제로서 파악할 때에는 자유민권운동의 사상적 배경을 이루고 있었던 '천부인권론(天賦人權論)'의 탄압에 관한 것으로서 제시하는 것이 가능했다.

그런데 당시의 '천부인권론'을 간단하게 알고자 한다면 실로 그것을 의도한 후쿠자와 유키치(福澤諭吉)의 『학문을 권함』에 의거하는 것이 좋다고 생각한다. 아래의 유명한 서두 구절을 지니고 있는 『학문을 권함』 초판이 출판된 것은 1872년 2월경인데, 그 무렵 이와쿠라 사절단은 간신히 미국 워싱턴에 도착하게 된다. '천부인권론'이라고 말하면 오히려 나카에 조민(中江兆民)이 아니면 안 되지만, 이 시기 프랑스 유학을 희망하여 이와쿠라 사절단과 동행하고 있었던 조민은, 아직 프랑스에도 도착하지 않았던 것이다.

하늘은 사람 위에 사람을 창조하지 않았고 사람 아래에 사람을 창조하지 않았다고 말한다. 그렇다면 하늘이 사람을 낳기 위해서는 만인은 모두 같은 지위에서 살아가면서 귀천상하의 차별은 없고 만물의 신령스러운 몸과 마음의 움직임을 가지고 천지 사이에 존재하는 수많은 사물을 바탕으로 해야 한다. 따라서 의식주의 사용에 통달하고 자유롭게 서로 사람의 방해를 받지 않고서 각각 안락하게 이 세상을 건너게 해 주는 취지이다.

『학문을 권함』의 이 서두 부분에서 제시되고 있는 후쿠자와의 사고는 약 1세기 이전의 1776년에 토마스 제퍼슨에 의해서 기초된 미국 『독립선언(*Declaration of Independece*)』의 번안과 같은 것을 옛날에 읽었던 것이 아닌가 싶지만, 실제 양자를 비교해 보면 그것은 반드시 견강부회(牽强附會)와 같은 이야기도 아닌 것 같다. 중요한 것이므로 『독립선언』의 한 구절을 원문에 의한 졸역으로 병기하여 제시해 두고자 한다.

We hold these truths to be self-evident, that all men are created equal, that they are endowed by their Creater with certain unlienable Rights, that among these are Life, Liberty and pursuit of Happiness.
〔우리들은 자명한 진리로서 모든 사람들은 평등하게 창조되었으며 창조주(Creator)에 의해서 일정의 빼앗을 수 없는 권리를 부여받았는데, 이들 권리에는 생명과 자유와 행복의 추구가 포함되어 있다고 생각한다.〕

이와 같이 인간에게 자명한 것으로 부여되고 있는 권리를 '자연권(natural right)'이라고 한다. 그 사상적 근거로는, 신에 의해서 부여된다는 그리스도교 사상과 아무 인연이 없는 건 아니지만 인간의 당연한 권리로서 부여된다는 세속적 '자연법(natural law)' 사상이 있다. 후자에 관해서는 존 로크(John Rocke, 1632~1704)의 『통치론 제2편(*Second Treatise of Government*)』(1689년)에 제시된, 인간의 자연 상태는 이성의 법으로서의 자연법이 지배하고 있다고 하는 사상, 더불어 장 자크 루소(Jean Jacques Rousseau, 1712~1778)의 『사회계약론(*Du contract social*)』 등으로 대표되는 프랑스혁명을 준비한 프랑스 계몽사상에까지 소급하여 구체적으로 탐구되어야 하지만, 자연법과 신의 관계는 오히려 복잡 미묘하다고 할 것이다. 그러나 『독립선언』은 '선언'이라는 성격에 의한 것이기는 하지만 인간의 권리는 인간의 창조자에 의해서 부여되는 것이라 단순 명쾌하게 설명하기 때문에 실로 '천부인권론'의 표명인 것이다. 다만 여기서 문제는 천(天)의 의미이다. 영어 및 그 배경에 존재하는 그리스도교 사상으로부터 본다면 여기서 말하는 창조자는 틀림없이 그리스도교의 '신(God)'밖에 없지만, 그것을 유교적인 소양하에 한문으로 '천(天)'이라 번역하면, 그것이 이처럼 신만을 함의하는 것일까? 후쿠자와의 『학문을 권함』 서두 부분은 분명히 위의 『독립선언』 1절을 갖춘 것으로 보아도 좋을 것이다. 게다가 "하늘이 사람을 낳기 위해서는… 건너게 해 주는 취지이다"라고 기술하고 있기 때문에, 후쿠자와 또한 이와 같은 그리스도교의 '창조신'을 염두에 두고 있었을 터이지만, '천'이라는 번역어는 원래의 '신'만이라는 한정을 유교적인 방향에서 의식적으로 딴 곳으로 돌리는 역할을 담당하고 있다. 그러나 지금 본 바와 같이 '천'은 문제의 기술이지만, 그 '천'을 서두에 둔 『학문을 권함』이 메이지 초기에 당시 일본인 160명당 한 명꼴로 읽었다고 할 정도의 기세로 많이 팔렸던 것은 틀림없다. 그런데 그 기세를 저지하고 '천부인권론'의 배후에 존재하는 그리스도교의 창조신을 사상적으로 말살하려고 하는 사명을 띠고서 저술된 것이, 불교의 입장에 서 있음을 자인한 앞의 이노우에(井上圓了)의 『진리금침(眞理金針)』이며 『불교활론(佛教活論)』이었던 것이다.

이노우에는 『진리금침』에서 부정의 대상인 그리스도교의 특징을 ①지구중심설(地球中心說), ②인류주장설(人類主張說), ③자유의지설(自由意志說), ④악선화복설(惡善禍福說), ⑤신력불측설(神力不測說), ⑥시공종시설(時空終始說), ⑦심외유신설(心外有神說), ⑧물외유신설(物外有神說), ⑨진리표준설(眞理標準說), ⑩교리변천설(教理變遷說), ⑪동양무교설(東洋無教說), ⑫인종기원설(人種起源說)의 12개 제목으로 파악한다. 이 12개의 주제는 『진리금침』이 출간되기 바로 앞의 해에 출판된 『파사신론(破邪新論)』에서 언급한 것과 같다고 할 수 있다. 『진리금침』은 그것들이 각각 논리에도 사실에도 합치하지 않는 것이라 하여 상세하게 논파한 뒤에, 이상의 기술과 상당히 중복되지만, 부정 이유를 하나하나 정리하고 나서 최후로 다시 논파를 거듭하여 마무리하는 방식으로 전개한다. 그 12개의 주제 가운데 ①은 소위 '천동설'에 입각한 그리스도교의 지구중심설을 '지동설'에 의해 부정하려는 것이며, ②는 당면의 문제와 직접 관계하는 '천제' 즉 '창조신'에 의한 천지 창조에서 신이 인류를 만물의 주인이라고 한 것을 그 비과학성에 의해서 부정하려는 것이며, 이 이하는 생략하지만 그 대강의 취지는 이상의 2개 주제에 관한 개략에서 거의 추측이 가능할 것이다. 요컨대 이노우에의 주장은 불교의 교의에 근거하여 전개되는 것이 아니며, 자연과학에 합치하지 않기 때문에 그리스도교는 부정되어야만 한다는 논법일 수밖에 없고, 그것은 부정 이유의 붓끝 하나하나를 '야소교(그리스도교)의 창조설은 이학(理學)의 진화론과 양립할 수 없는 것'에 두었다는 것에서도 알 수 있다. 이 논법만으로는 역시 설득력이 부족하다고 느껴지지만, 마지막 결말 쪽에서는 "야소교의 창조설과 불교의 유심론을 비교하여 둘 중 어느 것이 가장 논리에 적합한가를 증시(証示)하는 것을 필요로 한다."라고 하여 불교의 유심론에 입각하여 약간의 논진을 펼치고 있다. 그 한 구절만을 인용한다면 다음과 같다.

> 천제(창조신)가 우리 인간의 마음을 창조한 것이 아니라 우리 인간의 마음이 천제를 창조한 것이다. 다르게 말하면 세계의 조물주는 천제가 아니라 우리 인간의 마음이다. 이에 불교의 유심소조설(唯心所造說)이 더욱 명쾌하게 신뢰할 수 있다는 것을 알아야 한다. 그 경론 중에 만법은 유일한 마음이며 마음 밖에 다른 법이 없다고 하는 말, 삼라만상이 오직 마음만이 전변한 것이라는 설, 함께 야소교자(그리스도교도)는 아직 그 맛을 느끼지 못한 바로서 부처님 말씀의 탁월한 견해와 살아 있는 인식인 모든 세상 사람들로 하여금 경탄을 억누르지 못할 것이다. 오호라, 금언(金言)은 세월을 거쳐서 처음으로 그 불후를 보고, 묘미(妙味)는 만세를 기다려서 처음으로 그 참됨을 안다. 그러나 야소교(그리스도교)의 경우는 마음 세계가 변한 하나의 현상인 천제를 주로 하기 때문에 그 설은 모두 불교 범위 속 하나의 작은 부분을 점령하는 것에 불과하며 실로 가련하고

가소롭다.

여기서도 이노우에 주장의 가장 주요한 점이 창조신의 부정에 있다는 것을 알 수 있지만, 문제는 이노우에가 의거한 불교의 유심론 쪽에 있다. 확실히 이노우에가 근거하고자 하는 유심론은 불교가 아니라고는 말할 수 없다. 그러나 그것은 불교의 가장 기본적인 교의인, 영혼(아트만)은 존재하지 않는다고 하는 '무아설(anātman-vāda)'에서는 가장 동떨어진 주장의 하나일 수밖에 없는 것이다. 그렇기에 '자기' 불교 측에서 확인하여 음미하지 않고 '타자'만을 비난하는 것에 급급한 이노우에의 주장이야말로 '실로 가련하고도 가소롭다'라고 하지 않으면 안 된다. '무아'에 관한 설명은 제4장 제1절에서 하겠지만, 여기서 이노우에의 주장과 관련해서 먼저 언급해 둔다. 다소 가혹할지도 모르지만, 이노우에가 말하고자 하는 '마음'이 존재하지 않는다는 것이 '무아설'이다. 그러나 이로부터 수년 뒤에 메이지헌법이 제정되고, 교육칙어가 하사되었다고 하는 것은 반드시 이노우에의 주장이 통했다고 할 수는 없어도 그리스도교의 '창조자(Creator)'인 '신(God)'이 말살되었음을 시사하는 것은 분명할 것이다. 그것은 동시에 '천부인권론'이 탄압된 것을 의미하지만, 메이지정부는 '신'에 의해서 '평등하게 창조된(created equal)' 인간의 '알마 라치오넬(alma racional, 이성적 영혼)'이 산출한 서양 문명 기술마저 버릴 수는 없었기 때문에 이 이후는 의식적으로 '화혼양재(和魂洋才)'를 권하게 된다. 이렇게 해서 '천부인권론'은 머리만 교체되고, '천(天, 창조신)'은 '신성하여 침범'해서는 안 되는 '천황'과 '천양무궁(天壤無窮)'의 '황조황종(皇祖皇宗)'이 되며, '신민'은 '황국'을 위해 '멸사봉공(滅私奉公)'하게 되었던 것이다. 그러나 '신민'은 둘째 치고 불교도가 황국의 노복이 되어 버린다면, 거기에도 역시 불교는 없다고 말하지 않으면 안 된다.

이 문제는 어찌되었든 간에 당시 애매하게 처리되었기 때문에 오늘날까지 길게 꼬리를 끌게 되었다고 생각하지만, 아무튼 1912년에 메이지 시대는 종언을 고한다. 나쓰메 소세키가 메이지 천황의 죽음과 노끼(乃木) 대장의 죽음을 언급한 신문 연재소설 『마음』을 끝낸 것은 1914년(다이쇼 3년)의 일이다. 그 나쓰메 소세키의 산방에 1916년 무렵부터 출입하고 있었던 아쿠타가와 류노스케가 나쓰메 소세키 문하의 스즈키 미에사치(鈴木三重吉)의 의뢰로 『붉은 새』에 「거미의 실」을 발표한 것은 1918년(다이쇼 7년)이지만, 최근의 재원 연구에서는 아쿠타가와가 그것을 『인과의 작은 수레』 속 '거미의 실(The Spide Web)'에서 착안했다고 한다. 『인과의 작은 수레』는 폴 카루스의 『업(*Karma*)』이라는 단편을 스즈키 다이세츠(鈴木大拙)가 번역한 것이다. 카루스에 관해서는 앞 절 말미에서 '과학적 종교의 신'을 신봉하는 사람으로서 소개하였지만, 『불타의 복음(*The Gospel of Buddha*)』(1894)의 저자이기도 하며, 다윈의 진화론 이후 서구에 있어서 창조신을 인정하지 않는 불교의 '업(karma)'에서 인과론에 합리성을 발견하여 그 생각을 설립자와 함께 창간한 주간지 『공개법정(*The Open Court*)』과 계간지 『일원론자(*The Monist*)』에 계속적으로 발표하였던 범종교 계몽주의자이다. 이 카루스 문하에서 샤쿠 소우엔(釋宗演)의 추천을 받아 1897년에 미국으로 건너가 잡지사가 있는 일리노이주 라살에서 편집자로 근무하면서 면학에 힘썼던 사람이 다름 아닌 스즈키 다이세츠이다. 처음 『공개법정』 지상에 개재된 「업」이 그

다음 해 1895년 영문 단행본 『업』으로, 또한 그 3년 뒤에 다이세츠 역 『인과의 작은 수레』로 함께 도쿄의 하세가와상점에서 출판된 것도 그 인연에 의한 것이라 생각된다. 아쿠타가와가 요코스카(横須賀)의 헌 책방에서 읽었다고 전해지는 것은 후자이지만, 이것도 우연이 아니다. 이들 모두를 연결하는 배후에는 소세키가 1894년(메이지 27년) 말에서 그다음 해 정월에, 아쿠타가와가 1916년(다이쇼 5년) 12월에 함께 참선한 엔가쿠지(円覚寺) 샤쿠 소엔(釋宗演)의 인연이 있었을지도 모른다.

그런데 긴 서론 뒤 조금 전 겨우 본 절의 주제인 업이나 윤회의 문제에 진입하였지만, 우선 기술하지 않으면 안 되는 것은, 살아 있는 유기체가 업에 근거하여 윤회전생하고 있는 인과의 이야기는 극히 세속에서 받아들이기 쉬운 흥미 있는 것이라는 점이다. 카루스를 둘러싼 이야기도 그러한 인과의 이야기를 하고 있는 것이지만, 문제의 『업』도 그 일부가 아쿠타가와의 「거미의 실」에 사용되어 유행한 것뿐만 아니라, 러시아 톨스토이의 번역을 매개로 세계 속에 유포되었던 것 같다. 한편, 카루스의 창작의 소재가 되었던 세속에서 받아들이기 쉬운 인과의 이야기가 불전에 많은 것도, 확실히 이와 같은 이야기는 그 성격상, 『자타카(本生譚)』를 비롯한 경장 '소부'나 율장 속의 각종 인연의 이야기로 특히 집중되어 드러나는 것이다. 오해할 우려가 있는 말이지만, 나는 통속적으로 세속에서 받아들이기 쉬운 것 그 자체를 나쁘게 생각할 마음은 전혀 없다. 다만 세속에서 받아들이기 쉬운 것은 '자기'의 '습관'과 밀착해 가는 것일 뿐으로, 한층 더 '타자'의 '사상'의 힘을 통해 '미료의'를 '료의'로 바르게 해석해 갈 필요가 있다고 생각하고 있을 뿐이다. 그 관점에서 업과 윤회의 문제에 관해서 가장 주의해 두지 않으면 안 되는 것은 자신의 업에 의한 결과인 각자의 윤회의 고통을 받아들이지 않으면 안 되는 '자업자득'의 사고는 불교에 한정된 것이 아니며, 오히려 인도의 '자기'의 '습관'이라고 말할 수 있다. 덧붙여 『마누법전』 제4장 제240송은 다음과 같이 기술한다.

> 생자(生者, jantu)는 한 사람으로 태어나, 다만 한 사람으로 죽는다. 한 사람으로서 선하게 행하는 것을 향수하고, 다만 한 사람으로서 악하게 행하는 것을 〔향수한다〕.

이 '자업자득'의 사고를 불전도 공유하고 있는데, 『담마파다』 제288송은 다음과 같이 말한다.

> 죽음의 신에게 지배되는 사람에게 자식도, 부모도, 친족도 구호를 위한 어떠한 역할을 할 수 없고, 다른 친한 부류 사이에서도 구호를 할 수 있는 자는 없다.

일본의 도겐(道元, 1200~1253)도 "홀연히 무상이 이를 때는 국왕 · 대신 · 친척 · 종복 · 처자 · 진기한 보석 할 것 없이 다만 홀로 황천길을 갈 뿐이다. 나를 따라 가는 것은 다만 이 선악의 업 등뿐이다."(12권, 『정법안장(正法眼藏)』, 「출가공덕」)라고 기술하고 있지만, 중요한 것은 유사한 것을 말하는 것이 아니라, 어떠한 불교의 '사상'에서 그것을 기술하고 있는가 하는 데 있다.

역으로 경계해야 할 것은 통념에 물들어서 '습관'에 들러붙어 통속적 '권선징악'으로 떨어지지 않는 것이다. 카루스의 『업』의 '거미의 실'은 죽기 직전의 도적, 마하두타(摩訶童多, Mahādūta)와 어떤 젊은 스님 판타카(般多伽, Panthaka)가 말하고 듣는 이야기이다. 거기에 역시 악은 소멸하지만 선은 소멸하지 않는다는 통속적 사고가 스며들어 있음을 인정하지 않을 수 없다. 그 한 구절을 인용하면 다음과 같다.

> 그런데 악한 행위는 파멸로 인도된다(evil deeds lead to destruction)는 것이 업의 법칙이다. 왜냐하면 절대적 악은 대단히 악하므로 그것은 존재할 수 없기 때문이다. 그러나 선한 행위는 생존으로 인도한다(good deeds leads to life). 이렇게 해서 행해진 모든 〔악한〕 행위에는 결정적 종언이 있지만, 선한 행위의 전개에는 종언이란 없다.

그러나 업의 철칙은, 선이든 악이든 업은 소멸하지 않는다는 것이다. 다음으로 그 철칙을 기술한 송을 제시한다. (a)는 설일체유부율에 빈번하게 나오는 상투적인 송, (b)는 『우다나바르가』 제9장 제8송이다.

> (a) 가령 백겁의 끝에 이른다고 해도 여러 업(karman)의 소멸은 없다. 화합과 시절을 얻고서 '실로 육체가 있는 것(dehin)'에 결실을 맺는다.
>
> (b) 무릇 선악을 무릅쓰고 어떤 사람이 만약 업을 행하면 그는 실로 그 각각의 업의 상속자(dāyāda)이다. 대개 업은 소멸하지

않는다.

선이든 악이든 그 업이 결코 소멸하지 않고 선악 각각이 육체에 결실을 맺고, ①천(天, deva, 神格)이나 ②인(人, manuṣya, 人間)의 선취(善趣, sugati, 善道) 혹은 ③축생(畜生, tiryak, 動物)이나 ④아귀(餓鬼, preta, 鬼神)나 ⑤지옥(地獄, naraka, 泥黎, 奈落은 음사)의 악취(惡趣, durgati, 惡道)에서 태어나 모습을 바꾸는 것이 '윤회(saṃsāra)'이다. 그리고 지금 열거한 다섯을 '오취(도) 윤회'라고 하지만, 선취에 ⑥아수라(asura, 적대적 신격)를 더하여 '육취(도) 윤회'라고도 한다.

그렇지만 사람은 누구라도 자기 멋대로 '권선징악'의 통속적인 교설을 하고 싶어 하는 것 같다. 『헤이케모노가타리(平家物語)』의 유명한 서두인 "기원정사의 종소리, 제행무상의 메아리, 사라쌍수 꽃의 색깔, 무성한 것은 반드시 쇠락하는 것이다. 아무리 사치스러운 사람도 오래 살 수 없으며, 오직 봄날의 꿈과 같다."라는 구절조차 이미 충분히 '권선징악'적이다. 옛날 오도 도간(太田道灌)은 자신의 아버지가 자식의 오만함을 충고하려고 『헤이케모노가타리』의 그 서두의 구절을 근거로 "사치스러운 사람은 오래 살 수 없다."고 주의를 주자 도간이 "사치스럽지 않은 사람도 오래 살지 못한다."고 답했다 한다. 물론 '자업자득'의 철칙에서 말하면 도간이 바른 것이지만, 이 철칙을 인간의 자의적인 해석에 맡기지 않기 위해서는 '창조자'인 '신'이 존재하지 않는 만큼 불교는 모든 것을 아는 전능의 '일체지자(sarva-jña)'의 존재가 더욱 필요하다. 이와 같은 사상의 전개가 북서인도에서 먼저 펼쳐졌다고 나는 생각한다.

3
성불과 해탈

'일체지자(一切智者)'의 문제가 왜 북서인도에서 먼저 전개됐는가를 말하면, 아마도 이곳이 인도의 다른 지역에 앞서서 간다라의 푸르샤푸라를 중심으로 자유롭고 국제적인 고도의 도시문화를 형성했기 때문일 것이다. 이것에 관해서는 이미 다루었지만, 그 결과 불교는 대규모 사원을 거점으로 하여, 출가자뿐만 아니라 일반 재가신자에게도 폭넓게 개방되었다. 그런 재가신자들은, 위로는 왕족이나 대부호부터 아래로는 도회에 모인 걸인이나 가난한 여성에 이르기까지, 그야말로 최상에서 최하까지이지만, 불전에는 그 이상으로 잡다한 재가신자가 등장한다. 그와 같은 상하 양극의 재가신자가 등장하는 이야기의 전형이, 나중에 '장자(長者)의 만 개의 등불보다도 빈자(貧者)의 하나의 등불' 등의 속담을 낳게 된 통칭 '가난한 여자의 하나의 등불 이야기'로 일컬어지는 것이다. 다만, 이 이야기에는 두 가지 계통이 있는데, 둘 다 재가신자의 위는 왕이고 아래는 가난한 여자라는 데에서는 공통적이지만, 한쪽의 왕은 마가다 왕국의 아자타샤트루이고, 다른 한쪽의 왕은 코살라 왕국의 프라세나지트라고 하는 큰 차이 이외에도 미세한 작은 차이가 있지만, 여기서는 그런 점은 묻지 않는 것으로 한다. 두 계통 안에서, 전자는 『아자세왕수결경(阿闍世王授決經)』, 후자는 근본설일체유부율(根本說一切有部律)의 『약사(藥事, *Bhaiṣajya-vastu*)』에 전해지지만, 여기에는 보다 오래됐다고 생각되는 전자에 주로 의거하고 싶다. 더구나, 두 계통 모두 그 무대를 중인도로 기술하고 있지만, 내 인상으로는 이야기의 소재가 당연한 것처럼 불교의 발상지에서 구해지고 있을 뿐, 실질적인 이야기의 성립은 재가신자의 확대에서 실제로 잡다한 계층화가 나타난 북서인도에서가 아니었나 생각된다.

그런데 이야기의 내용 쪽으로 옮겨가면 붓다를 공양하는 데 아자타샤트루왕은 붓다를 식사에 초대하였고, 붓다가 머물고 있는 곳에 기름으로 많은 등불을 밝혔다. 이에 비해, 연로하고 가난한 노파는 하나의 등불밖에 밝힐 수가 없었지만, 왕의 등불은 꺼져도 가난한 노파의 등불은 결코 꺼지지 않았고, 게다가 그녀는 '성불(成佛)'의 예언까지 받는다. 이 예언에 상당하는 부분을 산스크리트어 원문인 『약사(藥事)』 쪽에서 확인해 보면, '이 여성은 샤키야무니라는 이름의 여래응공정등각자(如來應供正等覺者)가 될 것이다(bhaviṣyaty asau dārikā Śākyamunir nāma tathāgato 'rhan samyak-saṃbuddhaḥ)'라고 기술하고 있기 때문에, 이처럼 '성불'을 주장하는 것에서부터 불교라고 하는 사고가 생겨난 것일지도 모른다. 확실히 이것은 나이 많은 가난한 여성도 '성불'할 수 있다는 만인평등의 '일체개성불(一切皆成佛)'을 설하고 있는 것 같은 인상을 주지만, '성불'을 설하는 것이 불교의 통속적인 견해라고 이미 단정한 바와 같이, 이 이야기도 결국은 통속적인 이야기에 지나지 않는 것이다. 왜냐하면 왜 이렇게나 많은 공양을 한 자신에게 예언이 주어지지 않고 오히려 하나의 등밖에 보시하지 않은 가난한 여자에게 '성불'의 예언이 주어졌는가 하고 묻는 왕에게 한 대답이, 가난한 여자가 붓다를 대하는 마음의 한결같음에서 구해지고 있기 때문이다. 이 '가난한 여자의 하나의 등불 이야기'에서 말해지고 있는 '성불'은 일반적으로 '소선성불(小善成佛)'이라 불리지만, 이 경우의 '소선(小善)'이란 정신적인 것에 대한 물질적인 것을 의미하고, 게다가 여기에는 물질적인 선이 정신적인 선과 반비례 관계에 있다는 것이 암묵적으로 전제되고 있다. 따라서 마음(정신, 영혼)은 '소선(小善)'이면 소선일수록 청정한 등불(燈淨, abhiprasanna, prasāda)이며, 그 결과, 사물이 제로(zero)에 가까워지면 가까워질수록 마음은 무한대가 되어, 마침내 사물에서 해방되고 완전히 해탈하여 '성불'한다는 이치인 것이다. 이런 이치를 나는 '성불해탈론(成佛解脫論)'이라고 부르고 싶은데, 이것은 극히 세속의 인기를 끌기 쉬운 사고방식이며, 이론적으로는 불교의 '무아설(無我說)'에 반대되고, 자기 자신의 '무지'를 '구별하는 지(知)'에 의해서 '타자'에게 배워서 알아 가고자 하는 불교의 본래 줄기에서는 크게 벗어난 것이라는 점에 끊임없이 주의를 기울이지 않으면 안 된다.

그러나 나는 이렇게 북서인도에서 먼저 전개되었다고 생각하는 재가신자의 확대를 결코 부정적으로 보기만 하는 것은 아니고, 오히려 긍정적으로 받아들이려고 생각하고 있다. 재가신자가 모든 계층으로 확대되었기 때문에 전부를 구제할 수 있는 붓다로서의 '일체지자'가 논제가 될 수 있었던 것이고, 그것에 대비해서 '신앙(śraddhā)'의 문제도 심각하게 되었다고 생각하기 때문이다. 아마 최종적으로는 이 북서인도에서 활약했다고 생각되는 아슈바고샤는 당시의 상황을 반영한 것인지는 모르겠지만, 『불소행찬』의 붓다가 다섯 비구에게 한 설법 부분의 한역에서는 그다지 명료하지는 않은 '여래선방편, 차령입정법(如來善方便, 次令入正法)'밖에 없지만, 티베트 역에서는 그것이 "일체지자(thams cad mkhyem pa=sarva-jña)는 (다섯 비구에게) 해탈의 법(thar pa'i chos=mokṣa-dharma)을 베푸셨다."라고 표현되어 있다. '일체지자'는 그렇다 치더라도 '해탈의 법'은 상당히 아슬아슬하게 표현되어 있다. 그러나 어느 쪽이라 하더라도 '일체지자'란 무엇인가, '신앙'이란 무엇인가라는 문제는, 이와 같은 시작품(詩作品)이라든가, 무기(無記)의 율장(律藏)이라든가, 불설(佛說)만의 경장(經藏)에서가 아니라 확실히 논장(論藏)에서 질문하여 밝혀지지 않으면 안 된다.

논장 중에서 최고의 논서는 『발지론(發智論)』의 큰 주석서 하나로 북서인도의 설일체유부에 의해서 편찬된 『대비바사론(大毘婆沙論)』이다. 현장 역 200권인 논서이기에 여기서 간단하게 추출하는 것은 불가능하겠지만, 굳이 그 약간을 시도해 두고 싶다. 우선, 언어는 무한하지만, 그것을 구석구석까지 다 아는 것은 '일체지자'인 붓다뿐이라 한다(대정장, 27권, 74항 상). 그러나 언어는 붓다의 출현 유무와 관계가 없는 것은 아닌가 하는 의문에 대해서는, 붓다가 출현하여 처음으로 우리는 불교의 교의적 개념을 알았던 것은 아닌가 하고 답하는데, 이것은 「입문 이전」의 제2절에서 언급된 샤리푸트라에 귀속되는 신앙 (ㄱ)의 사고방식과 일치하는 것이다. 더구나 이 문제에 관해서는, '일체지자'는 '점지[漸知, na sakṛd-vedanaḥ, 순식간에 (전부를) 아는 것이 아니다]'라든가, '돈지[頓知, sakṛd-vedanaḥ, 순식간에 (전부를) 안다]'라든가 하는 것은 이 논서에도 문제가 되며(위의 책. 2항 하-44항 중), 이것은 그 뒤에도 오랫동안 불교의 논쟁과제가 되지만, 설일체유부의 정통설은 전자였다고 생각된다.

또한, 북서인도에서는 대규모화된 사원의 탑지를 중심으로 '일체지자'로서의 붓다가 상당히 구체적인 형태를 취하여 어떤 경우에는 '불탑(佛塔)', 어떤 경우에는 '불발(佛鉢)'로써, 많은 계층에 걸친 재가신자의 신앙대상이 되었다. 그런 이유로, 그 신앙 감정을 우리들의 마음 작용으로써 어떻게 교의적으로 조직화해야 할 것인가 하는 문제도 생겨났던 것이다. 『대비바사론』의 '잡온(雜蘊)' 일절에는 '사랑(愛, preman)'과 '공경(敬, gaurava)' 및 '공양(供養, pūjā)'과 '공경(恭敬, satkāra, 尊敬)'이 정리되어 논해지고 있지만(위의 책. 150항 하-154항 중), 어느 것이든 지극히 비근한 감정이기 때문에, 신앙대상에 관해서도 이와 같은 것이 논의되었던 것이다. 이들 중에서 앞의 두 가지를, 후대 바수반두의 『구사론(俱舍論, *Abhidharmakośabhāṣya*)』 규정을 근거로 하여 말하면, 오염되지 않은 '사랑(愛, preman)'이 '신앙(信仰, śraddhā, 信)'이며, 스스로 부끄러워하는 느낌을 갖는 것인 '참(慚, hrī)'이 '경(敬, gaurava)'이라는 것이다. 뒤의 두 가지에 관해서는 다음 절에서 다루겠지만, '공양'에 관해서는, 『대비바사론』에 특별히 "게다가 불세존은 결단코 타인으로부터 법공양을 받지 않고, 법신의 공덕은 지극히 원만하기 때문이다. 생신(生身)은 반드시 의식(衣食) 등의 생필품을 기다리기 때문에, 타인으로부터 재공양(財供養)을 받게 된다."(위의 책. 154항 중)라고 부가되어 있다. 이것으로 '불탑'이나 '불발'이 북서인도에는 '생신'으로서 얼마나 많은 재공양을 받고 있었는지 추측할 수 있다. 게다가, 설일체유부는 생신(生身, kāya)과 법신(法身, dharma-kāya)을 준별하는 것에서, 『대비바사론』의 다른 부분(위의 책.

871항 중-872항 하)에서는 생신을 '무루법(無漏法, anāsrava-dharma)'이라고 하는 견해를 단호하게 피하고, 법신은 '무루법', 생신은 '유루법(有漏法, sāsrava-dharma)'임을 주장하며, 생신은 '유루'로 있더라도, 8가지의 '세간법(loka-dharma)', 즉 ①소득(所得, lābha, 利), ②부득(不得, alābha, 無利), ③명예(名譽, yaśas, 譽), ④불명예(不名譽, ayaśas, 非譽), ⑤칭찬(稱讚, praśaṃsā, 讃), ⑥비난(非難, nindā, 毁), ⑦안락(安樂, sukha, 樂), ⑧고뇌(苦惱, duḥkha, 苦)에는 오염되지 않는다고 해석하고 있다.

여기에도 설일체유부는 '일체지자'의 '법신'을 '생신'으로부터 준별하여 '법신'의 초세속성뿐만 아니라 '생신'의 불(오)염성까지 지키려 하는 '사상'을 엿볼 수 있지만, 바꾸어 말하면, 세간의 '습관'이 '세간법'이라는 형태로 교단에 미치고 있었음은 분명하다. 근본설일체유부의 율은 실로 그 접점을 말로 밝히고 있는데, 아래에는 그 미묘한 사태를 각자 확인할 수 있도록, 『파승사(破僧事)』의 불전 일단을 번역하여 제시해 둔다. 이 대목은 성도하기 전의 석존이 '보살(bodhisattva, 깨달음을 구하는 영혼)'로서 마가다에 도착하기 직전의 장면이다. 벌써 '보살'로 불리고 있는 이상 '성불해탈론(成佛解脫論)'이 준비되어 있을 위험성도 있지만, '일체지자'의 '보살'로서 이 일단의 전후를 포함해서 항상 다만 한 사람의 '보살'만이 언급되고 있는 것에 주의해 주기 바란다.

> 보살은 가사(袈裟, kāṣāya)가 필요했다. (바로 그때) 아누파마(Anupama)라는 도시에, 한 대저택 소유자(gṛhapati, 居士)가 있었는데, 그는 엄청난 금을 지닌 대자산가로서 대부호이며, 소유지도

넓고, 바이슈라바나(Vaiśravaṇa)신의 재산과 겨룰 정도였다. 그는 같은 성씨의 가계에서 처를 맞이하여, 그녀와 함께 희희낙락하며 생활을 함께했다. 그가 그런 생활을 보내고 있는 동안에 아들이 탄생했다. 마찬가지로 머지않아 10번째 아들까지 탄생했다. 그리고 (10명) 모두가 출가하여 독각(pratyekā bodhiḥ)을 현증(現証, sākṣāt-kṛta)했다. 그들의 어머니는 연로하고, 그들에게 변변찮은 삼베(麻布) 의복을 주었다. 그들은 말했다. "어머님! 저희들은 (곧) 반열반할 것이기 때문에 저희들에게 이들(의복)은 필요치 않습니다. 그렇더라도 슈도다나왕의 샤키야무니라고 하는 이름의 젊은 아들은 무상정등각(無上正等覺, anuttarāṃ samyak-saṃbodhim)을 현등각(現等覺)할 것이기 때문에 그에게 이것을 보시하십시오. 그리한다면 큰 결실을 이룰 것입니다."라고. (그들은) 말을 끝내면서, 화염과 광열(光熱)과 산수(散水)와 전광(電光)의 신변(神変, prātihārya)을 행하여 무여의열반(無余依涅槃, nirupadhiśeṣa-nirvāṇa-dhātu-)으로 반열반(般涅槃, parinirvṛta)해 버렸다. 연로한 어머니는 죽음을 맞이하면서 의복을 딸에게 주며 그 일을 알렸다. 그런데 그녀의 딸도 병이 나서 죽음의 시기를 미리 알아차려 (그 의복을) 나무에 걸어두고, 대략 그 나무에 거주하고 있는 신격(devatā)인 존재에게, "이들(의복)을 슈도다나왕의 아들에게 반드시 (전해) 주십시오."라고 간절하게 부탁했다. (그때) 신들의 왕 샤크라(Śakra-devēndra, 帝釋天)의 지견(智見)이 아래쪽에서 일어났다(샤크라가 하계의 일을 알아차렸을 때의 상투적인 말). 그는 그것들(의복)을 알아차리고 거두어들여, 늙어빠진 사냥꾼(老獵師)으로 자신의 모습을 바꾸어, 그것들(의복)을 입고, 활과 화살을 손에 들고, 보살이 나아가는 길 위에 섰다. 그리고 그 길을 차례로 나아가던 보살은 활과 화살을 들고 가사의(袈裟衣)를 입은 사냥꾼을 보았다. 그리고 (보살은) 그 사부(士夫, puruṣa)에게 말을 걸었다. "여어, 사부여! 이 변변찮은 삼베옷은 출가한 사람들에게 어울리는 것입니다. 지금 당신은 (내가 입고 있는) 카시산(産) 비단의 빼어난 의복을 받아 입고 나에게 (당신이 입고 있는) 그 옷을 주십시오." 그는 답했다. "젊은이여! 나는 옷을 (당신에게) 줄 수가 없습니다. (의복의 교환이라고 하는) 이 인연 때문에, 다른 존재들이 '자네는 왕자를 죽이고 이들 카시산(産) 비단의 빼어난 (의복)을 빼앗았겠군.'이라고 말하는 일이 없기를 바라기 때문입니다." 보살은 말했다. "여어, 사부여! 내가 어느 정도의 능력을 완비한 존재인가라고 하는 것같이 모든 세간의 존재는 나의 일을 알고 있기 때문에 도대체 누가 나를 죽이는 것이 가능하겠습니까? 혹은 도대체 누가 내가 당신에 의해서 살해되었다고 믿겠습니까? (그러므로 당신은 나에게 그 의복을) 아무 걱정 말고 주십시오." 그래서 신들의 왕 샤크라는 보살의 양발에 (머리를 대고) 절하고 난 뒤, 변변치 않은 삼베(의복)를 주고, 카시산 비단(의복)을 받았다. (그러나) 그 변변찮은 삼베옷은 보살의 몸에 크기가 맞지 않아서, '아아, 어째서 (이들) 변변찮은 삼베 의복이 나의 몸에 맞지 않는 것일까?'라고 보살은 마음으로 생각했다. (그 마음의) 중얼대는 말이 (생겨) 나오자마자, 그 변변찮은 삼베 의복은 보살의 몸 크기로 되었다. 물론 그것은 보살의 보살적인 위력과 신격들의 신적인 위력에 의한 것이다. 보살은 '이제서야 나는 출가하여 세상 사람들의 지원(支援, anugraha)을 이루었다'고 생각했다. (한편) 그 후 샤크라는 보살의 카시산 비단옷을 수령하여, 도리천(deva-trayastriṃśa, 忉利天)에서, 카쉬카 대영장(大靈場, Kāśikamaha)을 설치하였다. (다른 한편) 신앙(śraddhā)이 깊은 바라문들과 대저택 소유자들은 그 지역에 '가사수령장소(袈裟受領所, Kāṣāyaparigrahaṇa)'라고 이름 붙인 영장(靈場, caitya)을 건립했다(pratiṣṭhāpita). 〔그것은〕 지금도 영장참배자(靈場參拜者, caitya-vandaka)인 비구들이 참배를 위해 방문한다. (그리고) 그 후, 머리를 깎고(muṇḍa, 剃髮) 가사의를 입은 보살은 여기저기 편력하여 바르가바(Bhārgava) 선인(ṛṣi) 고행자의 거주처 가까이까지 갔다. 바로 그때, 바르가바 선인은 손을 빰에 대고 생각에 잠겨 서성거리고 있었다(제1장 제3절 「낙담 프레이즈(성구)」 참조). 보살은 그러한 모습의 그를 보고 말했다. "대선인이여! 무엇 때문에 당신은 빰에 손을 대고 생각에 잠겨 있는 것입니까?" 그는 답했다. "나의 이 고행자의 거주처에 있는 땅에 나무들은 금색 꽃이나 열매를 맺고 있습니다만, 그것들이 그 이전처럼 되고 말았습니다." 보살이 말했다. "대선인이여. 어떤 사람의 위력에 의해, 이 고행자의 땅에 있는 보리수나무들은 금색 꽃이나 열매를 맺고 있었지만, 어떤 사람의 노·병·사(老·病·死)를 보고 두려워해 고행의 숲에 머물렀기 때문에 이와 같이 되었던 것이지만, 만약, 그가 노병사를 보고 두려워 하지 않아 고행의 숲에 머물지 않았다면, 이것은 그에게 있어 단지 공원이 됐을 것입니다." 이렇게 말하자, 바르가바 선인은 보살을 관찰하기 시작했다. 용모와 자태가 수려하고 언행이 차분한 보살의 모습을 오래 관찰한 후에 경악하며 말했다. "출가자여! 그런 사람이란 바로 당신의 경우가 아닙니까?" 보살은 답했다. "선인이여! 확실히 그렇습니다." 바르가바가 놀라서 눈을 크게 뜨고 보고 있자, 보살은, 그 처음부터 자리와 꽃과 열매로 맑게 되어 있고, 마찬가지로 환영받았으며, 눈 깜박할 사이(muhūrtam)에 앉은 뒤 다음과 같이 말했다. "대선인이여! 카필라바스투 성은 여기에서 어느 정도의 거리에 있습니까?" 그는 답했다. "12요자나(yojana)입니다." 보살은 생각했다. "카필라바스투 성이 가까운데 여기서 머무는 것은 좋지 않다. 샤키야족 성 사람들이 동요를 일으킬 것이다. 갠지스강을 건너기로 하자."(P. ed., Che, 13a3-14b1. 의정 역, 대정장, 24권, 117항 하-118항 중)

그 뒤 보살은 갠지스강을 건너 곧장 마가다로 향했고, 이윽고 불교의 개조가 된 것은 제2장 제2절에 기술한 것과 같다. 개조의 일생에서 보면, 실로 한 순간에 지나지 않는 것에 대해서 상당히 길게 인용해 버렸지만, 여기에는 불교 교단이 얼마나 인도적 '관습'에 둘러싸여 있었던가 하는 정보도 충분히 주어져서 흥미롭다. 이 점은 다소 설명해 두는 편이 좋다는 생각에서 약간의 보충을 해 두고 싶다.

인용 첫머리의 바이슈라바나는 인도의 서사시(敍事詩) 시대에 중요한 위치를 차지한 쿠베라(Kubera)라고도 불리는 재산(財産)의 신이다. 따라서 서문과 같은 기술이 되어 버렸지만, 후에 불교에 도입되어 다른 3신(神)과 함께 '사천왕(四天王)'으로 불린다. '부처님발우[佛鉢]' 이야기에 관련한 '4천왕'도 그러하다. 다음에 나오는 샤크라는 베다 이래의 신으로, 도리천(忉利天)은 이 신이 통솔하는 세계이다. 그런 까닭에 보살과 다른 샤크라는 이 천계(天界)에 카쉬카의 대영장(大靈場)을 설치했다고 기록되어 있다. 또한, 인용 중의 '가사', '삭발', '선인', '고행자의 거주처' 등은 모두 '사문주의'를 반영하고 있음이 분명하다. 더욱이 바르가바 선인의 보리수나무들의 황금색 꽃이나 열매가 이전의 상태로 되돌아가 버리고 만 이유를, 보살이 '노·병·사'를 본 것으로 돌리는 것은, 앞의 '개조의 불전' 중에서는 언급하지 않았지만, 이른바 '사문출유(四門出遊)'라고 하는 이야기를 가리킨다. '사문출유'란 보살이 아직 카필라바스투에 있을 때, 유관(遊觀)을 위해 4문(門)에서 성 밖으로 나가는 사건에서 순차로 노인, 병자, 죽은 자를 보고 인생의 고를 관찰하고, 최후에 사문의 진지한 자태를 보고 출가를 결의하였다는 이야기이다. 인용 중의 '노·병·사'는 그중 앞의 3개를 가리키고, 현재는 제4의 사문에 몸을 던지고 있는 것을 나타내 보이고 있는 것이다. 그 사문의 '고행주의'도 머지않아 부정되는 것은, 그곳이 머지않아 '공원'이 될 것을 암시하는 것이다.

4
고행과 보시

앞의 절에서 간단하게 많은 계층으로 확대된 재가신자의 신앙대상으로서의 '불'이 불교 교단에 의해서 '일체지자(一切智者)'로서 '사상(思想)'적으로 고찰되는 한편으로, 교단자체가 어떻게 인도적인 '관습'으로 에워싸여져 있었던가 하는 것을 기술했다. 하지만 후자에 관해서는 다시 설명을 요하는 점이 많기 때문에 이 절에서는 '고행'과 '보시'를 키워드로 하여 이 방면을 다소 상세하게, 게다가 약간 비판적인 각도에서 조망해 보고자 한다. 다만, 그러기 위해서는 확립된 불교 신앙체계 속에서의 '삼보(三寶, tri-ratna, ratna-traya)'에 관해서 설명해 두는 편이 좋을 것 같다.

'삼보'에 관한 '북전(北傳)'의 가장 기본적인 문헌은, 불 · 법 · 승(佛 · 法 · 僧)이라는 '삼보'에 대한 '삼귀의(三歸依)'를 간단하게 설명한 『발지론(發智論)』(대정장, 26권, 924항), 그것을 주석한 『대비바사론(大毘婆沙論)』(대정장, 27권, 176-178항), 그것과 관련해서 논설하고 있는 『구사론(俱舍論)』(현장 역, 대정장, 29권, 76-77항 상)이지만, '삼보'에 관해서는 여러 종류의 해석이 있을 수 있다. 그렇다고 해도 뒤의 2개에 인용된 『우다나바르가』 제27장 제31~35송은, 이후 '북전'의 여러 논전에도 관련설이 인용되는 유명한 것일 뿐만 아니라, '남전'의 『담마파다』 제188~192송과도 일치하는 것이기 때문에, 여기서는 그 공통된 송을 『구사론』이 인용한 산스크리트 송에 의거해서 번역하여 소개해 둔다.

> 많은 사람들은 공포에 사로잡혀 산악이나 삼림 또는 정원이나 수목이나 영장(靈場, caitya)에 귀의한다. 그렇지만 이러한 귀의(歸依, śaraṇa)는 가장 뛰어난 것은 아니고, 이러한 귀의는 최상도 아니며, 이러한 귀의에 의거해서는 모든 고통으로부터 해탈할 수 없다. 하지만 부처(佛, buddha)와 법(法, dharma)과 승(僧, saṃgha)에 귀의하는 자는, 그때 지혜(智慧, prajñā)로 사성제(catvāri ārya-satyāni)를 본다. (즉) 고(苦, duḥkha)와 고집(苦集, duḥkha-samutpāda)과 고멸(苦滅, duḥkhasya samati-kramam)과 안온한 열반(涅槃, nirvāṇa)으로 향하는 팔지성도(八支聖道, āryam aṣṭāṅgikaṃ mārgam)를 본다. 대저, 이러한 귀의는 가장 뛰어난 것이며, 이 귀의는 최상이며, 이 귀의에 의존한다면 모든 고통에서 해탈할 것이다.

이상의 게송 중에 기술되어 있는 '4성제' 혹은 간단하게 '4제'라고도 일컬어지는 것에 관해서는 제4장 제3절에서 논하겠지만, 게송에서 사용하고 있는 '해탈'이나 '열반'이라는 말은 불교의 독자적인 용어라기보다는 오히려 불교 이전 혹은 불교 이외에서 많이 사용되고 있는 것이며, 그만큼 불교 이외의 힌두주의적 영향을 받기 쉬운 면이 있기 때문에 인도적인 주술에 귀의하지 말고 불교의 '삼보'에 귀의하라고 말해지기는 하지만 그런 면을 충분하게 경계하지 않으면 안 된다.

그런데『구사론』에 있어서 '신앙(信仰, śradhhā)'의 정의는 다음과 같다.

> 신앙(śradhhā, 믿음)이란, (p)마음(心, cetas)의 순수(prasāda, 澄淨)함이지만, 다른 사람들에 의하면, (o)(사성)제와 (삼)보와 업과 과에 대한 확신(確信, ābhisaṃpratyaya)이다.(현장 역, 대정장, 29권, 19항 중)

여기에는 신앙(信仰, śradhhā)에 대한 두 가지 설이 거론되고 있지만, '신앙' 본래의 기능에서 보아도, 불교의 교의에서 말해도, 후자 (o)가 바른 정의라고 나는 생각한다. '확신(確信, ābhisaṃpratyaya)'과 '신앙(信仰, śradhhā)'은 어의상으로도 통하는 것이 있고, 후자 (o)가 언어에 의한 이해를 통해서 불교 신앙을 확고히 해 가는 방향을 시사하고 있는 데 비해, 전자 (p)는 본래부터 청정한 마음이 있다는 것을 전제로 하여 그 '순수함(prasāda)'에 호소하고 있기 때문에 언어에 의한 이해를 중시하지 않고서, 마음의 '징정(澄淨, abhiprasanna)'이나 마음에 있어서의 '용인(容認, abhimukti)'을 강조하고 있다고 생각하기 때문이다. 그런 이유로, 마찬가지로 '신앙'이라고는 불리어도, 거기에는 어느 정도 다른 두 개의 방향으로 생각할 수 있기 때문에 이것을「입문 이전」의 말미에 제시한 두 가지 방향에다 더하면, (a)—(ㄱ)—(α)—(o)에 대해서, (b)—(ㄴ)—(β)—(p)가 있다고 말하는 것이 가능할 것이다.

이제 '삼보'에 관해서 특히 '승보(僧寶)'의 '승(僧)'에 관해서 주의를 해 두면, '승(僧, saṃgha)'이란, '교단(saṃgha)'의 구성원인 개인을 가리키는 것도 있고 또한 한국이나 일본에서는 특히 그 어감이 강하지만, 제1의적으로는 집단으로서의 교단 전체를 지칭하고, 특히 그것을 이념적으로 표현할 때는 '전체교단(cāturdiśa-saṃgha, 四方僧伽, 招提僧)'이라 말한다. '교단'의 출가 구성원은 ①비구(比丘, bhikṣu)와 ②비구니(比丘尼, bhikṣuṇī)이며, 전자가 성인 남성이고 후자가 성인 여성이다. 교단조직으로서는 비구 교단과 비구니 교단을 따로따로 유지하는 것으로 규정되어 있다. 여기에 재가 구성원으로서의 남성 재가신자 ③우바새(優婆塞, upāsaka)와 여성 재가신자 ④우바이(優婆夷, upāsikā)를 더한 것을 '사중(四衆, catur-pariṣad)'이라 한다. 다시 이 '사중'에 미성인 남성출가자 ⑤사미(沙弥, śrāmaṇera)와 미성인 여성출가자 ⑥사미니(沙弥尼, śrāmaṇerī)와 성인이지만 여성이기 때문에 특수한 유예기간이 설정된 여성출가자 ⑦식차마나(式叉摩那, śikṣmāṇā)를 더한 것을 '칠중(七衆)'이라 부른다. 그리고 이 최대 '칠중'의 구성 중에서, 출가한 개인(pudgala) 혹은 교단(saṃgha)에 대해서 재가신자로부터 '보시(dāna, dakṣiṇā)'가 이루어지는 셈이지만, 그 경우에 '보시'는 '개인 소유물(pudgalika)'이든가 '교단 소유물(sāṃghika)' 둘 중의 하나가 될 것이다. 교단의 정식 견해는, 후자(교단 소유물)의 '보시'가 공덕이 더 크다고 한다. 여기에는 개인숭배를 배제하려는 의도가 있었을 것이다.

그런데 '보시'란 인도에서는 '베다' 이후 오늘날에 이르기까지 줄곧 찬미되어 온 종교행위이다. 따라서 이 '보시'를 받는 불교 교단은 이러한 지극히 인도적인 종교행위로 지탱되어 왔기 때문에, 불교의 '사상' 또한 이와 같은 종교행위로 지지된 힌두주의적 '습관'에 침식될 위험성에 노출되어 왔다고 말할 수 있다. 이런 의미에서의 '사상'

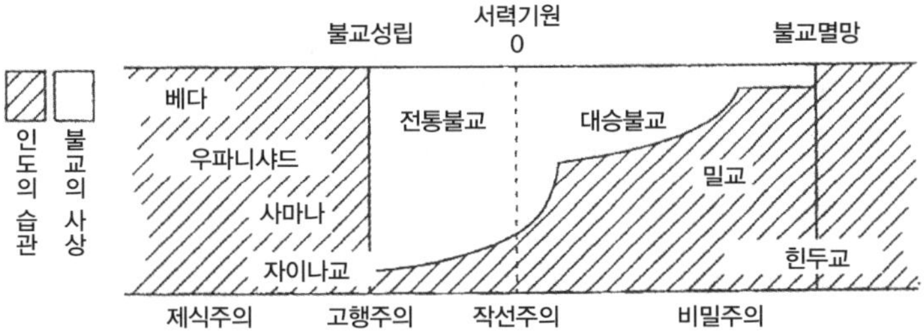

인도 종교사상 전개도

과 '습관'의 대립에 시점을 둔 인도 종교사상의 전개를 그림으로 나타낸 것이 위에 표시한 '인도 종교사상 전개도'이다. 전개에 입각하여 제시한 네 가지 '주의(主義)'인 '제식(祭式)', '고행(苦行)', '작선(作善)', '비밀(秘密)'이란, 불교 이외 인도 대부분의 종교사상이 전면적으로 긍정해 온 아트만(ātman)을 시작으로 하는 '영혼'을 '육체'에서 '해탈'시키는 수단을 가리킨다. 시대의 진전과 나란히 특히 중시되었던 것이 여기에서는 각 시대의 주의와 주장의 특징으로 제시되어 주의라는 이름의 관을 쓰고 있다. 이것들을 제2장 제1절에 제시한 모니에르 윌리엄스에 기초한 그림과 서로 맞추어 보면, '제식주의(祭式主義)'는 (Ⅰ)—(1)의 시대, '고행주의(苦行主義)'는 (Ⅱ)—(2)의 시대, '작선주의(作善主義)'는 (Ⅳ)—(3), (4)의 시대, '비밀주의(秘密主義)'는 (Ⅲ)—(5)의 시대에 해당될 것이다. 그중에서 '비밀주의'에 관해서는 (나중에) 제5장 제4절에서 설명하겠지만, 여기서는 우선 '제식주의'를 간단하게 설명해 두고자 한다. 설명에 즈음해서는 예문을 제시하는 쪽이 알기 쉬울 터이므로 (a) 『리그베다』 제1편 제126장 제5송과 (b) 『아이타레야 브라흐마나』 제8장 제24절을 아래에 제시한다.

(a) 최초의 그것에 이어서, 우리가 너희들을 위해 증여를 수령한다 (prayatim ā dade vas), 즉 마차에 묶인 세 마리의 암소, 외국인이 기르는 여덟 마리의 암소를. 좋은 인연으로서 부족의 부녀와 같이 짐수레를 몰고, 명성을 구하는 파슈라족, 너희들을 위해.(츠지 나오시로辻直四郎 역에 의함)

(b) 실로, 궁정 제관이 없는 왕의 음식물을 신들은 먹지 않는다. 그러므로 제사를 거행하려는 왕은, 신들이 나의 음식물을 먹기를 바라며, 바라문을 자신의 앞에 궁정제관으로서 배속해야만 한다.

(a)에서 '증여(贈與, prayati)'라고 하는 것은 '보시'와 같은 의미를 나타내는 말이다. 베다 문헌에 있어서 '보시'의 의미로 많이 사용되는 말은 다크시나(dakṣiṇā)로, 이것은 뒤에 불교에 채용될 때는 '달친(噠嚫)' 등으로 음사되고 '보시'로 한역되었던 것 같다. 다크시나(dakṣiṇā)에 필적하는 용어는 다나(dāna)로, 이것도 후에 불교에 도입되어 '단나(檀那)', '단나(旦那)' 등으로 음사되거나 한결같이 '보시'라고 한역되기도 했던 것 같다. 제식지상주의(祭式至上主義)의 베다에 있어서는, 그 제식을 완수하기 위해 제주(祭主, 施主)의 제관에 대한 '보시'나 '보수(報酬)'가 불가결의 요소로 생각되어, 그 요소가 다크시나(dakṣiṇā), 다나(dāna), 프라야티(prayati) 등의 말로 불렸던 것이지만, 그것을 일컫는 (a)와 같은 『리그베다』의 일련의 게송은 '다나-스투티(dāna-stuti, 보시 찬미)의 게송'이라고도 불린다. (a)에서, 그 '보시'를 '수령'한다고 말하고 있는 '우리'는 당연히 베다의 권위를 부

여받은 제관이거나 아니면 제관으로 상징되는 신들 중의 하나이며, 그 '우리'가 제주(시주)인 '너희를 위하여' 자비를 가지고 '수령'하여 주신다고 하는 구조가 거기에 있다. 이 구조에 있어서 제주(시주)가, 나중에 표시할 '작선주의의 그림'에 있는 (ㄱ)이 되는 것이고, '우리'가 (ㄴ)으로 되는 것이지만, (b)의 기술에 있어서는 '왕'이 (ㄱ), '궁정제관'이 (ㄴ)이라고 생각된다. 게다가, (ㄴ)의 배후에는 베다의 신들이 끌어당기고 있지만, 그 신들은 (ㄴ)을 통해서만 보시받지 않기 때문에 이론적으로는, (ㄴ)의 궁정제관은, 시주인 (ㄱ)인 왕을 위해서 식물을 수령하여 주신다는 것이 된다는 의미이다. 이것을 (ㄱ)의 측면에서 말하면, (ㄱ)은, (ㄴ)이 (ㄱ)의 보시(식물)를 '수령'하여 대신 (신에게) 올려주신 덕택으로, 신들의 은혜를 받아 '자기'의 '영혼'을 비로소 해방하는 것이 가능하다는 것이 될 것이다. 이와 같이, 어느 것도 제관에 의한 제식 없이는 (무엇을 해도) 개시되지 않는다고 하는 생각을 여기에서는 '제식주의'라 한 것이다.

그러나 (Ⅱ)—(2)의 바라문주의 시대가 되면, 계승된 '제식주의'를 토대로, '영혼'의 해방에 관한 이론은 직관적인 철학 사색에 의하여 깊어졌지만, 형해화(形骸化, 유명무실)한 제식주의는 도시문화를 실질적으로 떠맡고 있던 왕족이나 대부호의 대두에 의해서 실추되었다. 이때 바라문주의에 대항하는 형태로 등장한 것이, 이미 본 것처럼, '사문주의'였다. '사문'이란 '고행자'의 의미이고, '고행자'란, '자기'의 '영혼'에 부착된 악하고 더러운 업을 '육체'와 함께 소탕(dhūta, dhuta, 頭陀)하여 '영혼(ātman)'을 '해방'시키려고 하는 사람이다. 이 '고행자'에서 채용되고 있는 '영혼'의 '해방'은 '고행'만으로 가능하다고 하는 사고방식이 '고행주의'이다. 석존은 이런 시대에 출현하였고,

이 '고행주의'를 전제로 하고 있는 '영혼'을 함께 부정한 것이지만, 인도에서 이것을 주장하는 것은 절망적이라고밖에 말할 수 없을 정도로 쉬운 일이 아니었다. 현재 '불전'에는, 석존의 곁에 있던 5인의 비구가, 고행을 버린 석존을 '궁색한 자(贅澤者, bāhulika)'라고 비방했다고 전해지고 있고, 또한 이미 언급한 바와 같이 사의(四依)와 실질적으로 같은 오사(五事)를 주장한 데바닷타를 훌륭한 고행자라고 지지하는 경우가 오히려 당시의 종교적 통념이었던 것이다. 더욱이 교단추방죄(教團追放罪) 제4조 제정의 배경에는 초인적인 능력을 가진 고행자에게 기근(饑饉) 중이기 때문에 더욱 시식(施食, 음식을 보시함)을 한 쪽이 좋다고 하는 일반 사람들의 통념이 작동하고 있었던 것이다. 그런 이유로 불교는 '고행주의'를 부정했음에도 불구하고 후대로 가면 갈수록 그것을 용인하지 않을 수 없는 측면도 나타난다. 그 전형적인 예로서 여기에서는 '12두타행(頭陀行, 12개의 고행자 덕목)'을 제시해 둔다. 전통적 불교 교단을 대표하는 설일체유부가 본래부터 이것을 정리하여 체계를 만들지 못했기에, 문헌의 계통이나 신고(新古)에 따라 순서나 명칭도 각기 다르지만, 아래의 열거에서는 우선 구마라집 역『대품반야(大品般若)』(대정장, 8권, 320항 하)의 순서와 명칭에 따르고, 같은 계통의『이만오천송반야(二万五千頌般若, *Pañcaviṃśatisāhasrikā-prajñāpāramitā*)』의 명칭을 괄호 안에 삽입해 두는 것으로 한다.

① 아란야(阿蘭若, āraṇyaka): 사람들이 사는 마을을 떠나 숲에서 머무는 것

② 상걸식(常乞食, paiṇḍapātika): 보시 받은 음식만으로 생활하

는 것

③ 납의(納衣, pāṃśukūlika): 넝마조각으로 된 옷을 걸치는 것

④ 일좌식(一坐食, ekāsanika): 하루에 한 차례를 한자리에서 먹고 거듭 먹지 않는 것

⑤ 절량식(節量食, prasthapiṇḍika): 보시 받은 음식만을 먹는 것. 다만, 뒤는 알 수 없음

⑥ 중후불음장(中後不飮漿, khalupaścādbhaktika): 정해진 시간 이후에는 식사를 하지 않는 것

⑦ 총간주(塚間住, śmāśānika): 묘지에서 머무르며 다니는 것

⑧ 수하주(樹下住, vṛkṣamūlika): 나무 밑에서 생활하는 것

⑨ 노지주(露地住, ābhyavakāśika): 지붕 없는 집 밖에서 생활하는 것

⑩ 상좌불와(常坐不臥, naiṣadyika): 앉은 자세 그대로 자는 것

⑪ 차제걸식(次第乞食, yathāsaṃstarika): (음식이) 제공된 바로 그곳에서 자리를 잡고 먹는 것

⑫ 단삼의(但三衣, traicīvarika): 3종의 의복만을 착용하는 것

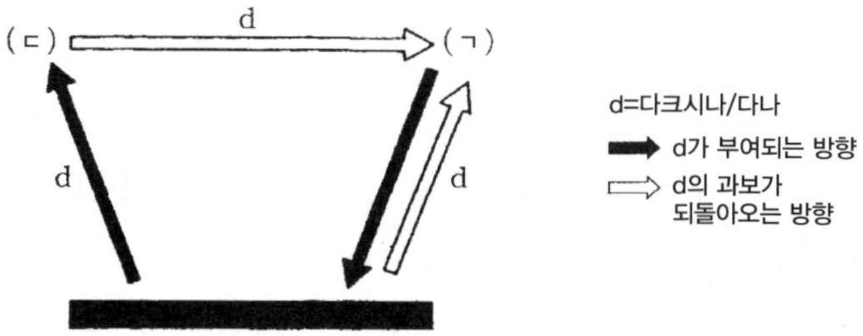

작선주의 그림

위에서 알 수 있듯 이상의 '12두타행'은 '사문주의'의 '고행자'에는 어울리는 덕목일지도 모르지만, 석존이 부정한 '고행주의'와는 '사상'상 합치하는 바가 전혀 없는 데다가 기원 전후에 북서인도로 진전한 '승원주의'와도 맞지 않는 것이다. 그런데 아이러니하게도 '승원주의'하에서 불교가 한층 더 넓은 계층으로 해방되어 가면 갈수록, '윤회'로부터의 '해탈'을 추구하는 '고행주의'의 세례를 받은 뒤의 인도 일반 재가신자가 필요로 하게 된 것은, 바로 스스로가 '고행자'가 될 수 없는 이상은, 그것을 누군가가 자신을 대신해서 행해주는 것이었다. 즉, 과거 '제식주의' 시대의 '제관'이라든가 그 배후에 대기하고 있는 '신들'처럼, '순세주의'의 고행자나 대규모화된 사원 안의 '불탑(佛塔, stūpa)', '영장(靈場, caitya)' 등이 '시주'에게 영혼지배력을 발휘한다고 믿어졌다. 이것을 위의 '작선주의(作善主義) 그림'에 맞춰서 말하면 '고행주의' 세례를 받은 후의 재가신자는 (ㄱ)이고, '고행자'나 '불탑', '영장' 등은 (ㄴ)이지만, 이것들은 전통적 불교 교단 내에서 '승원주의'의 '사상' 중시의 불교에 대항하면서 작성되었다고 생각되는 대승경전에서는, (ㄱ)의 '고행주의' 세례를 받은 재가신자는 '재가보살(gṛhī bodhisattvaḥ)'로, (ㄴ)의 '고행자'는 '출가보살(pravrajito bodhisattvaḥ)'로 등장한다. (ㄴ)은 사람으로서의 '출가보살'만이 아니라 장소로서의 '불탑'이나 '영장' 등도 포함된다. 이와 같이 사람도 장소도 '보시(dāna, dakṣiṇā)'에 상응하는 것으로서 말 그대로 '보시할 가치가 있는 것(dakṣiṇīya)'이라는 '복전(福田, puṇya-kṣetra)'이라고도 불렸다. 그런데 (ㄱ)이 (ㄴ)에 '보시'할 때는, (ㄱ)의 마음을 '징정(澄淨)'하기 위해서 추천되었던 것이 '회향(廻向, pariṇāmanā)'이며, 이것은 '보시'의 '공덕(功德, puṇya, 善, 福)'을 타인에게 회향하는 것인데, 그 회향의 명목이 (ㄷ)이다. 이상을 '작선주의 그림'에 비추어 보면서 정리하면, 검은 선 (ㄱ), (ㄴ)의 방향의 'd'의 아래에 '복전'인 (ㄴ)의 사람이나 영장에 대하여 (ㄱ)이 푼야(puṇya, 선, 복)를 지으면, 푼야(puṇya)가 (ㄴ)에 있어서 증대하고, 검은 선 (ㄴ), (ㄷ)의 방향으로 '회향'이 행해지며, 증대된 푼야(puṇya)가 흰 선 (ㄴ), (ㄱ), 흰 선 (ㄷ), (ㄱ)의 방향으로, (ㄱ)에 되돌아와서 파파(pāpa, 惡業)가 불식되어 '영혼'이 '해탈'한다고 고찰되는데, 이것을 나는 '작선(作善, puṇya-kara)주의'라고 부르고 있는 것이다. 이것에 의하면, (ㄱ)의 '재가신자'는 '가난한 여인의 한 등불 이야기'와 같은 '소선성불(小善成佛)'을 전형으로 하여 '성불'이 가능해지는데, 이것이 무수한 보살의 탄생을 이론상으로 가능하게 하는 '성불해탈론(成佛解脫論)'이다. 게다가, 그것을 가능하게 하는 '작선주의'는 위에서 기술한 것처럼 '보시'에 의한 '작선'을 중시하는데, 이것이 대승불교에 있어서 '육바라밀(六波羅密)'이나 '사섭법(四攝法)'의 필두에 놓여서 그것 이전의 불교에서는 고려되지 않았던 '보시'가 돌출된 실태이다. 그리고 '보시'가 부질없음으로 돌아가지 않게 하기 위해 '작선주의'에게 요구되고 있는 것이, (ㄱ)의 (ㄴ)에 대한 '숭경(崇敬)의 4연어(四連語)'에서 제시되는 숭경의 생각(念)이고, (ㄴ)이 특별히 '출가보살'인 (ㄱ)로부터 수령하여도 여덟 가지의 '세간법(世間法)' 등에 오염된 적이 없는 순결(純潔, brahma-carya, 범행)로 두타행자와 같은 진실한 '고행자'가 되는 것이다. '숭경의 4연어'란, 내가 편의상 부른 것이지만, 앞 절에서 언급한 '존경(尊敬, satkāra, 공경)'과 '공양(供養, pūjā)'의 두 단어에 '존중(尊重, gurukāra)'과 '숭배(崇拜, mānā)'를 더한 4연어로서, 명사로도 동사로도 상투적으로 사용되고 있으며, '작선주의' 시대의 문헌에 실린 예는 지극히 많다. 아래에 그 전형적인 예를 보여 주는 것으로 북서인도에도 유포되었던 『설화백집(說話百集, *Avadānaśataka*)』에서 한 구절을 인용해 둔다. 이것은 원칙적으로 그 백화 전체의 서두를 장식하고 있는 구절이다.

> 불세존은 국왕들이나 대신들, 자산가들, 시민들, 상인조합 주인들, 무역상 주인들, 신들, 용들, 약사들, 아수라들, 가루다들, 긴나라들, 또한, 마호라가들에 의하여 존경되고 존중되고 숭배되고 공양되고 있는 것에서, 신, 용, 약사, 아수라, 가루다, 긴나라, 마호라가에게 존숭되는 불세존은 유명한 대공덕자이며, 의복, 음식물, 침상, 의약품, 생활필수품의 소유자이지만, 성문(聽聞) 교단과 함께 라자그리하 근교에 와서 머물고 계시었다.

이 불세존이 실제로는 '작선주의' 안에서 '복전'으로서 기능하고 있는 것은 명백할 터이지만, 불교의 '사상'에서 보자면 결국 '일체지자(一切智者)'로서 규정되지 않으면 안 되었던 것이다. 따라서 불세존을 단순히 '복전'으로 끝낼 것인가, 그렇지 않으면 '일체지자'로 길러 갈 수 있을 것인가는 전적으로 불교의 교의학 발전과 관련 있다. "진실의 언어를 말하는 여래를 신앙하시오."로 시작되는 『법화경』「방편품」에, 여래가 라자그리하 근교의 그리드라쿠타산(Gṛdhrakūṭa, 靈鷲山)을 초월하여 상주하는 법신으로서 등장하는 것이 바로 이 시대이다.

제4장

불교의 기본사상

1
무아와 오온

인도의 종교 관습을 지탱하는 기본사상이 아설(我說, ātma-vāda, 아트만은 존재한다는 주장)이라고 한다면 그것과 정면으로 대립하는 의미에서 불교의 가장 중요한 특질을 이루는 기본사상은 무아설(無我說, anātma-vāda, 아트만은 존재하지 않는다는 주장)이라 할 수 있을 것이다. 그런데 불교의 '사상'에 있어서 근본이라 할 수 있는 이 무아설에 관해서는 불전 등에서도 반드시 제시되는 연기설(緣起說)이나 사제설(四諦說)과는 달리, 너무나도 비판적인 성격이 강하다고 받아들여졌기 때문인지 그간 각종 해석이 시도되어 왔지만, 무아를 명확하게 '아트만은 존재하지 않는다.'라고 상정하고 있는 경장(經藏)을 자신들은 전승하고 있지 않다고 주장하는 부파도 있었을 정도로 불교 내부에서도 그 비판성을 핵심에서 무력화하려는 움직임이 다수 있었다는 것을 명기해 두지 않으면 안 된다. 이 반동적인 움직임을 눈여겨보지 않고서 '무아설'의 비판적 성격을 파악하는 것은 불가능하다.

그런데 이것으로부터 그러한 문제를 고찰하기 위해서도, '무아'라는 용어를 둘러싼 일반적인 어의상의 주의를 앞서 간단하게 설명해 두고자 한다. 우선 부정사를 동반하지 않는 '아(我)'라고 한역되는 아트만의 용어에 관해서 설명하면, 이 아트만이라는 명사는 '숨을 쉰다(AN)', '움직인다(AT)', '내쉰다(VĀ)' 등의 동사에서 파생했다는 여러 설이 있지만, 요컨대 아트만은 '영혼'을 의미하고 또한 영혼이 내적인 존재의 본질을 이루고 있다는 의미에서 '자기' 그 자체를 의미한다. 그런데 문제는 오히려 그 '영혼'의 의미에 있는데, 그 실질적 내용은 에드워드 테일러에 의해서 제창된 애니미즘에서 미개인이 동식물부터 무생물에 이르기까지 모든 존재에는 영혼(anima)이 존재한다고 믿는 것과 거의 같은 것으로 간주해야만 한다고 생각한다. 덧붙여서 '아니마(anima)'란 일본에서 1600년을 전후하는 시기에 포교활동을 하였던 그리스도교 선교사들의 용어, 즉 그들이 사용하던 포루투칼어의 '알마(alma)'와 같은 용어이다. 하지만 세 종류로 나누어서 설명되었던 '알마(alma)'로 말하면, 아트만이란 '알마 베제타티바(alma vegetativa, 식물적 영혼)'나 '알마 센시티바(alma sensitiva, 감각적 영혼)'와는 동류라고 해도, 창조자인 신에 의해서 인간에게만 부여되었다고 여겨지는 '알마 라치오날(alma racional, 이성적 영혼)'과는 전혀 이질적인 존재라고 파악해 두는 것은 중요하다. 왜냐하면 인도의 아트만이란 주객의 이원적 대립을 초월한 존재로 간주되며 이성적인 인식에 의해서 판단하는 것도 판단되는 것도 아닌 존재이기 때문이다.

다음으로 이 아트만에 부정사인 'a(모음 앞에서는 an이 된다)'가 전접(前接)된 '안아트만(an-ātman)'을 설명하지 않으면 안 되는데, 산스크리트 문법학에서 이 부정사가 부가되었을 때에는 두 가지 의미의 부정(pratiṣedha)이 고려된다. 하나는 그 명사에 의해서 지시되고 있는 것의 존재를 부정하는 '동사 부정'의 경우이며, 다른 하나는 명사 그 자체를 부정하는 '명사 부정'의 경우이다. 이것을 구체적으로 '아트만'에 적용하면 "아트만이 존재하지 않는다(ātmā nāsti, nātmāstiy ātmā)."라는 것은 전자이며, "아트만이 아니다(nātmā)."라는 것은 후자가 된다. 이 두 가지 부정 가운데 동사 부정의 전자는 '절대 부정(prasajya pratiṣedha)'이라 하고 명사 부정의 후자는 '상대 부정(paryudāsa pratiṣedha)'이라 한다. 불교에서도 디그나가 이후에는 논리학상의 중요한 규정을 수반한 용어로서 채용되는데, 그것을 명확하게 계승한 티베트에서는 전자는 "x가 없다."는 부정, 후자는 "x가 아니다."라는 부정을 이해의 근거로 번역하여 이윽고 중요한 용어로서 오늘날에 이르고 있다.

그런데 '안아트만(an-ātman)'을 전자로 해석하는 경우에는 아트만의 존재를 부정할 뿐만 아니라, 상대적으로 다른 존재의 긍정을 포함하고 있지도 않다는 의미에서 '절대 부정'이며 '아트만'은 전혀 존재하지 않는다는 주장이 된다. 하지만 후자로 해석하는 경우에는 존재하는 것을 "아트만이 아니다."라고 주장하고 있을 뿐 '아트만'의 존재를 부정하는 것이 아니다. 게다가 이 '상대 부정'은 배중율을 고수하여 "a가 아니라면 비(非)a인가?"라고 하는 것처럼 엄밀한 논리전개를 거듭해 가는 경우에는 절대 부정 이상으로 의의가 있다. 예를 들면 "노예는 남자가 아니다."라는 발언이 어떤 남자를 향해서 행해진 경우에는 말로 직접 나타난 뜻 이외의 정서적으로 '참된 남자다움'이 요구되고 있는 것과 마찬가지로 이 "아트만은 아니다."라는 주장에도 '참된 아트만'이 요구되는 경우가 많기 때문에, 이것을 전자의 '무아설(無我說)'과 구별하여 '비아설(非我說)'이라 부른다. 비아설은 아트만의 존재를 부정하는 것이 아니라 아집에 붙들려 있는 비본래적인 아트만을 부정할 뿐이다. 이쪽이 용법으로서도 오래된 것이라고 주장하는 학자도 많고 학설적으로는 상당히 복잡한 것도 사실이다. 그렇지만 불교의 정통설은 전자의 해석이 아니면 안 된다고 생각되기 때문에 그 의미에서 중요한 전거를 아래에 제시해 보고자 한다.

설일체유부에서 중요한 경장은 이미 시사한 바와 같이 특히 4아함을 필두로 하는 『잡(상응)아함』이지만 바수반두가 『구사론』 「파아품(破我品)」에서 『인계경(人契經, *Mānuṣyaka-sūtra*)』으로서 인용하는 『잡아함』의 제306경을 『구사론』 속의 산스크리트 문장을 위주로, 산스크리트 문장이 없는 부분은 { } 안에 요약하여 제시하면 다음과 같다.

> {이와 같이 나는 들었다(如是我聞). 한때 세존은 슈라바스티의 제타숲(Jetavana)에 있는 아나타핀다다(Anāthapiṇḍada, 給孤獨)의 정원숲(기원정사)에 머물고 계셨다. 마침 그때 한 사람의 비구가 집중하여 사색을 거듭하였지만 의문이 있었기 때문에 세존이 계신 곳으로 가서 질문했다. '도대체 비구는 어떻게 인식하고 어떻게 사색하고 어떻게 법을 사색한다면 좋은 것입니까?' 그러자 세존은 그 비구에게 다음과 같이 말씀하셨다. '잘 듣고 깊게 생각하라. 우선 (1) 눈(眼, cakus, 視覺)과 색(色, rūpa, 물체)의 두 개의 존재(法, dharma, 성질)가 있고, (6)의(意, manas, 의지각)와 법(法, dharma, 의지각의 대상으로서의 성질)의 두 개의 존재가 있다. 여기서} (1)눈(시각)과 색깔 있는 모양들(물체들)에 의해서 안식(眼識, cakṣur-vijñāna, 시각에 의한 인식)이 생기며, 이들 삼자가 결합한 촉(觸, sparśa, 감촉)과 촉과 함께 생긴 수(受, vedana, 감수)와 상(想, saṃjñā, 개념)과 행

(行, saṃskāra, 의지), 이상의 비물체적 〔4〕온과 물체적 안근(眼根, cakṣur-indriya. 시각기관)〔의 색온을 합한 오온이라는〕 이것에만 한정해서 인간임(manuṣyatva)이 말해지는 것이며 이것에 대해서 유정(有情, sattva), 인민(人民, nara), 인간(人間, manuṣya), 유동(儒童, mānava), 양자(養子, poṣa), 사부(士夫, puruṣa), 사람(人, pudgala), 명자(命者, jīva), 생자(生者, jantu)라고 하는 개념이 있는 것이다. {이와 같이 (2)귀, (3)코, (4)혀에 이어 마찬가지로 (5)몸(身, kāya, 촉각)과 촉각대상(所觸, spraṣṭavya, 감촉되어 알려지는 것)에 의해서 신식(身識, kāya-vijñāna, 신체에 의한 인식)이 생기며, 이들 삼자가 결합한 촉(觸)과 촉과 함께 생긴 수(受)와 상(想)과 행(行)의 이상의 비물체적 〔4〕온과 물체적 신근(身根, kāyēndriya)〔의 색온(色蘊)을 합한 5온(五蘊)이라고 하는〕 이것에만 한정해서 인간임이 말해지는 것이다. 이것에 대해서 유정(有情) 등의 개념이 있는 것이다. 그리고 마지막으로 (6)의(意)와 법(法)에 의해서 의식(意識)이 생기며 이들 삼자가 결합한 촉과 촉과 함께 생긴 수와 상과 행의 이상의 비물체적 〔4〕온과 의근(意根, 이상의 근의 패턴과는 달리 의근은 색온이 아니라는 것에 주의)이라는 이것에만 한정해서 인간임이 말해지는 것이며, 이것에 대해서 유정 등의 개념이 있는 것이다.}(대정장, 29권, 87항 하-88항 상)

이 경전은 인순(印順)에 의해서 정정된 「상응(잡)아함」의 순서에서는 (2)육입처송(六入處誦, 제2장 제3절 참조) 중에 속하기 때문에 직접 "아트만(我)이 존재하지 않는다."라고 명언한 것은 아니지만, '아트만'의 동의어인 소위 '영혼'은 단순히 '오온(五蘊, pañca skandhāḥ,

다섯의 범주)'으로 가설된 것에 지나지 않는다고 기술한 것이다. 게다가 이 경전에는 오온뿐만 아니라 뒤의 아비다르마의 체계에서 말하면 12처(十二處, dvādaśāyatanāni, 12의 영역)와 18계(十八界, aṣṭādaśa dhātavaḥ, 18의 요소)에 상당하는 것도 의도되고 있기 때문에 여기서 이 경전을 매개로 아비다르마 체계의 '12처', '18계'와 '오온'의 관계에 관해서도 설명해 두고자 한다. 인용의 (1)-(6)을 두 개씩 대응하여 파악해 본다면 '12처', 세 개씩의 관계로서 파악해 본다면 '18계'가 된다. 그것들과 오온의 관계를 도시하면 다음과 같다.

아래의 그림은 '12처', '18계'가 표면에 나온 형태이지만, 아래에는 영혼은 존재하지 않고 다만 오온으로서 가설되고 있는 것에 지나지 않는다고 주장되는 오온을 전면에 내세우고서 우선 간단한 설명

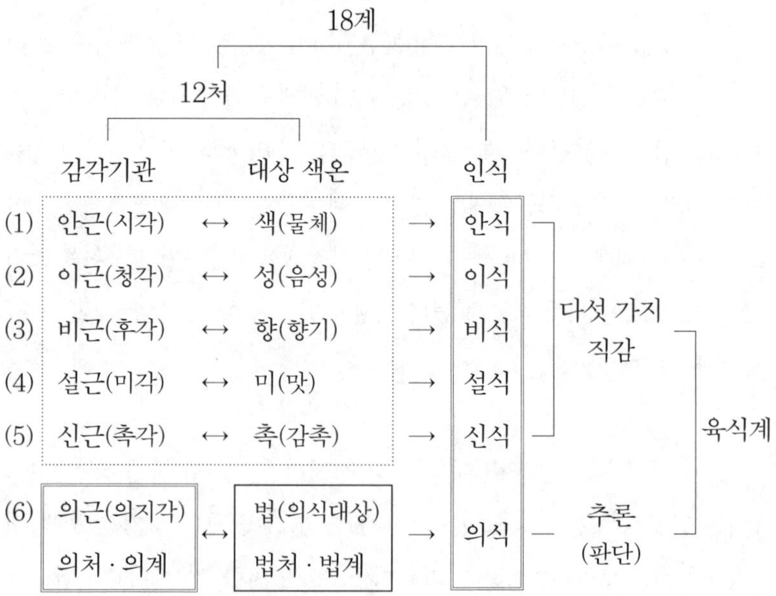

을 해 두고자 한다.

①색온(色蘊, rūpa skandha): 물질 모임의 의미이며 육체 혹은 물체를 가리킨다. 지 · 수 · 화 · 풍의 4원소와 그들 합성에 의해서 구성되는 것으로 생각되고 있다. '12처' 속의 (1)-(5)의 내적인 다섯 감각기관(신경조직)과 그 각각에 대응하는 외적인 다섯 대상인 '십처(十處)'가 기본적인 '색온(色蘊)'이다. 설일체유부에서는 이들 '법처(法處) 속의 '무표(無表, avijñapti, 행위의 결과가 타인에게 보이지 않는 미묘한 결과로서 남아 있다고 생각되는 것)'를 더하여 11개가 된다.

②수온(受蘊, vedanā skandha): 감수작용의 모임이다. 기본적으로는 괴로움(苦受), 즐거움(樂受), 괴로움도 즐거움도 없는 것(不苦不樂受)이다.

③상온(想蘊, saṃjñā skandha): 개념작용의 모임이다. 색깔이나 길이 등 대상의 다양한 특징을 파악하는 개념작용의 의미를 상이라고 한다.

④행온(行蘊, saṃskāra skandha): 행온의 '행'이란 의지나 의욕, 형성력을 의미한다. 그들 모임으로서의 범주를 '행온'이라고 하지만 '행' 자체가 개념 내용의 광의와 협의에 있어서 복잡한 의미를 가진 말이기 때문에 그것을 반영한 '행온'도 복잡하여 '오온'에서 다른 네 개의 요소를 제외한 것이 '행온'이라고 하는 설명이 이루어진다. 설일체유부의 설에서는 심소(心所, 심작용)로서 헤아려지게 되는

46개 범주에서 '수'와 '상'을 제외한 나머지 44개 심작용과 '심불상응행(心不相應行, 물질로도 심작용으로도 분류할 수 없는 일종의 형성력)'의 14개 범주 모두(이 책 231쪽 참조)를 합한 도합 58개의 범주가 된다.

⑤식온(識蘊, vijñāna skandha): 인식의 모임이다. 이것에는 (1)-(5)의 내적인 다섯 감각기관과 그 각각에 대응하는 외적인 다섯 대상에 근거하여 생기는 다섯 개의 직감적 인식과 그것들의 직후에 생기는 분별이나 판단의 능력을 가진 추론적 인식인 의식이 더해져 여섯이 포함되지만, 설일체유부의 설에서는 여섯을 동시에 병기하는 것이 아니라 반드시 하나의 식이 하나의 대상을 인식하고 있는 것에 지나지 않고, 그것들은 순간적으로 지나가고 또한 순간적으로 일어나기 때문에 병기하고 있는 것처럼 생각되고 있을 뿐이라고 해석된다.

그리고 이들 6식이 과거로 가 버린 것이 의(意, manas) 혹은 의근(意根)으로 간주되어 의식(意識)의 근거가 되지만, 이것이 '12처' 및 '18계'로서 파악된 경우에는 각각 순차적으로 '의처(意處, mana āyatana)' 및 '의계(意界, mano dhātu)'로 간주된다. 그런데 이 '의처', '의계'에 대응하여 의식의 대상인 '법'이 '12처' 및 '18계'로서 파악된 경우에는 똑같이 각각 순차적으로 '법처' 및 '법계'로 간주된다. 게다가 '오온(五蘊)' 중의 '수온(受蘊)'도 '상온(想蘊)'도 '행온(行蘊)'도 '12처(十二處)'나 '18계(十八界)'로 파악될 때에는 이 '법처(法處)'나 '법계(法界)'에 포섭되는 것으로 간주된다. 또한 여기서 다소 주의를 기울이면서 앞의 그림을 보면 '의식'은 '법', '법처', '법계'만을 대상으로 하여 일어나는 것처럼 받아들였을지도 모르지만 그것은 설일체유부의 입장은 아니다. 이 건에 관해서 『대비바사론』은 다음과 같이 자설을 주장하고 있다.

> 어떤 것은 "6식(六識)에 각각 다른 인식대상이 존재하며, 5식신(五識身)에 인식대상이 각각 따로 존재하는 것처럼, 이와 같이 의식은 다만 법처(法處)만을 대상으로 한다."고 파악해도 그의 주장(입장, 교의)을 멈추게 하기 위해 의식(意識)은 12처를 대상으로 한다고 현시한다. 계경에 "일체는 모두 의식의 인식대상이다."라고 설하는 것과 같다.(대정장, 27권, 44항 중)

이와 같이 '의식'은 '12처' 전부로서의 일체 법을 대상으로 하는 게 가능하다고 말하는 것이 설일체유부의 정통설이지만, 물론 설일체유부는 '단박에 아는 것'을 인정하지 않고 '점진적으로 아는 것'의 입장을 취하기 때문에 '일체법'이란 언제나 일체법의 하나하나를 '의식'이 인식하고 있다는 의미라는 것은 말할 것도 없다. 그 결과 인도 동쪽 지방의 종교에서는 불교만이 애니미스틱한 영혼은 존재하지 않는다고 부정하기 때문에 모든 사건의 성질(法)을 분별이나 판단의 능력을 가진 이성(의식)이 인식할 수 있다고 주장하는 게 가능했던 것이다. 역으로 불교에서 본다면 애니미스틱한 영혼(아트만)의 동의어로 제시된 것에 이와 같은 분별이나 판단이나 이성이 있다고는 도저히 인정되지 않기 때문에, 따라서 같은 『대비바사론』은 이 점을 다음과 같이 기술한다.

> 묻는다. 사람(pudgala, 補特迦羅)은 왜 아무도 인식하지 못하는가? 답한다. 사람(푸드갈라)은 토끼의 뿔(śāśa viṣāṇa)과 같이 전혀 존재하지 않는 것이기 때문이다. 즉 일체 법에는 아(我, ātman), 유정(有情, sattva), 사람(人, pudgala), 명자(命者, jiva), 생자(生者, jantu), 양자(養者, posa, 能養育者), 작자(作者, kāraka), 수자(受者, vedaka)도 존재하지 않는다. 그들(영혼)은 존재하지 않는 것의 모임에 지나지 않기 때문이다. 따라서 사람(혹은 영혼)이 사물의 성질을 인식하는 것은 있을 수 없는 것이다.(대정장, 27권, 44항 상)

그런 까닭으로, 영혼이 존재하지 않기 때문이야말로 오온으로서의 존재인 우리들이 특히 그 식온(識蘊)인 '의식(意識)'에 의해서 일체 법을 인식할 수 있다고 간주되는 것의 의의(意義)의 크기는, '알마 라치오날(이성적 영혼)'이 창조자인 신에 의해서 인간에게만 부여된 것이라고 하는 설에 필적하는 것이라고 생각하지 않으면 안 되는 것이다. 이렇게 해서 불교의 '무아설'의 중요성을 명료하게 인식했을 때에는, 불교를 에워싸고 있는 상황이 영혼긍정설을 강하게 포함하고 있었던 만큼 끊임없이 '아설(我說)'을 '절대 부정'으로 계속해서 부정하고 '의식(意識)'에 의해서 일체 법을 하나씩 명확하게 인식하면서, 불교의 바른 주장을 전개해가는 것이야말로 '무아설'에 합치한 존재방식이다.

그러나 다른 한편으로는 불교의 성립 이전부터 나아가 성립 이후 오랜 시간을 거친 지금에 이르러서도 '비아설'에 입각하여 어떻게든 영혼부정설을 극복하여 영혼긍정설로 돌아가려고 하는 입장이 뿌리 깊게 존재했던 것도 사실이다. 다만 이 입장에 입각하면 비본래적인 '아트만'을 부정하는 것만으로 본래적인 '아트만'을 긍정하는 것이 되기 때문에 그 결과 한편에서는 '아트만'에 부착한 비본래적인 업을 소멸하여 '아트만'의 해탈을 지향한다고 하는 '고행주의'의 '해탈'이나 '반열반'을 긍정하는 것이 되며, 다른 한편에서는 주객의 이원대립을 초월한 비판단적 '아트만'의 관점에 동화함으로써 주장명제를 회피하는 판단유보의 궤변으로 달려가게 된다. 이 가운데 전자는 제2장 제4절에서 본 자이나교의 『다사베야리야 수타』의 사고와 같다. 후자는 제2장 제2절에서 거론한 '육사외도(六師外道)'의 마지막 산자인의 불가지론과 같기 때문에, '비아설'에 입각하여 영혼긍정설로 돌아가는 것은 불교가 자신들이 부정한 사고를 수용하는 것을 의미하는 것이다.

여기서 이상 기술해 왔던 불교의 '무아설'에 입각한 영혼부정설과 불교가 부정한 '비아설'에 입각한 영혼긍정설을 「입문 이전」에서 제시했고, 제3장 제4절에서도 확인하여 보충한 2항 대립의 그림에 추가하여 다시 제시한다면 다음과 같다.

(a)-(ㄱ)-(α)-(o) – 무아설-영혼부정설

(b)-(ㄴ)-(β)-(p) – 비아설-영혼긍정설

위 그림의 2항 대립에서 전자가 불교임에 비해서 후자가 불교라는 것은 논리적으로 매우 주장하기 어려운 것임에도 불구하고 사실 그것이 불교인 것처럼 받아들여져 왔기 때문에, 어떠한 주장명제도 세우지 않는 무입장(無立場)이야말로 불교라고 생각하는 풍조도 변함없이 뿌리 깊게 존재한다고 생각한다. 그 무입장을 표방한 전형적 사례 가운데 하나가 '무기(無記, avyākṛta)'라고 하는 것이지만, 나는 이것을 불교라고 생각하고 싶지 않다는 바람을 담고서 그 대표적인 패턴의 하나인 '14무기'를 아래에 열거해 두고자 한다. 이것은 (1)~(4)의 네 그룹, 도합 14개의 명제로 이루어진 것이다.

(1) ①세계는 영원하다. ②세계는 영원하지 않다. ③세계는 영원함과 동시에 영원하지도 않다. ④세계는 영원하지도 않고 영원하지 않는 것도 아니다.
(2) ⑤세계는 유한하다. ⑥세계는 무한하다. ⑦세계는 유한함과 동시에 무한하다. ⑧세계는 유한하지도 않고 무한하지도 않다.
(3) ⑨여래는 사후에 존재한다. ⑩여래는 사후에 존재하지 않는다. ⑪여래는 사후에 존재함과 동시에 존재하지 않는다. ⑫여래는 사후에 존재하는 것도 아니며 존재하지 않는 것도 아니다.
(4) ⑬영혼과 육체는 동일하다. ⑭영혼과 육체는 다르다.

이 14개의 철학적 명제에 관해서 불교의 개조는 명확하게 답하지 않았다(無記)는 것이 '14무기'이며, 이것을 불교의 근본적 입장으로 간주하는 학자는 지금도 많지만, 불교도라면 명확한 명제를 선택해 갈 책임이 있다고 나는 생각한다. 예를 들면 (3)에 관해서는 『법화경』과 같이 '일체지자'인 여래는 상주라고 말해야만 하며, (4)에 관해서는 영혼이 존재하지 않는 이상, 그 두 명제 모두 부정되지 않으면 안 된다고 생각해야만 할 것이다.

2
연기의 사상

불교의 가장 기본적이며 또한 근본적인 사상이 '연기(緣起, pratītyasamutpāda)'라는 것은 그 해석에 상위(相違)나 문제가 있기는 하지만, 아마도 이의를 제기하는 사람은 없으리라 생각한다. 그런 까닭에 어떠한 불전에서도 석존이 연기를 고찰하는 것에서 불교는 시작하고 있다. 또한 많은 사람들은 '연기'라는 사고에 인도되어 불교로 입문했다. 석존의 제자로서 존중을 받았던 샤리푸트라(舍利弗)와 마하마우드가리야야나(大目犍連) 두 사람도 그러했다는 것은 이미 간단하게 기술하였지만 유명한 것이다. 그 두 사람이 소위 '연기법송(緣起法頌)'이라는 것을 들었던 걸 기연(機緣)으로 하여 불교 교단에 입문했다는 이야기는 팔리 율장 대품의 『대건도(大犍度)』나 『근본설일체유부율(根本說一切有部律)』의 『출가사(出家事, *Pravrajya vastu*)』(P. ed., Khe, 28a-36b7. 의정 역, 대정장, 23권, 1027항-1028항 중) 등 많은 문헌에서 이야기하고 있지만, 여기서는 가장 상세한 기술인 『출가사(出家事)』를 위주로 간단하게 요점만을 소개해 두고자 한다.

두 사람은 모두 마가다 출신이다. 샤리푸트라는 어릴 적 이름이 우파티샤(Upatiṣya, Upatissa, Nye rgyal, 鄔波底沙)라 하고, 마하마우드가리야야나는 어릴 적 이름이 코리타(Kolita, Pang nas skyes, 俱哩多)라 하였다. 두 사람은 어린 시절부터 사이가 좋았고, 재능도 발군이었는데, 어른이 된 후 당시 열반(mya ngan las das pa, nirvāṇa)에 관해서 독자적인 주장을 가지고 마가다에서 이름을 날리고 있었던 산자인(육사외도의 한 사람으로 산자인 바이라타푸트라이다. 그는 회의론을 주장했다)의 문하로 함께 출가했다. 스승은 두 사람을 보자마자 재능을 인정하고 자신의 문하에 있었던 500명의 제자를 두 사람에게 250명씩 나누어 주었다(팔리전에는 합계 250명이라고 한다). 이윽고 스승은 병을 얻고서 사망한다. 그러나 그 직전에 세상에 석존이 출현할 것을 두 사람에게 알리고 석존의 문하에서 수행하도록 권했던 것이다(팔리전에서 두 사람이 자신을 버린 것을 알고서 산자인이 피를 토하고 죽었다고 말하는 것과는 다르다). 석존이, 제2장 제2절에서 기술한 바와 같이, 카사파(迦葉) 형제에 승리하여 라자그리하(王舍城)에 들어간 것은 마침 그 무렵이었다. 라자그리하의 베누바나(Veṇuvana, 竹林)에 머물고 있었던 석존은 두 사람을 자세하게 관찰하여 다섯 비구 중 한 사람인 아슈바지트를 우선 탁발 중의 우파티샤 문하에 파견했다. 아슈바지트의 훌륭한 모습을 본 우파티샤는 그의 스승과 스승의 가르침을 물었고, 스승인 석존의 가르침으로서 아슈바지트가 게송으로 읊었던 것이 다음의 '연기법송(緣起法頌)'이었던 것이다.

> 무릇 법은 원인에서 생긴 것이며 그들 원인과 또한 그들의 소멸을 여래는 바로 설하셨다. 이렇게 설하신 분이야말로 대사문(大沙門)이다.

이 '연기법송'을 이해하고 감동한 우파티샤와 코리타는 두 사람 모두 한꺼번에 불교 교단에 입문할 것을 결의한다. 두 사람이 곧 올 것을 알았던 석존은 교단 주위에 있는 비구들에게, 두 사람이 입문한 뒤 코리타는 '신통을 가진 자(神通第一, ṛddhimat, rdzu phrul ldan pa)' 들 가운데 가장 뛰어난 자가 될 것이며, 우파티샤는 '지혜를 지닌 자(智慧第一, prajñāvat, shes rab ldan pa)'들 가운데 가장 뛰어난 자가 될 것이라고 예언한다(팔리전에는 쌍벽이 된다고 말하지만 그 정도로 상세하지는 않다). 이렇게 해서 두 사람은 불교 교단의 비구가 되는데, 『출가사』에 의하는 한 우파티샤가 샤리푸트라(舍利佛)로, 코리타가 마하마우드가리야야나(大目犍連)로 이름을 바꾼 것은 불교 교단에 입문한 이후인 것 같다.

이상이 이야기의 요점으로, 대품 『대건도(大犍度)』와 『출가사(出家事)』를 비교하면 아무래도 후자가 이야기로서 상세하고 재미있게 증광(增廣)되고 있다는 인상을 받지만, 사상적으로 중요한 점은 연기법송을 기연으로 한 전향에 있는 것이다. 그러나 이 점에 관해서는, 후자는 전자보다 대립에 관한 서술이 희박해서 스승과 두 명의 제자 사이에는 균열조차 없었던 것처럼 보인다. 육사외도(六師外道)의 한 사람으로 알려진 산자인은 확실히 엄격한 고행자는 아니었던 것 같다. 하지만 다른 각종의 문헌과 『출가사』에서는 '열반'에 관해 자신의 독자적 주장을 가지고 있는 것처럼 묘사되고 있다. 오히려 변설이 뛰어날 뿐 실천력이 없는 사람이며, 논쟁에 패배하지 않기 위해 명확한 주장명제를 세우는 것을 피하고, 남에게 꼬투리를 잡히지 않는 것에만 부심했기 때문에 '미꾸라지처럼 빠져나가 잡을 수 없는 산만한 주장'을 하는 사람으로 간주되고 있어 이것이 진짜 모습이 아닌가 여겨질 정도이다. 따라서 제자이지만 스승의 결점을 다 알아버린 두 사람은 '연기법송'을 듣고서, 모든 존재는 반드시 원인이 있다고 하는 명확한 주장을 신선한 것으로 받아들였다. 그래서 전대미문의 '연기'설의 본질을 관찰하여 불교 교단 입문을 결의했던 것은 아닐까?

'연기'의 내용은 각종 불전의 최초 사색 장면에 반드시 기술되고 있지만, 여기서는 굳이 율장(律藏)의 그것을 피하고 경장(經藏) 중에서 그 기술을 구해 보는 것으로 하자. 인용에 앞서 연기의 어의(語義)를 설명해 둔다면, 연(緣)이란 '의해서' 혹은 '~을 인연으로 하여'의 의미이며 기(起)라고 하는 것은 '일어나는 것' 혹은 '생기는 것'의 의미이다. 이것을 다소 구체적으로 말하면 'x의 연으로부터 y가 있다.'라든가 'x를 연으로 하여 y가 있다.'라는 패턴으로 인과관계의 연쇄를 표명한 것이다. 특히 연쇄의 지분(支分)을 12로 헤아리는 것을 '12지연기'라 부르며 이는 다양한 지분 가운데 가장 정통적인 '연기'설로 간주된다. 그 12의 지분을 대표적인 한역어로 열거하고 괄호 안에 팔리어와 산스크리트어의 순서(하나일 경우는 공통)로 원어를 보충하여 그 간단한 어의를 제시해 두자면 다음과 같다.

①무명(無明, avijja, 무지)→②행(行, saṅkhāra, 형성력)→③식(識, vijñāna, 인식)→④명색(名色, nāma rūpa, 사념과 육체)→⑤육처(六處, saḷ āyatana, ṣaḍ āyatana, 여섯 개의 감관영역)→⑥촉(觸, phassa, sparśa, 접촉)→⑦수(受, vedanā, 감수)→⑧애(愛, taṇhā, tṛṣṇā, 애착)→⑨취(取, upādāna, 집착)→⑩유(有, bhava, 생존)→⑪생(生, jāti, 탄생)→⑫노사(老死, jarā maraṇa, 노쇠와 죽음)

그런데 팔리의 경장에서 '12지연기'에 관해 기술하는 최초의 경은 「상응부」의 「인연편」, 「인연상응(因緣相應)」의 제1경이다. 아래에 그 전문을 번역하면 다음과 같다.

이와 같이 나는 들었다. 한때 세존께서는 슈라바스티숲에 있는 아나타핀다다의 정원숲(祇園精舍)에 머물고 계셨다. 실로 거기서 세존이 비구들을 향해 "비구들이여!"라고 부르자 비구들은 "대덕이시여!"라고 세존에게 답하였다. 그러자 세존께서는 다음과 같이 말씀하셨다. "비구들이여! 나는 그대들에게 연기를 설명하고자 한다. 그대들은 그것을 듣고서 잘 생각하기를 바란다. 그럼 말해 보도록 하지."라고 하자, "대덕이시여! 그렇게 하시지요."라고 바로 비구들은 세존께 답하였다. 그러자 세존은 다음과 같이 말씀하셨다.

A

"비구들이여! 연기란 무엇인가? 비구들이여! ①무명에 의해서 ②행이, 행에 의해서 ③식이, 식에 의해서 ④명색이, 명색에 의해서 ⑤육처가, 육처에 의해서 ⑥촉이, 촉에 의해서 ⑦수가, 수에 의해서 ⑧애가, 애에 의해서 ⑨취가, 취에 의해서 ⑩유가, 유에 의해서 ⑪생이, 생에 의해서 ⑫노사와 수비고우뇌(愁悲苦憂惱)가 생긴다. 이와 같이 이 순연한 고(苦)의 모임의 원인이 있다. 이상이 비구들이여! 일어남(samuppāda=samutpāda)이라고 말해지는 것이다."

B

"그러나 ①무명을 남김없이 소멸시키는 것으로부터 ②행의 소멸이, 행의 소멸로부터 ③식의 소멸이, 식의 소멸로부터 ④명색의 소멸이, 명색의 소멸로부터 ⑤육처의 소멸이, 육처의 소멸로부터 ⑥촉의 소멸이, 촉의 소멸로부터 ⑦수의 소멸이, 수의 소멸로부터 ⑧애의 소멸이, 애의 소멸로부터 ⑨취의 소멸이, 취의 소멸로부터 ⑩유의 소멸이, 유의 소멸로부터 ⑪생의 소멸이, 생의 소멸로부터 ⑫노사와 수비고우뇌(愁悲苦憂惱)가 소멸한다. 이와 같이 해서 이 순연한 고의 모임의 소멸이 있다."

이상의 것을 세존께서 말씀하시자 비구들은 감격하여 환희 봉행했다.

위에서 인용한 세존이 설한 '12지연기' 가운데 그 지분을 낳는 방향으로 나아간 A단을 순관(順觀)이라 하고, 소멸의 방향으로 나아간 B단을 역관(逆觀)이라 하는 것이 일반적이다. 다음으로는 '북전(北傳)'에서의 12지연기 기술의 예를 보도록 하자. '북전'에서도 거의 마찬가지의 기술이 여러 종류의 문헌에 빈번하게 나오고 있다. '남전'과 '북전'의 대비를 보여주고자 하면 역시 같은 종류의 문헌인 『잡(상응)아함』의 「인연상응」에서 인용해야 하지만, 거기에는 다소 복잡한 패턴의 전개도 있어서 단순화할 수 없으며, 거의 같은 기술을 중복인 것처럼 인용해도 소용이 없다고 하는 실용적 견지에서도, 이하에는 전혀 다른 문헌으로부터 인용을 제시해 두고 싶다. 그것은 '북전' 설일체유부의 『장아함』에 포함되어 있었다고 추측되는 『사중경(四衆經, Catuṣpariṣat sūtra)』의 한 구절이다. 한역은 없지만 의정 역 『파승사(破僧事)』의 불전 속에 그것에 해당하는 문장이 있다(지금의 일절에 관해서는 대정장, 24권, 126항 상).

그러므로 세존은 무차린다 용왕의 용궁에 머물며 보리좌가 있는 곳으로 가셨다. 가까이 가시고 나서 세존께서는 풀을 널리 펴시고 결가부좌하여 앉으시고 몸을 똑바로 고정시키고 면전에 상념을 집중시켜서 12연기를 아래와 같이 순역으로 관찰하면서 결가부좌한 채로 7일간 계셨다.

A

〔순관은〕 즉 x가 있다면 y가 있다(asmin satīdaṃ bhavati), x가 생기면 y가 생긴다(asyōtpādād idam utpadyate). 즉 ①무명에 의해서 ②행이 있고, 행에 의해서 ③식이 있고, 식에 의해서 ④명색이 있고, 명색에 의하여 ⑤육처가 있고, 육처에 의하여 ⑥촉이 있고, 촉에 의하여 ⑦수가 있고, 수에 의하여 ⑧애가 있고, 애에 의하여 ⑨취가 있고, 취에 의하여 ⑩유가 있고, 유에 의하여 ⑪생이 있고, 생에 의하여 ⑫노사가 있고, 수비고우뇌(愁悲苦憂惱)가 생긴다. 이와 같이 해서 이 순수한 대고온(大苦蘊)의 모임이 생긴다고 관찰하는 것이다.

B

〔역관은〕 즉 x가 없다면 y는 없다(asminn asatīdaṃ na bhavati), x가 소멸하면 y가 소멸한다(asya nirodhād idaṃ nirudhyate). 즉 ①무명의 소멸로부터 ②행의 소멸이 있고, 행의 소멸로부터 ③식의 소멸

> 이 있고, 식의 소멸로부터 ④명색의 소멸이 있고, 명색의 소멸로부터 ⑤육처의 소멸이 있고, 육처의 소멸로부터 ⑥촉의 소멸이 있고, 촉의 소멸로부터 ⑦수의 소멸이 있고, 수의 소멸로부터 ⑧애의 소멸이 있고, 애의 소멸로부터 ⑨취의 소멸이 있고, 취의 소멸로부터 ⑩유의 소멸이 있고, 유의 소멸로부터 ⑪생의 소멸이 있고, 생의 소멸로부터 ⑫노사의 소멸이 있으며, 수비고우뇌(愁悲苦憂惱)가 소멸한다. 이와 같이 해서 이 순수한 대고온(大苦蘊)의 소멸이 생긴다고 관찰하는 것이다.

위의 인용 중에서 "x가 있다면 y가 있고, x가 생기면 y가 생긴다."라고 하는 정형구를 '연기순관공식(緣起順觀公式)'이라 부르고, "x가 없다면 y가 없고, x가 소멸하면 y가 소멸한다."라는 정형구를 '연기역관공식(緣起逆觀公式)'이라 부르는데, 이 정형구는 물론 '북전'에서만 나타난 것은 아니다. (남북) 양전에서 함께 빈번하게 나오기 때문에 정형구인데, '남전'의 앞과 같은 「인연상응」에서 그 정형구의 부분만을 인용하면 다음과 같다.

> x가 있다면 y가 있고(imasmiṃ sati idaṃ hoti), x가 생기면 y가 생긴다(imassuppādā idam uppajjati). x가 없다면 y가 없다(imasmin asati idaṃ na hoti). x가 소멸하면 y가 소멸한다(imassa nirodha idaṃ nirujjhati).

양자를 비교해 보면 바로 알 수 있듯 '북전'과 '남전'의 정형구에 근본적 차이는 전혀 없다. 차이는 산스크리트어와 팔리어로 기술되어 있다는 정도일 뿐이며 그것은 극히 사소한 것에 지나지 않는다. 그렇다면 정형구를 적용한 실제의 기술에서도 그러한가, 한다면 대체적으로 보면 그렇다고 말해도 좋을 듯하지만 '연기순관공식'의 적용 부분인 A단에 관해서는 양자 사이에 비교적 큰 차이가 드러나고 있다는 것을 지적하지 않으면 안 될 것이다. 그것은 요컨대 남전의 팔리 「인연상응」에서는 'x라는 인연에 의해서 y가 있다.'라고 하는 표현이 '북전'의 『사중경』에서는 'x를 인연으로 하여 y가 있다.'라는 표현으로 사용되고 있다는 사실이다. 얼핏 보면 그다지 다르지 않은 것처럼 생각될지도 모르지만, 후자는 y의 결과 쪽에 역점을 두어, '현재 존재하고 있는 y의 상태는 x를 인연으로 하는 것이다.'라고 이해할 수 있는 문장 구성을 취하고 있다. 여기에 커다란 차이가 존재한다. 그러나 '북전'은 이 표현만을 사용하고 있는 것은 아니다. '북전'에도 '남전'과 같은 표현이 상당히 보이기 때문에 본래는 '남전'과 같은 표현이었다고 생각되지만, 현재 존재하는 결과를 중시한 시점에는 이와 같은 표현이 있다는 것만을 여기서 지적해 두고자 한다.

다만 '12지연기'가 설해지는 상황의 설정 차이에 관해서는 '남전'과 '북전'의 차이에 차원이 다른 중요한 문제가 있다고 생각된다. '12지연기'의 배경으로 「인연상응」의 경우와 같이 비구와 같은 타인을 향해서 설시되는 장면과 '불전'으로서 석존 자신이 생각한 내용으로서 묘사되고 있는 장면은 남북 양전 모두에 나타나는 것이기 때문에 이 상황 설정의 차이는 전승에 의한 것이 아니라는 게 명백하다. 이 상황의 차이에는 그 설정 자체에 중요한 문제가 있다는 것임을 염두에 두고서, 여기서 실제로 그 장면의 의미를 생각해 보고 싶다. 우선 우리들이 비구로서 석존의 가르침을 듣는다는 장면이 상상하기 쉽기 때문에 이것부터 시작하도록 하자. 이 상황은 석존에게 가르침을 받고서 ①무지(無明)에 의해서 ②형성력(行)이 생기며, 형성력에 의해서 ③인식(識)이 생기고, 인식에 의해서 ④사념(名)과 육체(色)가 작동하고, 사념과 육체에 의해서 ⑤여섯 개의 감관영역(六處)이 활동하고, 여섯의 감관영역을 통해서 감관대상과 인식의 ⑥접촉(觸)이 작동하고, 접촉에 의해서 ⑦감수(受)가 생기고, 감수에 의해서 ⑧애착(愛)이 생기고, 애착에 의해서 ⑨집착(取)이 생기고, 집착에 의해서 ⑩생존(有)이 있고, 생존에 의해서 ⑪탄생(生)이 있고, 탄생에 의해서 ⑫노쇠(老)와 죽음(死)이 있다고 하는 것으로 다소 어려운 바가 있다고 해도 가르치고 배우는 범위에서는 생각하는 것이 가능하다. 참으로 생각할 수 있다면 이 가르침에 따라서 그 무지를 바로잡는 것도 가능하다.

그러나 이것을 생각한 석존 자신은 어떠했을까? 이것이 다음 상황의 문제이다. 이 문제에 관해서 가장 솔직한 사고방식은, 석존이야말로 자신의 무지를 인류에게 처음으로 알린 사람이며 그렇기 때문에 처음으로 연기를 생각할 수 있었던 일체지자(一切智者)인 것과 같은 해석이 가능하다고 생각한다. 하지만 실제로는 석존을 초월한 곳에 연기의 법칙과 같은 것이 존재하여 석존은 그 발견자에 지나지 않는다는 사고방식이 서서히 짙어졌다. 그 사고방식의 전형을 제시한 것이 『잡아함경』 제299경이다. 아래에 회수(回收)된 산스크리트 문장에 근거해서 번역해 두면 다음과 같다.

> 어떤 한 비구가 세존이 계신 곳에 가까이 다가가서 세존의 양발에 머리를 숙여 절하고 한쪽에 물러나 앉았다. 한쪽에 앉아 있었던 그

비구는 세존에게 다음과 같이 여쭈었다. "도대체 연기는 세존에 의해서 지어진 것입니까, 그렇지 않으면 다른 사람들에 의해서 지어진 것입니까?" 세존은 답하셨다. "비구여! 연기는 나에 의해서 지어진 것도 아니며 또한 다른 사람에 의해서 지어진 것도 아니다. 그렇지만 여래가 이 세상에 오시든 오지 아니하시든 이 법성(法性, dharmatā)은 확정된 것이며, 계(界, dhātu)는 법을 확정을 하기 위함에 있다. 그것을 여래는 스스로 분명하게 아시고 현등각하여 고시하고 통지하고 발신하고 현시하고 공표하고 설시하여 개시한다. 즉 x가 있다면 y가 있고, x가 생기면 y가 생긴다고 한다. 즉 ①무명을 연으로 하여 ②행이 있고, 내지, 〔⑫ 있고 순관의〕 모임이 생기고 또한 역관의 소멸이 생기는 것이다."(대정장, 2권, 85항 중-하)

그리하여 불교의 일파는 이 경전에 근거하여 '연기'를 '무위(無爲)'라고 주장하기에 이르렀던 것 같다. 하지만 이것에 대해서 설일체유부는 엄격한 비판을 전개한다. 즉 '연기'란 각 지분의 x와 y 두 항의 '인과 결정의 뜻'이라고 한(『대비바사론』, 대정장, 27권, 116항 하) 것이다. 이때 그 '인과결정의 뜻'을 석존의 출현과는 관계가 없는 것과 같이 해석해 버렸기 때문에 설일체유부의 '연기설'은 '연기'가 독립한 듯한 모습이 되어, 소위 '업감연기(業感緣起)'라 칭해지는 것이 성립된 것이다.

연기를 둘러싼 '유위(有爲)'와 '무위(無爲)'의 문제에 관해서는 이 제4장 제4절에서 기술하는 것으로 하고 여기서는 그 '업감연기(業感緣起)'에 관해서 간단하게 설명해 두고자 한다. '업감연기'란 업인(業因)에 의해서 업과(業果)를 느끼는 연기라는 의미이지만, 실제로는 원인인 '업(業, karman)'을 중심으로 그 인연으로서의 '미혹(惑, kleśa, 煩惱)'과 결과로서의 '고(苦, duḥkha)'가 '혹(惑)'→'업(業)'→'고(苦)'의 원환으로 진행해 간다고 생각되며, 이것이 설일체유부의 '삼세실유설(三世實有說)'과 결합하여 '삼세양중(三世兩重)의 인과'라고 일컬어지는 것이 된다. 그림으로 표시하면 다음과 같다.

①무명-혹(연), ②행-업(인)	과거세의 2인	삼세양중의 인과
③식, ④명색, ⑤육처, ⑥촉, ⑦수-고(과)	현재세의 5과	
⑧애, ⑨취-혹(연), ⑩유-업(인)	현재세의 3인	
⑪생, ⑫노사-고(과)	현재세의 2과	

3
사제의 교의

앞 절의 말미에서 기술한 것처럼 설일체유부의 '연기설'은 '연기' 지분 두 항의 관계에 관해서 그 '인과결정의 뜻'을 석존의 출현과는 관계없이 확정되어 있는 것이라고 하기 때문에 마치 그것이 독립해 있는 것처럼 자족하여 순환하는 것으로 인식되었다. 그렇다면 이 '업감연기'란 문자 그대로 '자업자득'의 철칙 안에서만 자기 자신의 무지의 실을 누에와 같이 직조해 갈 수밖에 없다는 것을 시사하는 것일까? 그러나 설일체유부는 여래의 출현과는 관계없이 영원한 법성(法性)이 확정되어 있다고 하는 생각에 관해서는 엄격하게 비판하고 있기 때문에 「입문 이전」의 제2절에서 지적한 바와 같이 '진여'나 '법계'나 '실제'가 영원히 여래와 관계없이 존재한다고 하는 (1)의 입장을 채택하는 일은 결코 없었다. 오히려 샤리푸트라의 입장에 속하는 부처님이 이 세상에 출현하지 않았더라면 눈이 먼 무지 상태로 죽지 않으면 안 되었을 것이라는 (2)의 입장에 가깝기 때문에 '인과결정의 뜻'에 관해서 여래의 출현과는 관계없는 것처럼 해석되는 듯하다.

하지만 지금 문제가 되고 있는 무지에 관해서는, '일체지자'인 여래로부터 배우지 않으면 우리들은 무지를 자각할 수조차 없다고 생각했다. 게다가 이와 같이 생각하여 설일체유부가 묘사한 '일체지자'로서의 부처님은 『법화경』이 기술하는 "여래가 출현하기 어려운 것은 우담바라(udambara, 優曇鉢羅)의 꽃과 같고, 대해(大海)에 떠 있는 나무 조각의 구멍에 거북의 머리가 들어가는 것과 같은(mahārṇava yuga cchidra kūrma grīvā praveśa vat)"(「묘장엄왕본사품」, 구마라집 역, 대정장, 9권, 60항 상-중) 것임에도 불구하고, 부처님의 말씀을 신앙하여 자신의 무지를 자각하고자 하는 사람들에 있어서 부처님은 '항상 영취산에서 움직이지 않는(常在靈鷲山)'(「여래수량품」, 동 43항 하) 것으로 드러난다고 여겨진다. 나는 일체지자가 그 여래와 다른 존재라고는 도저히 생각되지 않는다. 그렇기는커녕 다불(多佛)사상의 경향이 짙은 『법화경』과 비교하여 일불(一佛)사상을 사수하려고 하는 설일체유부 쪽이 '일체지자'에 대한 신앙의 순도에서 오히려 더 높다고 말할 수도 있을 것이다.

그러나 하여튼 어떠한 불교에서도 이와 같은 의미에서의 '일체지자'인 석존이 보통의 인간으로 하여금 자신의 무지를 자각하도록 돕는 가르침이라고 간주되는 것이 '사제(四諦, catvāri satyāni, cattāri saccāni, 네 개의 진실)' 혹은 '사성제(四聖諦, catvāry ārya satyāni, cattāri ariya saccāni, 네 개의 성스러운 진실)'라고 일컬어지는 교의이다. 덧붙여서 앞 절에서 인용한 팔리 「인연상응」의 제1경에 이어서 제2경은 '12지연기'의 각 지분을 분별한 것인데 그중 '무명'에 대한 분별은 다음과 같다.

비구들이여! 무명(無明)이란 무엇인가? 비구들이여! 실로 무릇 무엇이든 간에 (1)고(dukkha)에 대해서 무지(aññāṇa=ajñāna)이며, (2)고의 원인(dukkha samudaya)에 대해서 무지이며, (3)고의 소멸(dukkha nirodha)에 대한 무지이며, (4)고의 소멸에 나아가는 길(dukkha nirodha gāmini paṭipadā)에 대해서 무지라면 비구들이여! 이것이 무명이라고 하는 것이다.

이 경에 의하면 '연기설'의 제1지로서 말해지는 '무명'이란 '사제'에 대한 '무지'이다. 그렇다면 '사제'란 어떠한 것인가? 경전으로서 석존이 그것을 처음 말했다고 전승되는 것은 바라나시에서 다섯 비구에 대한 최초의 설법이라고 간주되는 『전법륜경(轉法輪經, *Dharmacakrapravartana sūtra*)』이며, 여기에는 여러 계통의 텍스트가 알려져 있다. 그 대표적인 것이 팔리 「상응부」의 「제상응(諦相應)」 제2장의 제1경과 한역 『잡아함경』 제379경이며, 티베트 역이나 산스크리트 문장을 참조하여 이 경의 전체를 번역해 두고자 한다. 전체를 A~E의 5단으로 나누어 제시하지만, 이 기호 및 다른 기호의 삽입은 모두 나에 의한 것이다.

A

이와 같이 나는 들었다. 한때 세존은 바라나시에 있는 리시바다나 므리가다바(仙人住處鹿野園)에 머물고 계셨다. 실로 거기서 세존은 다섯 비구들을 향해서 다음과 같이 말씀하였다.

비구들이여! 출가자(pravrajita)는 이 양변(兩邊, dvāv antau)에 얽매여서는 안 된다(na sevitavyau). 둘이란 무엇인가? (1)무릇 이

여러 욕망에 대해서 욕망 그대로 쾌락을 탐닉하고(kāmeṣu kāma sukhalikānuyogaḥ) 하열하며 조야하고 세속적이며 성스럽지 못한 무의미한 존재라는 것, (2)무릇 이 자기(영혼)를 괴롭게 하는 것을 탐닉하는(ātma klamathānuyogaḥ), 고통스럽고 성스럽지 못한 무의미한 존재인 것이다. 비구들이여! 여래는 실로 이 양변을 가까이하지 않고 중도(madhyamā pratipad)를 현등각(abhisaṃbuddha)하였지만 그 중도는 눈을 생기게 하는 것이고(cakṣuṣ karaṇī) 지혜를 생기게 하는 것이며(jñāna karaṇī) 적정(寂靜, upaśama)과 신통(神通, abhijñā)과 등각(等覺, saṃbodhi)과 열반(涅槃, nirvāṇa)을 위해서 이바지하는 것이다. 비구들이여! 그렇다면 저 여래에 의해서 현등각된 눈을 낳고 지혜를 낳고 적정과 신통과 등각과 열반에 이바지하는 중도란 무엇인가? 이것이야말로 실로 팔지성도(八支聖道, āryo 'ṣṭāṅgiko mārgaḥ)이다. 이것은 즉 ①바른 사상(samyag dṛṣṭi, 正見), ②바른 선택(samyak saṅkalpa, 正思惟), ③바른 말(samyag vāc, 正語), ④바른 행위(samyag karmānata, 正業), ⑤바른 생활(samyag ājiva, 正命), ⑥바른 노력(samyag vyāyāma, 正精進), ⑦바른 기억(samyak smṛti, 正念), ⑧바른 집중(samyak samādhi, 正定)이다. 비구들이여! 실로 이것이 저 여래에 의해서 현등각되어 눈을 낳고 적정과 신통과 등각과 열반에 이바지하는 중도인 것이다.

B

(1) 또한 비구들이여! 이 고성제(苦聖諦, duḥkham ārya satyam)란 ①생(生, jāti)은 고이며, ②노(老, jarā)는 고이며, ③병(病, vyādhi)은 고이며, ④사(死, maraṇa)는 고이며, ⑤미운 사람들과 만나는 것(怨

憎會)은 고이며 ⑥사랑하는 사람들과 이별하는 것(愛別離)은 고이며 ⑦바라는 것을 얻지 못하는 것(求不得)은 고이며, 요컨대 ⑧오취온(五取蘊, pañcôpādāna skandha)은 고이다.

(2) 또한 비구들이여! 이 고집성제(苦集聖諦, duḥkha samudayam ārya satyam)란 무릇 이 재생(再生)을 초래(paunarbhavika)하여 희락(喜樂, nandī)과 탐착(貪着, rāga)을 동반하고 여기저기에 광희(狂喜)하는 애착(愛着, tṛṣṇā)인 것이며 이것은 즉 ①욕망에로의 애착(애욕, kāma tṛṣṇā, 欲愛), ②생존에로의 애착(有愛, bhava tṛṣṇā), ③비생존에로의 애착(無愛, vibhava tṛṣṇā)이다.

(3) 또한 비구들이여! 이 고멸성제(苦滅聖諦, duḥkha nirodha ārya satyam)란 무릇 실로 그 애착을 남김없이 소멸하고 버리고 떠나고 해탈하여 집착하는 것이 없는 것이다.

(4) 또한 비구들이여! 실로 이 고의 소멸에 나아가는 길의 성제(苦滅道諦, duḥkha nirodha gāminī pratipad ārya satyam)란 실로 이 팔지성도이며 이것은 곧 ①바른 사상, …… ⑧바른 집중이다.

C

(1) 비구들이여! ①"이것이 고성제이다."라고 나에게는 이전에 들은 적도 없는 법에 대해 눈(cakṣus)이 생기고, 지(智, jñāna)가 생기고, 혜(慧, prajñā)가 생기고, 명(明, vidya)이 생기고, 빛(光, āloka)이 생긴다. 그리고 실로 또한 비구들이여! ②"이것이 고성제라고 널리 알아야만 한다(parijñātavya)."라고 나에게는 이전에 들은 적도 없는 법에 눈이 생기고 …… 빛이 생겼다. 그리고 실로 또한 비구들이여 ③"이것이 고성제라고 널리 알았다(parijñāta)."라고 나에게는 이전

에 들었던 적도 없는 법에 대해 눈이 생기고, 지가 생기고, 혜가 생기고, 명이 생기고, 빛이 생겼다.

(2) 비구들이여! ①"이것이 고집성제이다."라고, 나에게는 …… 빛이 생겼다. 그리고 실로 또한 비구들이여 ②"이것이 고집성제이며, 영원히 끊어야 한다(prahātavya)."라고 하며는 …… ③"이것이 고집성제이며, 영원히 끊었다(prahīṇa)."라고 하며는 …… 빛이 생겼다.

(3) 비구들이여! ①"이것이 고멸성제이다."라고, 나에게는 …… 빛이 생겼다. 그리고 실로 또한 비구들이여! ②"이것이 고멸성제라고 현증해야만 한다(sākṣikṛtavya)."라고 하는 …… ③"이것이 고멸성제라고 현증했다(sākṣīkṛta)."라고 하는 …… 빛이 생겼다.

(4) 비구들이여! ①"이것은 고의 소멸로 나아가는 길의 성제이다."라고, 나에게는 …… 빛이 생겼다. 그리고 실로 또한 비구들이여 ②"이것이 고의 소멸로 나아가는 길의 성제라고 수습해야만 한다(bhāvayitavya)."라고 하는 …… ③"이것이 고의 소멸로 나아가는 길의 성제라고 수습했다(bhāvayita)."라고 하는 …… 빛이 생겼다.

D

그리고 비구들이여! 무릇 어떤 순간이든 나에게 이들 사성제에 있어서 이와 같이 3단계 12형태(tri parivartaṃ dvādaśākāram, 三轉十二行相)에 걸쳐서 여실지견(如實知見, yathābhūtaṃ jñāna darśanam)이 아직 청정하게 되지 못하여, 그 사이 나는 신들이나 악마나 범천이나 사문이나 바라문이나 신들과 인간을 포함한 살아 있는 생명체의 세계에 있어서 무상정등각을 현등각했다고 결코 주장하지 않았다. 그러나 지금은 실로 비구들이여! 나에게는 이들 사성제에 있어서 이와 같이 3단계 12형태에 걸쳐 여실지견이 청정하게 되었으므로 나는 신들이나 악마와 범천이나 사문이나 바라문이나 신들과 인간을 포함한 살아 있는 생명체의 세계에 있어서 무상정등각을 현등각했다고 주장했다. 또한 나에게는 지혜와 견해가 생겼다. 나의 마음의 해탈(ceto vimukti)은 부동이다. 이것은 최후의 생이다. 지금이나 재생은 존재하지 않는다.

E

이상을 세존이 말씀하시자 다섯 비구들은 감격하여 세존께서 말씀하신 것에 환희했다. 그리고 또한 이 해탈이 설해지고 있을 때 카운딘야에게는 "무릇 어떠한 것이든 생의 성질(samudaya dharma)이 있는 것이라면 그 모두는 소멸의 성질(nirodha dharma)이 있는 것이다."라는 티끌 없고 오염 없는 법의 눈이 생겼다. 그리고 세존에 의해서 법륜이 굴러갔을 때 대지에 머무는 신들은 "이와 같이 세존에 의해서 바라나시에 있는 리시바다나 므리가다바에서 굴린 무상의 법륜은 사문에 의해서도 바라문에 의해서도 신들에 의해서도 악마에 의해서도 범천에 의해서도 어떠한 세간의 사람들에 의해서도 역전시킬 수는 없다."라고 하는 소리를 발했다. …… 이와 같이 그 찰나(刹那, kṣaṇa)에 그 납박(臘縛, lava, 짧은 시간)에 그 수유(須臾, muhūrta, 눈 깜박하는 사이)에 그 소리는 범천계(梵天界)에까지 도달했다. 그리고 실로 이 십천세계는 진동하여 흔들리고 또한 무량광대한 광명이 세간에 출현하고 신들의 위신력을 능가했다. 실로 그때 세존은 "아아! 실로 카운딘야는 이해했다(ājñāsīt), 아아 실로 카운딘야는 이해했다."라는 이 감탄의 말을 발하셨다. 이렇게 해서 카운딘야에게는 아즈나타 카운딘야(Ājñāta Kauṇḍinya)라는 이름이 생겼다.

최초로 설법을 들었던 다섯 비구 중의 한 사람인 카운딘야가 '아즈나타'라는 이름으로 불리게 되었던 이유까지 언급한 이 『전법륜경』은 불교의 탄생에 있어서 중요한 의의를 가진 최초의 장면을 묘사하고 있지만, 문헌 계통에 의해서 다양한 상위를 제시하고 있기 때문에 후세에 각종 증광이 있었음은 분명하다. 위의 긴 인용에서 표면은 산스크리트의 모습을 취한 것이지만, 실제 저본인 팔리 「상응부」의 그것이 그중에서도 가장 상세하고, 게다가 각종 요소에 의해 구성되고 있는 흔적이 역력하기 때문에 비교적 후세에 성립됐다고 하는 인상을 지울 수 없다. 그러나 여기는 문헌 성립사를 논하는 장이 아니기 때문에 두 저본 사이의 차이만을 간단하게 언급한다면, 『잡아함경』 제379경에는 위 인용 중의 서두 한 구절을 제외하고 A단과 B단은 기본적으로 빠져 있다. 그러나 더 오래된 안세고의 번역으로 여겨지는 『불설전법륜경(佛說轉法輪經)』에서는 간략하고 고풍스러우면서도 이 A단과 B단을 포함하고 있기 때문에 단순히 A단과 B단을 후세의 증광이라고 말할 수 없지만, 불교의 '무아설' 관점에서 보면 여기에는 이미 영혼긍정설로 전락해 가는 요소가 포함되고 있는 것이다. 여기서는 그런 의미에서의 문제만을 지적해 두고자 한다.

A단은 양변(兩邊, 두 극단)에 접근하지 않는 중도(中道)를 강조하고 있지만, 이것을 가령 '리이변중도(離二邊中道, anta dvaya varjitā madhyamā pratipad)'라고 불리는 것으로 한다면 그 떠나야 할 이변(二邊)은 (1)과 (2)로써 기술되고 있는 것이다. 그 (1)이 영혼을 청정하

게 보존하기 위해 육체의 쾌락을 피하고, (2)가 육체를 괴롭히는 이상으로 영혼(자기)을 괴롭히는 낭비를 피하는 것을 의도하는 것이라면 이 '리이변중도(離二邊中道)'란 영혼긍정설을 준비한 것이 된다. B단은 소위 '사고(四苦)'(①~②)와 '팔고(八苦)'('사고'+⑤~⑧)를 중심으로 '사성제'를 설명한 것이지만, 이 가운데 ①~⑦은 감각적으로 누구라도 싫어할 만하고 영혼긍정설로 향하는 것이 되기 때문에 이 점에서도 주의해 두고자 한다. 그러나 '무아설'에 입각하여 '오온'(⑧)을 볼 때에는 육체는 없으면 안 되는 것이며, 감수도, 개념구축도, 의욕도, 인식도 반드시 있어야만 하는 것이기 때문에 특히 인식 중의 의식에 의해서 '일체 법' 하나하나를 엄밀하게 분별하여 판단해 가는 것이 필요하다.

그러나 다양한 문제를 내포하면서도 '사제' 혹은 '사성제'가 불교 사상체계의 중추를 이루는 교의로서 확립되고 있었다는 것은 분명하다. 위 인용의 C단은 다음의 D단에서도 기술되고 있는 것처럼, 그 의미로 후세의 확립된 교의에서는 '삼전십이행상(三轉十二行相)'의 '사제'설로서 조직화되고 있다. 이 '사제'설은 사제의 각 (a)인지(認知)와 (b)당위(當爲), (c)완료라는 3단계의 진전(三轉)을 답습하면서 4×3=12의 12형태[十二行相]로서 파악하는 것이다. 이 '삼전십이행상(三轉十二行相)'에 관해서는 사제의 (a)인지(認知)를 견도(見道, darśana mārga), (b)당위(當爲)를 수도(修道, bhavanā mārga), (c)완료(完了)를 무학도(無學道, aśaikṣa mārga)로 간주하는 등 각종 해석이 있지만, 여기서는 생략한다.

또한 사제에 관한 '삼전십이행상(三轉十二行相)' 이외의 중요한 조직체계에는 '사제십육행상(四諦十六行相)'이라 불리는 것도 있다. 우선 이것에 대한 『구사론』「현성품」의 설명을 인용하면 다음과 같다.

(1) 고〔제〕를 네 개의 행상(行相, ākāra)에 의해 ①무상(無常, nitya)으로서 ②고(苦, duḥkha)로서 ③공(空, śūnya)으로서 ④무아(無我, anātman)로서 관찰한다.
(2) 집〔제〕를 네 개의 행상에 의해 ⑤인(因, hetu)으로서 ⑥집(集, samudaya)으로서 ⑦생(生, prabhava)으로서 ⑧연(緣, pratyaya)으로서 〔관찰한다〕.
(3) 멸〔제〕를 네 개의 행상에 의해 ⑨멸(滅, nirodha)로서 ⑩정(靜, śānta)으로서 ⑪묘(妙, praṇīta)로서 ⑫리(離, niḥsaraṇa)로서 〔관찰한다〕.
(4) 도〔제〕를 네 개의 행상에 의해 ⑬도(道, mārga)로서 ⑭여(如, nyāya)로서 ⑮행(行, pratipatti)으로서 ⑯출(出, nairyāṇika)로서 〔관찰한다〕.(대정장, 29권, 119항 중)

이들 '십육행상(十六行相)'의 각각에 관해서도 다양한 해석이 있어서 자세하게 기술하는 것은 불가능하지만, 그 실례로서 비교적 정리되고 있다는 관점에서 『구사론』「지품(智品)」의 다음 일설을 소개해 두고자 한다.

(1) 상(常, nitya)과 락(樂, sukha)과 아소(我所, ātmīya)와 아(我, ātman)에 사상(思想)을 행사하고 있는 것(dṛṣṭi carita)들을 배제하기 위해서 〔순차적으로〕 ①무상과 ②고와 ③공과 ④무아의 행상

이 있다. (2) 무인(無因, ahetu)과 일인(一因, eka hetu)과 전변(轉變, pariṇāma)과 각(覺)을 선행조건으로 하는 것〔(buddhipūrvaka, 일종의 인중유과론(因中有果論)〕에 사상을 행사하고 있는 것들을 배제하기 위해서 〔순차적으로〕 ⑤인(因)과 ⑥집(集)과 ⑦생(生)과 ⑧연(緣)의 행상이 있다. (3) 해탈은 존재하지 않는다는 사상을 행사하는 것들을 〔배제하기 위해서〕 ⑨멸(滅)의 행상이 있다. '해탈은 고이다.'라는 사상을 행사하는 것들을 〔배제하기 위해서〕 ⑩정(靜)의 행상이 있다. 정려(靜慮, dhyāna)의 즐거움은 묘(妙)라고 하는 사상을 행사하는 것들을 〔배제하기 위해서〕 ⑪묘(妙)의 행상이 있다. 해탈은 재삼(再三) 퇴각하는 것이며 결정적인 것은 아니라는 사상을 행사하는 것들을 〔배제하기 위해서〕 ⑫리(離)의 행상이 있다. (4) 도(道)는 존재하지 않는다, 이것은 잘못된 길이다, 다른 길이다, 다시 회전하는 길이다 라는 사상을 행사하는 것들을 〔배제하기 위해서 순차적으로〕 ⑬도(道)와 ⑭여(如)와 ⑮행(行)과 ⑯출(出)의 행상이 있다.(대정장, 29권, 137항 중-하)

그러나 각종 문제를 내포하고 있다고 하지만 '사제'의 교의가 불교 사상체계 중 중추를 이루는 것은 확실하며, 7세기의 위대한 불교사상가이자 불교논리학의 대성자인 다르마키르티도 그의 주저인 『기준론(基準論, *Pramāṇavārttika*, 量評釋)』「기준성립장(基準成立章, Pramāṇa siddhi)」 제145 후반송과 제146송에서, 이하의 '사제'의 논술에 앞서서 다음과 같이 기술한다.

〔세존의〕 구제란 자신이 깨달은 길을 설하는 것이다. 비진실은 불모

(不毛, 성과나 발전이 없는 것)이기 때문에 세존은 설하지 않으셨다. 자비 때문에 또한 타자를 위해서 모든 것을 실천하는 데 노력하시기 때문에 세존은 기준(pramāṇa)이 된다. 환언하면 구제란 사성제의 개진이다.

이 의미에서 우리들의 인식의 '기준'이 되는 세존의 언어를 우리들이 어떻게 받아들여야만 하는가에 관해서, 다르마키르티 이후의 불교논리학을 중시하는 인도나 티베트의 불교학자가 즐겨 사용한 논거가 아슈바고샤의 『불소행찬(佛所行讚)』 제25장 제45송과 일치하는 다음과 같은 송이다.

> 마치 연소에 의해, 절단에 의해, 연마에 의해서 금으로 제련되는 것처럼, 비구들이여! 배우는 자들은 음미하여 검토한 후 나(佛)의 말을 받아들여야 하지, 결코 숭배해서는 안 된다.

우리들에게도 또한 단순한 숭배에 의한 것이 아닌 '불설(佛說)'로서의 '사제'의 음미가 요구되고 있는 것이다.

4
유위와 무위

아쿠타가와 류노스케(芥川龍之介)는 『난쟁이가 하는 말』에서 「'이로와' 단가」라는 제목으로 다음과 같은 하나의 짧은 문장을 확인하고 있다.

우리들의 생활에 빼놓을 수 없는 사상은 아마도 '이로와' 단가에 다 표현되었을지도 모른다. 이 '이로와'의 노래는 (과거야 어떻든) 지금의 젊은 사람은 알지 못하지만, 얼마 전이라면 설명할 필요도 없었던, 다음의 노래를 말한다.

향기로운 꽃도 언젠가는 지고
우리가 사는 세상 무엇인들 영원하리.
덧없는 이 세상의 넘을 수 없는 심오한 산을 오늘도 넘어서
헛된 꿈을 꾸지 않으면 취할 일 있으랴.

예전에는 이 글의 작자가 홍법대사공해(弘法大師空海, 774~835)라고 알려진 적도 있지만, 이 노래가 금양조(今樣調)인 것으로 보아,

실제의 성립은 금양(今樣)이 유행한 헤이안(平安) 중기 이후가 될 것이다. 금양이라면, 고시라카와천황(後白河天皇, 1127~1192) 편찬으로 간주되는 『양진비초(梁塵秘抄)』가 상기된다. '이로와'의 노래 또한, 그 시대의 금양 형식을 전하고 있지만, 그 재원이 된 것은 아주 오래된 게송으로서 다르마라크샤나(曇無讖, Dharmakṣema) 역 『대반열반경(大般涅槃經)』 안에(대정장, 12권, 450항 상-451항 상) 있으며, 먼 훗날 '무상게(無常偈)' 혹은 '설산게(雪山偈)'라고 불렸던 다음과 같은 게(偈)다.

모든 것은 무상하다(諸行無常)
이것은 생멸하는 법이다(是生滅法)
생멸이 다한 후(生滅滅已)
적멸이 즐거움이다(寂滅爲樂)

이것과 일치하는 팔리 문장이나 산스크리트 게송도 팔리 경장 '장부(長部)'의 『대반열반경』 중의 1게송, 『우다나바르가』 제1장 제3송 등 다양한 문헌을 통해서 알려져 있지만, 여기에서는 후자의 산스크리트 원문과 그 번역을 제시해 두고자 한다.

anityā bata saṃskārā utpāda-vyaya-dharminaḥ
utpadya hi nirudhyante teṣāṃ vyupaśamaḥ sukham
실로, 제행은 무상하여, 생기고 멸하는 성질을 갖는 것이다.
대저, 생겨난 것은 멸하는 것이다. 그들의 적정(寂靜)이 되는 것이 즐거움이다.

그런데 '이로와' 노래의 재원을 산스크리트까지 소급하여 확인해 본 바, 이 1게송을 둘러싼 다르마라크샤나 역의 『대반열반경』 이야기(話) 자체를 조금 소개하고 싶다. 이 이야기는 7세기 중엽 일본 '옥충주자(玉虫廚子)'의 대좌를 마주 보고 좌측면에 묘사되어 있는 '사신문게(捨身聞偈)' 회화의 원형이 됐을 정도로 유명한 것이다.

그래서 우선 이 이야기가 전개된 장면 설정을 확실히 머리에 새겨 둘 필요가 있다고 생각한다. 당시는 제3장 제4절에서 언급한 것처럼, 불교가 '고행주의(苦行主義)'를 경유하여 '작선주의(作善主義)'로서 활황을 이루었다. 그 '작선주의' 안에서 가섭(迦葉)보살은 '제사장(ㄴ)'으로서의 불세존 앞에는 언제나 '시주(ㄱ)'로서 등장한다. 따라서 불세존은 가섭보살에 대해서도 그가 마치 재가보살이라도 되는 듯이 '선남자'로 부르고 있다. 한편, 가섭보살은 실재하는 붓다의 10대 제자 가운데 한 사람으로서 두타제일 마하가섭으로 그 모델이 구해지고 있는 것에서도 알 수 있듯이, 완전한 고행자로 묘사되고 있다. 하지만 제사장 붓다의 시주인 재가보살로서는 대승의 가르침에 '숭배와 공경의 4가지 연결된 말(崇敬의 四連語)'을 지니고 대처하고 있는 사람으로 묘사되고, 경전을 중시해 '가죽을 벗겨서 종이로 하고, 피를 뽑아서 먹으로 하고, 골수를 써서 물로 하고, 뼈를 꺾어서 붓으로 하는' 것처럼 경을 필사했다고 전해진다. 이것이 다음 순간에는 가섭보살이 붓다를 대신해서 스스로 '고행'을 행하는 '출가보살'로서 제사장이 되고, 바로 그 사람을 『대반열반경』과 함께 제사장으로 하여, '재가보살'인 시주인 우리들이 '숭배와 공경의 4가지 연결된 말'을 중요시하지 않으면 안 된다는 것을 시사하고 있는 것이다. 덧붙여서 말하면, 여기에 묘사되어 있는 '고행'적인 사경(寫經)이 먼 훗날의 '보시'에 준하는 것 같은 일반적인 '사경'의 정신적 지주로 되고 있는 것도 고려해 둘 필요가 있다. 이런 장면 설정 중에 불세존이 가섭보살에 대하여 듣게 되는 것이, 뒤에 '옥충주자'에도 묘사되는 '사신문게(捨身聞偈)'의 이야기인 것이다.

그 극 중의 극으로서 묘사된 장면은, 먼 옛날 화자인 붓다의 과거세에 붓다 자신이 아직 고행자로서 수행하고 있었던 때의 설산(himālaya) 산중이 배경이다. 거기서 정말로 진실한 고행자를 구하고 있었던 '신들의 주인인 샤크라(Śakro devānām Indraḥ, 釋提桓因)'가 등장한다. 이 샤크라는 자신의 자리를 고행자에게 빼앗길 것을 염려하고 있지만, 경전은 그 이유를 전혀 기술하고 있지 않다. 거기에는 어쩌면 소위 '천신(天, deva)의 다섯 쇠함'이라는 사정이 있었으리라고 생각된다. '천신의 다섯 쇠함'이란 천신에게 죽음이 가까이 왔을 때 나타나는 다섯 가지의 양상으로, 여러 가지 설이 있지만 『구사론』(현장 역, 대정장, 29권, 56항 하)에 의하면 ①의복이 더러워진다, ②머리 위의 꽃이 시든다, ③겨드랑이에 땀이 서린다, ④몸에서 악취가 난다, ⑤천자가 자신의 자리에서 즐겁지 않다는 것이다. 이것이 인도에서는 천신도 윤회전생 한다는 하나의 증거이지만, 경전은 이런 정황을 명기하지는 않는다. 그러나 시주로서 샤크라는 아마도 그 쇠미(衰微)의 징후를 느꼈기 때문에, 제사장으로서 진실한 고행자를 구할 필요가 있었을 것이다. 그런데 그가 진짜 고행자인가 어떤가를 확인하는 방법으로서 샤크라가 비유적으로 진술한 것이, 이 장의 앞 절 말미에서 다룬 아슈바고샤의 게송으로 표현되고 있는 것과 완전히 같은 금(金)의 확인 방법인 연소(燒), 절단(打), 연마(磨)인 것이다. 그러나 확인 방법이 같아도 앞에서는 붓다의 말씀(言葉)의 확인이고, 여기서는 고행자의 확인인 것처럼, 그 대상은 전혀 다른 것이고, 불교도 대상을 두 조로 구별한다고 하는 것에 어느 정도 주의를 기울여야 할 것이다.

그러나 어찌되었든 이와 같이 해서, 히말라야 산중 고행자의 진위를 확인하기 위하여 샤크라는 무시무시한 나찰(rākṣasa, 악귀의 일종)의 모습을 하고서 고행자 근처에 나타난다. 그리고 읊은 게송이 앞에서 인용한 1게송의 전반부인 '제행무상 시생멸법(諸行無常 是生滅法)'이다. 고행자는 그 의미를 이해하여 마음은 환희로 충만했고, 무슨 일이 있어도 그 게송의 후반부를 들어야겠다고 생각하여 주위를 둘러보았으며, 그 전반부의 게송을 읊은 것이 나찰이라는 것을 깨달았다. 고행자는 나찰에게 후반부를 독송해 주기를 원했는데, 이에 나찰은 조건을 내걸었다. 그 조건이란, 자신은 굶주림과 갈증으로 배가 고프며, 먹어야 하는 것은 인간의 부드러운 살뿐이고, 마시는 것은 인간의 뜨거운 피뿐인데, 만약 자신의 그 배고픔과 갈증을 채울 수 있다면, (고행자가) 원하는 것을 들어주겠다는 것이다. 그런데 고행자는 이에 기쁘게 응하려고 한다. 왜냐하면 '불견신(不堅身)을 버림으로써 견신(堅身)으로 바꾸는 것', 혹은 '불견신을 버리고 금강신(金剛身)을 얻는 것'이야말로 자신이 원하는 것이기도 하기 때문이다. 그런데 여기에서의 '견신'이나 '금강신'은 바로 불사의 영혼을 의미하기 때문에, 더럽혀진 육체를 버리고, 청정하고 진정한 영혼을 획득하기를 원한다고 한 고행자는, 그 소원 자체로 이미 진정한 고행자인 것이 된다. 그리하여 나찰은 후반부 게송인 '생멸멸이 적멸위락(生滅滅已 寂滅爲樂)'의 게송을 읊어주고, 고행자는 1게송 전체를 여기저기의 바위, 벽, 나무에 써 남기고 높은 나무로 올라갔다. 그리고 그 1 게송의 전정한 의미를 말하면서 '사신'의 공덕을 찬탄하고 나서, 나찰과의 약속을 이행하기 위해 나무 위에서 뛰어내렸지만, 그 순간 나찰은 샤크라의 모습으로 되돌아가 제대로 고행자의 몸을 받아 들고 평지에 '안치(安置, prati-ṢṬHĀ)'했던 것이다. 그 뒤 시주 '재가보살'인 샤크라는 제사장 '출가보살'인 고행자에게 악업을 불식시킬 수 있는 참회를 하고 나서 그 장소에서 물러났다. 경전은 전혀 언급하고 있지 않지만, 아마도 물러난 샤크라의 자리는 출가보살의 힘에 의해 편안하고 태평스럽게 되었음에 틀림없다. 이리하여 극 중의 극은 끝나지만, 이런 종류의 이야기는 일반적으로 옛날의 고행자는 지금의 불세존임이 분명하고 대화자인 가섭보살은 결국 제사장이 된다는 것이 암암리에 붓다에 의해 약속되면서 마무리된다.

한편, 이와 같은 '사신(捨身)' 이야기는 미담으로서 만들어졌기 때문에 그야말로 통속적인 감정에 강하게 호소하는 바가 있다. 위의 '사신문게(捨身聞偈)'뿐만 아니라, '옥충주자(玉虫廚子)'의 오른쪽 면에 묘사되어 있는 '사신사호(捨身飼虎)'라든가, 시비(śibi)왕이 몸을 해쳐서 비둘기를 구한 '사신구합(捨身救鴿)' 등이 특히 유행했지만, '사신(捨身)' 이야기는 영혼긍정설(靈魂肯定說)에 입각한 고행주의를 표명한 것이기 때문에 그것을 부정하는 불교와는 본래 친숙하지 않다. 그러므로 이런 종류의 이야기는, '남전'에서는 팔리 경장 '소부(小部)' 중 『자타카』에 통속적인 붓다의 전생담으로 기술되어 있고, '북전'에서는 통속적인 이야기가 만연한 대승경전이라든가 그것을 인용한 『대지도론』 등의 특정한 논서 이외에는 없다. 이와 관련하여, 이들 '사신' 이야기가 영혼부정설의 불교가 아니라 영혼긍정설의 힌디

주의에 어울린다는 것은 예를 들면 시비왕의 '사신구합' 이야기가 힌디문헌인 『마하바라타』 제3권 제130절 제16송~제131절 제32송으로 자연스레 받아들여지고 있는 것을 보면 알 수 있다.

앞의 '사신문게' 이야기가 '무상게(無常偈)' 혹은 '설산게(雪山偈)'라고 불린 것도, 이런 힌디적인 영혼긍정설로서 받아들여졌기 때문이라는 것이 훨씬 자연스러운 해석이다. 그러므로 '사신문게' 이야기의 고행자가 '불견신(不堅身)을 버림으로써 견신(堅身)으로 바꾸는 것'을 서원했던 것처럼, 상주이며 청정한 영혼이 무상이며 부정한 육체를 버리고 '해탈'하는 것이 문제의 1게송의 취지가 되고, 그것은 '무상'의 생멸이 '적정(寂靜)'으로 되어, '즐거움'이 되는 것, 즉 '유위(有爲)'의 심오한 산을 넘어 꿈조차 꾸지 않는 '적정(寂靜)'인 '무위(無爲)'나 '열반(涅槃)'의 세계에 이르는 것이다. 이것이 아쿠타가와가 '공포스러운 4개의 적'을 매우 쉽게 물리치게 해 주는 '우리들 생활에 빼놓을 수 없는 사상'이라 말했던 것이다. 또한 「입문 이전」의 제1절에 인용한 니체나 아쿠타가와의 문언(文言)과 관련지어 말하면, '무상'인 '유위'를 넘어서 '무위'나 '열반'에 이르는 방법이야말로 전자가 말하는 '원한의 정을 이겨내는' '위생학'과 다름이 없다. 또한 이것이 후자가 말한 "'동방의 인간'이 이 '위생학'을 무릇 열반의 위에 세우려 했던" 이유다. 다만 이 '무위'나 '열반'이 과연 불교적으로 바른 사상인가 어떤가 하는 것이 문제이다. 왜냐하면 '무위'나 '열반'은 청정한 영혼의 부정한 육체로부터의 '해탈'이라는 것을 의미하고, 그런 생각은 불교가 부정한 영혼긍정설에 입각해 있는 것이 되기 때문이다.

여기에서 솔직히 생각해 보면, '무위'나 '열반'이 불교가 부정한 영혼긍정설을 전제로 하고 있는 한, 그것은 비불교적인 사상일 뿐이라고 판단하는 것이 옳을 텐데, 유감스럽게도 불교에 '사신' 이야기가 유포되어 버린 것처럼, '무위'나 '열반'도 불교에 깊이 침투해 버린 것을 인정하지 않을 수 없다. 게다가 그런 경향은 이 장의 제2절 말미에서 인용한 『잡아함경』 제299경에도 이미 '유위(有爲)'의 '연기(緣起)'를 초월한 '무위(無爲)'의 '법성(法性)'으로서 드러난 것이지만, 설일체유부에 대항한 화지부(Mahīśāsaka)는 '법성'과 아주 유사한 '진여(眞如, tathatā)'를 '무위법'으로 새롭게 설정하여, 이것이 또한 먼 훗날 대승불교에서도 활발하게 사용되었다. 이상의 '무위', '열반', '법성', '진여'를 간단히 설명하는 것은 어렵지만, 감히 그것을 시도해 보기 위해서 '그림(장소의 그림 1)'을 이용해서 말하면, 이상의 4개 언어로 지시되고 있는 것은, 본질적으로는 인도 우파니샤드문헌에 의해 급부상했던 우주의 근본원리 '브라흐만(brahman, 梵)'이나 '아트만(ātman, 我, 靈魂)'과 같은 것으로, 그것은 상주하는 부동의 반석성(盤石性)을 의도하여 검게 칠해서 갈라지게 한 a의 원주에 해당한다. 그것은 우주와 마찬가지로 무한히 크게 펼쳐져 있을 가능성이 있지만, 반석부동(盤石不動)인 존재로서 존재하는 모든 것을 포함하는 것이라는 의미에서는 닫혀서 완결되어 있는 근본적인 '장소(prati-ṣṭhā)'이다. 이 '장소' 안에 안치되어 있는(prati-ṣṭhita) 존재하는 모든 것은 원주 안의 b이다. 거기에는 물질 내지 인간이 무수히 존재하고 있을 터이지만, 임의로 우리들 인간만을 3개의 작은 구슬로 표현하면, 그 작은 구슬에는 a와 본성상 같은 것인 검은 구슬의 '아트만'이 비본래적인 존재 방식으로 존재하며 그것을 둘러싼 육체에 의해 갇혀 있다. 아트만이 이 껍질을 찢어 버리고 본래적인 a의 '장소'에 귀환하는 것을 보여주는 것이, b와 a를 연결하는 선이다.

그렇기는 하지만, 불교가 '아트만'의 존재를 부정하고, 전체를 '법(法, dharma)'의 인과관계로서의 '연기(緣起)'라고 파악한 사상이라고 한다면, a와 같은 '장소'를 인정하는 사상은 불교에 반하는 것이라 하지 않으면 안 된다. 다만 현실적으로는, 사상적으로 가장 엄격했을 설일체유부에서조차도, 인과의 제약하에서 구성되어 있는 법으로서의 '유위법(有爲法, saṃskṛta-dharma)' 이외에, 그 제약을 벗어난 법으로서의 '무위법(無爲法, asaṃskṛta-dharma)'을 인정하지 않을 수 없었던 것이다. 무엇보다도 설일체유부에서는 '무위법'을 무제한으로 늘리려는 의도는 전혀 없이, 오히려 그것을 세 가지만으로 억제하려고 노력한 행적마저 명료하기 때문에 그런 공적은 높게 평가되지 않으면 안 된다. 그 세 가지란, 우선 제1은 문자 그대로 '장소'로서의 '허공(ākāśa, 공간)'으로, '물체의 운동이 행해지는 곳'이다. 제2는 '비택멸(非擇滅, apratisaṃkhyā- nirodha)'로, 이것은 지혜의 힘과는 관계가 없고, 단지 인연생기(因緣生起)의 조건이 결여되어 있기 때문에 생기는 것이 없고, 영원히 생기의 기회를 잃은 것을 하나의 '법'으로서 열거한 것에 지나지 않는다. 마지막 하나가 가장 중요한 '택멸(擇滅, pratisaṃkhyā-nirodha)'로, '택'이란 '법을 간택하는(dharma-pravicaya) 지혜(prajñā)'를 의미하고, 이것에 의해 '번뇌'를 하나하나 소멸해 가는 것을 '택멸'

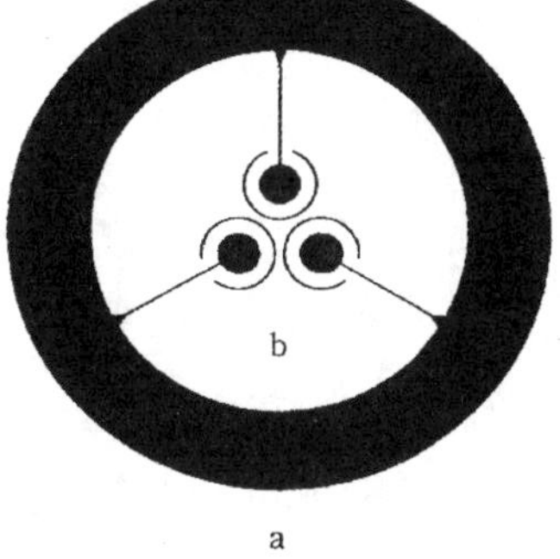

장소의 그림 1

이라 한다. 그런데 '열반(涅槃, nirvāṇa)'이란 '번뇌를 이탈하는 것'이라고 하는 의미에서 '해탈(mokṣa, vimukti)'과 같은 뜻이기 때문에, '법을 간택하는 지혜'와는 원래 관계가 없는 것이지만, '무위법'을 세 가지만으로 억제하려고 했던 설일체유부가 '열반'을 가능한 한 '택멸'로서 이해하려고 한 복잡한 사정에는 주의를 기울여 두고 싶다. 게다가, 이 부파 이외의 부파 즉 화지부 등 다른 부파 내지 대승불교가 받아들인 제법의 배후에 상정된 영원한 실재로서의 '제법의 본성'인 '법성(dharmatā)'이나 '진여(tathatā)'를 설일체유부가 단호히 거부했던 것의 사상적 의의는 아주 큰 것이었다고 말하지 않으면 안 되는 것이다.

그러나 그 설일체유부조차 불교의 사상적 기치를 안이하게 요약하여 제시할 때에는 선뜻 '열반'을 도입해 버리는 현상이 확인된다. 그 기치란 후세의 용어로 말해 '법인(法印, dharma-mudrā)'이지만, 설일체유부가 채용한 것은 『잡아함경』 제262경(대정장, 2권, 66항 중-67항 상)에도 보이는, ①일체행무상(一切行無常), ②일체법무아(一切法無我), ③열반적정(涅槃寂靜)이라는 유형의 삼법인(三法印)이다. 이것과 같은 것이 『대비바사론(大毘婆沙論)』에도 인용되어 있기 때문에(대정장, 27권, 45항 상), 이것이 설일체유부가 결정한 유형임은 분명하지만, '법인'이라고 하는 용어는 아직 사용되고 있지 않다. 현시점에서 '법인'의 최초의 사례로서 알려져 있는 것은, 아마도 설일체유부의 학승이자 시인이었다고 생각되는 마트리체타(Mātṛceṭa, 2~3세기경)의 『사백찬(四百讚, *Catuḥśataka*)』(별명 『칭찬해도 마땅한 것의 칭찬송(Varṇārhavarṇastotra)』) 중에 다음과 같은 1송이 있다.

5위 75법

일체법	유위법	색법	오근, 오경, 무표색	11법	75법
		심법	육식이지만 반드시 하나로 나타난다.	1법	
		심소법	대지법: 수, 상, 사, 촉, 욕, 혜, 염, 작의, 승해, 삼마지	46법	
			대선지법: 신, 근, 사, 참, 괴, 무탐, 무진, 불해, 경안, 불방일		
			대번뇌지법: 치, 방일, 해태, 불신, 혼침, 도거		
			대불선지법: 무참, 무괴		
			소번뇌지법: 분, 복, 견, 질, 뇌, 해, 한, 첨, 광, 교		
			부정법: 악작, 수면, 심, 사, 탐, 진, 만, 의		
		심불상응법	득, 비득, 중동분, 무상과, 무상정, 멸진정, 명근, 생, 주, 이, 멸, 명신, 구신, 문신	14법	
	무위법		허공, 택멸, 비택멸	3법	

"일체법은 무아이다. 일체행은 찰나멸(kṣaṇika)이다. 열반은 적정이다."라고 하여, 이 법인(dharma-mudrā)은 세 개의 특질로서 존재한다.

그러나 이것은 '법인'뿐만이 아니라 '무상'을 대신하여 '찰나멸'이 사용되고 있는 것으로 보아 후세의 것이라고 생각된다. 오래된 유형으로서는 '열반적정(적멸)'을 포함하지 않은 팔리계의 ①제행무상(諸行無常), ②일체개고(一切皆苦), ③제법무아(諸法無我)의 '삼상(三相)'이 사용되어야만 한다고 생각된다.

그런데 '무위법'을 도입해 버린 후, '유위'에서 '무위'에 걸친, 설일체유부의 가장 정비된 '일체법'의 체계인 '5위75법(五位七十五法)'을 도시하면 앞 페이지 표와 같다.

더구나 (위의) '일체 법' 중의 '유위법'의 인과관계를 이루는 '4연(四緣)', '6인(六因)', '5과(五果)'를 간단한 어구의 설명과 함께 도표로 제시하면 다음 페이지의 표와 같다.

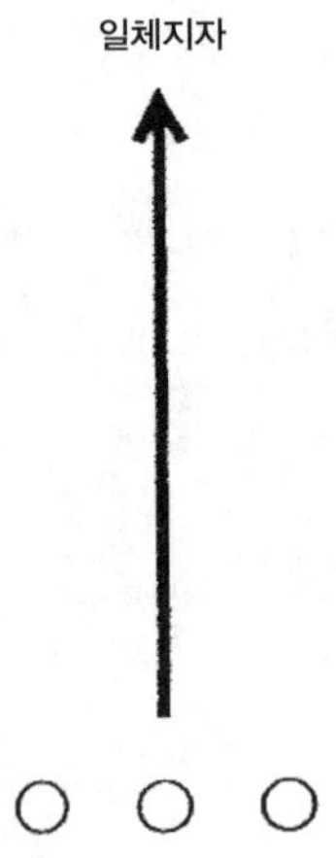

일체지자의 그림

한편, 실제로는 있을 수 없지만, '무위법'이라고 하는 것이 전적으로 도입되지 않았다고 한다면, 앞의 '장소의 그림 1'에 있어서 '장소'로서의 원주는 없는 것이 되기 때문에 원 안의 인간은 원주로 지탱되는 것도, 포함되는 것도 없이, 직접 '일체지자(一切智者)'로 대치하는 것이 되고 그것을 도시한다면 옆의 '그림'과 같을 것이다. 게다가 그 '일체지자(一切智者)'란, 『구사론』이 인용한(대정장, 29권, 155항 상) 다음과 같은 게송에 가깝다고 생각된다.

마치 불의 연속으로 인하여 능력이 있기 때문에 일체를 집어삼킨다

유위법의 인과관계

[4연]	[6인]	[5과]
• 증상연 (하나의 과에 대해 간접적 원인이 되고 있는 모든 뛰어난 연)	• 능작인 (생기에 즈음하여 잘 작용하는 간접적 원인)	• 증상과 ('뛰어난 결과'라는 의미이지만, 실제로는 위의 연과 인의 과인 것)
• 인연 (직접적 원인인 인이 연으로 되고 있는 것)	• 구유인 (동시에 서로 의존하여, 상호 간에 연으로 되는 것) • 상응인 (구유인 중의 심과 심소의 관계)	• 사용과 (힘이 센 장정의 강한 작용에 비유되는 인과 동시의 과)
	• 동류인 (동류의 법이 생기한 후에 짝이 되는 앞의 인) • 변행인 (동류인 중에서 특히 강력한 번뇌를 낳는 인)	• 등류과 (인과 같은 성질로서 생긴 결과)
	• 이숙인 (무기의 과를 이끌어 내는 선과 불선의 인)	• 이숙과 (선과 불선에서 생긴 무기의 결과)
• 등무간연 (연속 생기하는 심심소의 직전의 연으로서의 심심소)		• 이계과 (번뇌가 멸한 택멸의 의미)
• 소연연 (인식대상으로서의 연인 것)		

고 인정되는 것처럼 (붓다는) '일체지자'로 인정받을 만하다. 단박에 일체를 알기 때문에 일체지자인 것이 아니다.

제5장

불교사상의 전개

1
일음연설법

'일음연설법(一音演說法)'이란 뒤에서 상세하게 살펴보겠지만 부처는 다만 '일음(一音)'만으로 불교의 모든 '법'을 '연설'했다는 의미이다. 불교가 전개되어 가는 과정에서 이 사고방식만큼 불교를 유행하게 하고 핵심이 된 것은 없다고 생각될 정도이다. 이 사고방식이 얼마나 뿌리 깊은 것인가를 실감케 하기 위해서 일본 에도 중기의 도학자 나카자와 도니(中澤道二, 1725~1803)의 『도이옹도화(道二翁道話, 도이옹이 말하다)』에서 그 한 구절을 인용하고자 한다.

> 일체의 경은 마음의 일이다. 『아미타경』도 『대일경』도 『법화경』도 『열반경』도 그 무엇도 다른 것은 없다. 마음이 가장 중요한 것이다. 유도(儒道)라고 해도 마음의 일이며, 책도 마음이 쓴 것이며, 참으로 살아 있는 유도란 "삼(參)아! 나의 도는 하나로써 일관한다." 무엇을 일이관지(一以貫之)라 하는가? 본래 마음〔本心〕의 영명(靈明)한 생각으로 삿됨이 없는 마음(邪無心)이 삼천세계를 일관하고 있다는 것이다. 이것이 곧 마음의 일이며, 일체 서물의 한 글

자도 마음 밖의 일이 아니다. 모든 것이 다 마음의 일이다. 신도(神道)에도 『일본기(日本記)』, 『구사기(舊史記)』, 『고사기본의(古事記本義)』 그 밖에 신비한 모든 서물은 신의 일을 기록한 것이다. 참으로 신도란 마음의 일, 이것은 사견으로 말하는 것이 아니다. 신도는 유일하며, 하늘과 사람은 일치한다고 하는 것은 마음이 가장 중요하다고 하는 신의 가르침, 이것 이외에 신도는 없다. 혹은 삼교일치의 마음을 노래로 읊조리면,

기슭의 오르는 길은 많지만 산봉우리에 걸린 달을 보네.

큰 산기슭에 몇 개의 길이 있다. 어느 길로 올라가 보아도 다만 하나의 달, 그 하나의 달을 다양하게 이름을 붙여 즐거워한다. 호수의 달, 다고토(田每)의 달, 사라시나의 달, 무사시노의 달, 샘 속에 비친 달, 대야에 뜬 달, 물받이에 뜬 달, 개밥그릇에 뜬 달, 누에고치의 달까지 밧줄로 묶고 있는 곳이 본래의 참된 실상이라고 유일한 달만을 다툰다. 아아, 위를 향해서 보는 것이 좋다.

아주 그럴듯한 이야기가 이와 같이 면면히 이어져 오고 있지만, 여기에는 끔찍할 정도로 아무런 진실도 말하고 있지 않다. 원래 '일체경은 마음의 일'이란 누가 말한 것인가? 적어도 지금까지 이 책을 읽어 온 독자라면 불교란 '삼장(三藏)'이라는 의미에서 일체경(一切經)이라고 하는 것은 이해하고 있을 터이지만 그 경 · 율 · 론(經 · 律 · 論)이 이미 각각 그 성격을 달리하고 있음에도 불구하고, 그것이 모두 같은 하나의 '마음'이라고 하는 것은 그 어디에도 기술되어 있

지 않은 것 아닌가? 그렇기는커녕 나카자와 도니가 '신'과도 같다고 말하는 그 '마음'이야말로 불교가 '무아설'로써 부정하고자 한 저 애니미스틱한 영혼인 것은 아닌가? 그럼에도 불구하고 나카자와 도니는 불교도 이 '마음'을 인정하는 것처럼 말할 뿐만 아니라 불교 · 유교 · 신도 모두 이 동일한 하나의 '마음'으로 귀결된다고 자기 멋대로 주장하고 나서 자신의 사고방식에 동조하지 않는 자가 주장하는 말은 임의의 아무래도 좋은 것으로 결부시키고 있는 것이다. 다만 나카자와 도니를 일방적으로 질책할 수 없는 것은 불교 측에서 도니와 같은 사고방식을 제시한 사람이 없었던 것은 아니기 때문이다. 지금 도니가 말하는 '마음'은 앞의 장 제4절 속에서 '장소의 그림 1'과 함께 지적한 그 '장소'와, 모든 것은 그것으로 귀환한다는 의미에서 구조상 완전히 같은 것이라고 말할 수 있다. 그러나 같은 불교의 내부라면 그와 같이 '장소'를 거론하여 불교라고 주장하는 것은 바르지 않다고 비판할 때에는 논쟁이 성립할 것이지만, 언어를 경시하는 비불교도 도니가 사소한 논의를 하지 않고서(물에 비친 달이 아닌) 실제의 달을 '그저 위를 향해 보면 좋다.'라고 하는 것은 어이가 없을 정도이다. 도니의 이야기는 무책임함을 느끼게 하는 것이지만, 그 문제의 비유 대상인 '마음'을 의도한 능유(能喩)의 '달'은 얼핏 보면 위쪽에만 있는 것으로 그 '마음'도 '달'과 같이 위쪽에 있다. 따라서 '마음'도 앞 장 '장소의 그림 1'의 '장소'보다는 '일체지자의 그림'의 '일체지자'와 유사하다고 생각하여 '마음'을 위쪽으로 우러러보는 사람이 있을지도 모르지만 그것은 바르지 않다. 물론 '장소'이기 때문이라고 해도 원(圓)의 이미지에서는 위쪽으로 우러러 보는 바에서 한결같이 상관은 없지만, 같은 하나의 원주의 검은 근저인 '장소'

를 돌파하는 것은 위쪽으로도 아래쪽으로도 불가능하기 때문이다. 그렇지만 만에 하나라도 돌파하여 '일체지자'에 직접 대치했다면, 그 '일체지자'의 언어에 따라서 '자기'의 잘못을 바르게 하지 않으면 안 되기 때문에, 도니가 말하고 있는 것처럼 되지는 않을 것이다.

또한 『논어』의 애독자로서 위의 도니가 인용하는 『논어』의 한 구절 "삼아! 나의 도는 하나로써 일관한다(參乎 吾道一以貫之)."에 관해서 한 마디 언급해 두고자 한다. 그것은 『논어』「리인(里仁)」편에 의한 것이지만 그 한 구절을 훈독해서 제시하면 다음과 같다.

> 공자께서 말씀하셨다. "삼(曾子)아! 나의 도는 하나로써 일관한다." 증자가 말하였다. "예, 그렇습니다." 공자가 나가자 문인들이 증자에게 물었다. "그 하나란 무엇입니까?" 증자가 말하였다. "부자의 도는 충서(忠恕)일 뿐이다."

이것은 '나의 도는 하나로써 일관한다.'고 말한 공자와 그것에 대해서 '그렇습니다.'라고 한 증자의 문답의 진의를 알지 못했던 제자들을 향해서 그 하나란 '충서(忠恕)'라고 증자가 설명한 구절이다. '충서'란 성실함과 용서이며 한마디로 말하면 타인으로부터 배우고자 하는 겸허한 마음을 의미한다. 그 '충서'만으로 일관하고 있는 '도'(道)를 같은 『논어』「리인(里仁)」편을 통해 설명하면 그 바로 앞의 "아침에 도를 들으면 저녁에 죽어도 좋다."와 같은 의미이며 그 도는 유일한 바른 도가 아니면 안 된다. 어느 길을 가더라도 보는 것은 결국 같은 하나의 달이라고 하는 불성실한 답변은 결코 아닌 것이다. 이 『논어』의 '도'를 「입문 이전」의 제2절에서 '무지'를 아는 '지성'의 사례로서 『논어』 「위정(爲政)」편에서 인용한 세 문장의 사례와 비교해서 말하면, '배우되 생각하고' '생각하되 배우면서' 유일한 바른 길을 모색하고, 그렇게 하기 위해서는 '해로움만 있을 뿐'인 정도(正道)가 아닌 '이단(異端)'을 피하고, 아는 것은 안다고 하고 모르는 것은 모른다고 하며 더욱 배워 가야 한다. 그래야만 '충서'만으로 일관된 다만 하나의 '도'라고 하는 것이 된다. 그러므로 도니가 『논어』의 '일이관지'의 '하나'와 '다만 하나의 달'이나 '삼교일치'의 '하나'를 완전히 같은 것으로 다루는 것은 오해도 이만저만이 아니라고 말하지 않을 수 없다.

그런데 도니는 이시다심학(石門心學)의 시조, 이시다 바이간(石田梅岩)의 사상을 계승한 도학자이다. 바이간은 '형상으로 말미암은 마음'에 의해서 무사에게는 무사의, 상인에게는 상인의, 어버이에게는 어버이의, 자식에게는 자식의 도가 있다고 말한다. 나아가 빈천에 처해서는 빈천의 도가 있고, 부귀에 처해서는 부귀의 도가 있다는 것을 말한다. 도니는 바이간의 사상을 더욱이 통속적인 형태로 상류 무사계급을 시작으로 하는 에도 시기의 사회에 널리 보급시킨 인물이다. 그런데 내가 본절 서두에서 도니의 일절을 인용한 것은, 이 도니와 같은 사고방식은 결코 에도 시대의 도학자에게만 특유한 것은 아니며 양(洋)의 동서(東西), 시(時)의 고금(古今)을 불문하고 통속적이고 보편적인 사고로 생각되기 때문이다. 예를 들면 힌두교의 성전으로 간주되는 『바가바드기타』 제4장 제11송에는 다음과 같은 기술이 있다.

무릇 어떤 사람이 아무리 나(비슈누신의 권화로서의 크리슈나)에 가

> 깝다고 해도 내가 그들 모두를 구제하지 않는다. 바르타여! 사람들은 모든 점에서 나의 길을 따라야 하리라.

이것은 어떤 도(道)도 비슈누신의 권화인 크리슈나에 통해 있고, 사람들은 어느 누구라도 그 도를 따르면 구제된다고 말하기 때문에 앞의 도에 대한 이야기에서 도니가 인용한 "기슭의 오르는 길은 많지만 산봉우리에 걸린 달을 보네."라는 노래와 완전히 같은 취지인 것이다. 게다가 이것이 인도와 일본만의 일은 아니다. 자칭 영국의 기독교도라고 하는 현대의 종교 학자도 이 『바가바드기타』의 게송이야말로 여러 종교의 극적인 융화의 의미라고 선전할 정도이다. 또한 도니가 인용한 도(道)의 노래에 언급된 적도 없고 『바가바드기타』에도 언급된 적 없지만, 뿌리로부터 결속주의자(syncretist)인 학자나 지식인은 오늘날에도 여전히 많다.

그러나 이러한 종류의 사태가 어느 세대에도 반복되고 있는 데에는 불교 쪽에도 책임이 있다. 그런 관점에서, 여기서는 '일음연설법(一音演說法)'에 관해서 생각해 보고 싶다. 이 문제는 『대비바사론』에서 다음과 같이 논해지고 있다. 비교적 긴 구절이지만 생략이나 요약도 포함하면서 번역하여 그 전체를 일단 소개해 두고자 한다.

> 율장의 『약사(藥事)』에 다음과 같이 설해져 있다. "세존이 한때 사천왕(四天王, catvāro mahā rājāḥ)을 위해서 우선 인도 중앙의 언어(ārya vāc, 聖語)로 사성제를 설하였는데, 사천왕 중의 드리타라스트라(持國天, Dhṛtarāṣṭra)와 비루다카(增長天, Virūḍaka) 두 사람은 (세존이 설한 사성제를) 이해할 수 있었던 것에 반해, 비루파크샤

(廣目天, Virūpākṣa)와 바이슈라바나(多聞天, 毘沙門天, Vaiśravaṇa) 두 사람은 (세존이 설한 사성제를) 이해할 수 없었다. 세존은 그 두 사람을 가엽게 여겨 인도 변경의 언어(俗語)로 사성제를 'ene mene daṣphe daṇḍaṣphe(정확한 의미 불명)'라고 설했다. 그러자 두 사람 가운데 비루파크샤(廣目天王)는 이해할 수 있었지만 바이슈라바나(多聞天王)는 이해할 수 없었다. 세존은 그 한 사람을 가엽게 여겨서 믈레차어(mleccha, 비산스크리트, 野蠻語)로 'māṣā tuṣā saṃśāmā sarvatra virāṭhi(정확한 의미 불명)'라고 설했다. 그렇게 〔최후의 한 사람도 이해했기 때문에〕 사천왕은 전원 이해할 수 있었던 것이다.(위 율장 기재를 기점으로 다음 각종의 문제와 해석이 제시되지만, 이하의 분절은 기호와 함께 필자가 잠정적으로 부가한 것이다.)

(1) 부처님은 인도 중앙의 언어로 청중을 모두 이해시킬 수 있는가 하는 것에 관하여 (a) 만약 그렇다고 한다면 다른 두 천왕은 왜 그 언어로 이해할 수 없었던 것인가, (b) 이해할 수 없다면 다음과 같은 송을 어떻게 해석해야만 하는가?

부처님은 일음(一音)을 가지고 법을 연설하는데 중생은 부류에 따라 각각 이해를 하고서 모두 말하기를 세존은 그 중생의 언어로 똑같이 다만 나만을 위하여 각종 뜻을 설하신다.

〔이 송은 다음과 같이 해석해야만 한다.〕 '일음'이란 이 경우 산스크리트어의 의미이지만 청중이 중국인(Cina)이라면 중국어로, 타카인(Ṭakka)이라면 타카어로, 그리스인(Yavana)이라면 그리스어로,

드라비다인(Draviḍa)이라면 드라비다어로, 말라바인(Mālava)이라면 말라바어로, 카사인(Khāṣa)이라면 카사어로, 투카라인(Tukhāra)이라면 투카라어로, 바칼인(Bākhal)이라면 바칼어로 대처하여 모든 청중을 이해시킨다는 것은 말할 것까지도 없다. 게다가 언어의 문제뿐만 아니라 내용적으로 탐욕이 강한 사람에게는 부정관(不淨觀)을 설하고, 노여움으로 똘똘 뭉친 사람에게는 자비관(慈悲觀)을 설하고, 지성을 결여한 사람에게는 연기관(緣起觀)을 설하는 등 부처님은 법을 설하지만, 그것을 표현상 부처님은 인도 중앙의 언어로만 사성제만을 설하여 모든 청중을 이해시키는 것이 가능하다고 말하고 있는 것이다.

(2) 그렇다면 왜 4천왕 중의 비루파크샤와 바이슈라바나는 인도 중앙의 언어를 들어도 이해할 수 없었던 것인가? 청중 의향의 차이에 의거하기 때문이며 앞의 두 사람(드리타라스트라와 비루다카)은 인도 중앙의 언어라면 들으려고 생각하며, 비루파크샤는 인도 변경의 언어라면 들으려고 생각했으며, 바이슈라바나는 물레차어라면 들으려고 생각했기 때문에 부처님은 그들의 의향에 따라서 그렇게 한 것이다.

(3) 또한 부처님은 인도 중앙의 언어밖에 알지 못하는 것은 아닌가라고 의심할 수 있기 때문에 부처님은 청중의 의향에 응하여 어떠한 언어로도 말할 수 있다는 것을 시사하기 위해 사천왕에게 이렇게 말했던 것이다.

(4) 또한 부처님은 불변형(不變形)의 언어를 원하는 사람에게는 전변형(轉變形)의 언어가 아니라 불변형의 언어로, 전변형의 언어를 원하는 사람에게는 불변형의 언어가 아니라 전변형의 언어로 설명

하기 때문에 부처님은 3종의 언어에 의해서 사천왕에게 사성제를 설한 것이다. 〔'불변형의 언어'와 '전변형의 언어'의 차이는 산스크리트와 같은 아어(雅語)와 그렇지 않은 속어(俗語)의 차이는 아닌가 생각되지만 정확한 것은 필자도 알 수 없다.〕

(5) 또한 어떤 자의 주장에서는 "부처님은 일음(一音)을 가지고 사성제를 설했다고 해도 모든 사람을 이해시킬 수는 없으며, 부처님이 아무리 자유자재한 초월적인 힘을 가지고 있다고 해도 어떻게 해도 가능하지 않는 사람에 대해서는, 귀로 사물을 볼 수 없고 눈으로 소리를 들을 수 없는 것처럼, 이해시키는 것은 불가능하다." 고 말하지만, 이것과 앞의 송을 어떻게 타협 지을 것인가라는 문제에 관해서는 그다지 염려할 필요가 없다. 왜냐하면 그 송에서 기술되고 있는 것과 같은 것이 불전인 삼장에는 설해져 있지 않기 때문이다. 일반적으로 부처님의 일을 찬탄하는 송은 수사학이어서 언어는 대개 사실에서 벗어나 있다. 예를 들면 "세존의 마음은 항상 선정에 있다."라든가 "부처님은 항상 잠자지 않는다."라고 수사적으로 말한다. 〔그러나 실제로는 선정을 중단한다든지 수면을 취한다든지 하는 것이 당연한 것 같다.〕 그러므로 타협을 하는 듯한 해석은 전혀 필요하지 않다.

(6) 또한 여래 설법의 소리는 그것을 듣고자 하는 사람의 언어에 의해서 그것을 모국어로 하는 사람보다도 더 뛰어난 방식으로 행한다든지 한다. 위에서 기술한 중국어를 비롯하여 바칼어 등의 경우에서도 그러하다. 앞의 게송은 그것을 언표한 것이라 생각된다.

(7) 부처님의 설법 소리는 극히 부드럽고 신속하게 발화되는 것이기 때문에 중국어 다음으로 타카어, 타카어 다음으로 그리스어, 차

례로 바칼어에 이르러서도 그 속도 때문에 듣는 사람에게는 일시로 듣는 것, 마치 선화륜(旋火輪, 횃불을 돌리면 마치 불이 타고 있는 바퀴처럼 보이는 것)의 바퀴가 없는데도 바퀴가 있는 것처럼 보이는 것과 같다. 앞의 송은 그것을 표현하고 있다고도 볼 수 있다.

(8) 또한 여래의 언음(言音)은 다양하지만 유익하다는 점에서는 같기 때문에 일음(一音)이라고 설해지고 있는 것이다.(현장 역, 대정장, 27권, 410항 상-하, 구역, 대정장, 28권, 306항 하-307항 중)

이상 『대비바사론』의 기술은 인용 가장 끝부분의 해석(8) 이외는 425년에 중국의 양주(涼州)에 들어갔다고 여겨지는 부타발마(浮陀跋摩)의 구역(舊譯)에서도 거의 확인되는 것으로 특히 거기에 인용되는 율장의 사천왕 이야기는 북서인도에서 4세기 말까지는 완전한 형태로 유포된 것으로 생각된다. 그 사천왕은 순차적으로 동남서북을 대표하기 때문에 동과 남, 게다가 인도 중앙의 언어와 결합된 드리타라스트라와 비루다카 두 사람이 불교 마가다 기원설의 흔적을 이끄는 것처럼 보이지만, 서와 북의 인도 변경 언어와 결합된 비루파크샤와 바이슈라바나로 상징되는 북서인도 쪽이 불교의 실질을 담당했다는 것은 이미 살펴본 그대로이다. 또한 인용 중에 예로서 제시되는 각종의 언어로부터 판단해도 교역로에 의해서 북서인도에 집결한 것은 재산의 신 바이슈라바나로 상징되는 거부(巨富)뿐만 아니라 각종 민족도 있었다는 것이 당시 문화의 활황과 함께 상상될 것이다. 게다가 이와 같은 지역의 전통적 불교 교단의 승원을 거점으로 하여 율장이나 대승경전에 보이는 '일음연설법'적인 통속적인 이야기가 지어져 유포되었던 것이다.

그러나 설일체유부는 위의 인용 중의 해석(5)에 명언되고 있는 것처럼 통속적 이야기를 '삼장'으로서는 결코 인정하지 않으려는 것에 주목하고 싶다. 다만 다른 한편으로는 어디까지나 그 통속성을 수사학으로서 누르고 나서 '일음(一音)'에 관해서는 '일체지자(一切智者)'인 부처님의 언어를 정확하게 타언어로 전달하는 것은 가능하다고 하는 '번역가능론'에 입각하여 인용의 해석 전반에 걸쳐서 그러하지만, 특히 해석(6)에 현저한 것처럼 '일체지자'로서의 부처님의 언어능력을 탁월성으로서 해석하고 있는 것은 극히 중요한 것이라고 말할 수 있다. 왜냐하면 통속적인 이야기대로라면 '일음(一音)'은 도니(道二)의 '달'이나 '마음'과 같은 '하나'가 되어 버리기 때문이다. 따라서 그것은 '장소의 그림 1'의 '장소'와 같은 것이지만, 설일체유부의 해석에 의한 '일음'은 부처님의 언어를 매개로 하여 '일체지자의 그림'에서 제시한 '일체지자'를 지향하는 '신앙'의 육성(育成)임이 틀림없기 때문이다.

2
소승과 대승

앞 절 후반에 제시한 『대비바사론』의 일단에 의해서 설일체유부(說一切有部)라는 가장 전통적인 불교 교단에서도 '일음연설법(一音演說法)'이라는 송으로 대표되는 '언어는 대개 실로 지나치게 수사적이고 통속적인 삼장(三藏)이 아닌 이야기가 유행했다. 이를 통해 그것을 논의의 대상으로 하지 않을 수 없는 상황이 되었다는 것을 추측할 수 있지만, 실은 이 수사적이고 통속적인 이야기야말로 대승경전에 다름 아닌 것이다.

또한 이 문제에 관한 것으로서 제2장 제4절에서 '삼장'이 언급되었을 때, 불교의 발전에 적극적으로 관련을 맺고 있는 것은 율장(律藏)과 논장(論藏)이며, 경장(經藏)은 교단의 권위하에 변경을 허용하지 않고서 전승되어 가는 것이라고 말하면서, '비불설(非佛說)'이라 하여 '삼장'이 아닌 '대승경전'을 만약 역사적 사실로서 당연히 경장에 포함되는 것으로 해 버린다면 "경장은 불교의 발전에 전혀 관계가 없기는커녕 어떤 측면에서는 불교의 발전 그것이라고 말할 수 있다."라고 다른 쪽에서는 기술해 두었지만, 여기서는 실로 그 다른 측면을 다루는 것으로 한다.

그런데 전통적 불교 교단과 같이 '삼장'이라는 성전의 전통적 틀에 얽매이지 않는다면, '대승경전'이란 교단이 정식으로 증광을 인정하였다고 여겨지는 율장 중 여러 규칙제정을 수반하는 우스운 인연 이야기나, 경장이라고 하지만 난외(欄外)라고도 말할 수 있는 소부(小部) 가운데 『자타카』 등의 통속적인 이야기를, 경전의 요소는 누르면서 '언어는 대개 실로 지나친 이야기로서 다소 글재주가 있는 출가자들이 부연하여 창작한 것으로 추측된다. 이들의 창작은 불교 '사상'을 중히 여겨 '사상'의 문제는 아비다르마의 논장으로서 구축되어 가지 않으면 안 된다고 생각한 논사들에게는 논쟁의 근거라고도 할 수 있는 경장으로서 승인할 수 없었던 것이었다. 하지만 그 너무나 완고한 전통 묵수(墨守)의 태도가 불교의 대중화를 의도하는 '대승경전' 창작자인 동료 출가자들로부터 따돌림을 당하고 혐오와 비난을 받고서 '소승(小乘, hina yāna, 열등한 수레)'으로 폄칭(貶稱)되었던 것이다. 여기에 '소승'이라는 호칭의 유래가 있지만, '대승(大乘, mahā yāna, 위대한 수레)'이란 소승에 대항하여 자신이야말로 위대하며 뛰어난 것이라는 미칭(美稱)으로서 스스로 채용한 것이기 때문에 극히 감정적인 의도가 개입된 호칭이라고 하지 않으면 안 된다. 그 의미에서 반드시 학문적으로 세련된 용어라고는 말할 수 없는 '대승'이지만, '제식주의'와 '고행주의'를 경유하면서 부활했다고 말해야 할 '작선주의', 특히 북서인도의 전통적인 불교 교단에서 삼투와 보조를 함께하면서 융성하게 창작되고 있었다고 생각되는 '대승경전'의 수사성이나 통속성이나 대중성은 그것 자체로 기피되어야 할 것이 아니며 불교의 대부분 사람들에게 문호 개방이라는 점에서는 오히려 환영받아야 한다고 말할 수 있을지도 모른다. 왜냐하면 불교는 다른 인도의 종교나 사상과 비교하면 처음부터 폐쇄적이지 않고 개방적이어서 석존의 가르침도 수사성이나 통속성이나 대중성을 갖추고 있었다고 말할 수 있기 때문이다.

석존의 10대 제자 가운데 한 사람인 우팔리는 원래 샤키야족의 하급관리인 이발사라고 여겨지지만, 석존의 말씀은 그에게도 이해가 되었던 것이며 불교에 출가하는 것은 우팔리에 한정되지 않고 출신에 관계없이 허용되었다고 전해진다. 이발사 출신인 우팔리가 당시 확립되어 있었던 '사성제도(四姓制度)'(제2장 제1절) 속에서는 ③서민에 속했던 것인가 아니면 ④노예에 속했던 것인가는 반드시 확정할 수는 없지만, 『현우경(賢愚經)』 제23화 「출가공덕시리비제품(出家功德尸利苾提品)」에서는 나이가 100세나 된 슈리바디(Śrivaddhi, 尸利苾提, 福增)도 출가가 허용되었다고 하는 이야기 가운데 우팔리는 하예제분인(下穢除糞人, 분뇨처리업)인 니다(Nidha, 尼提)와 함께 삭발천인(削髮賤人)이라고 기록되어 있기 때문에 ④노예에 가깝게 간주되었을 것이다. 또한 출가자 수니타(Suīta)는 팔리 「소부」의 『테라가타』 제620송에 "나는 천한 가계(nīcakula)에서 태어났다."라고 술회하고 있기 때문에 이 경우는 ④노예였다는 것이 확실하다고 생각된다. 더욱이 출가자 우파카(Upaka)는 원래 아지바카교(Ājīvaka, 邪命外道)의 집장고행자(執杖苦行者, laṭṭhihattha)였지만, 그 뒤 사냥꾼(miga luddaka)의 누이 차파(Cāpā)의 남편이 되어 함께 사냥을 했는데, 뒤에 석존의 말씀을 듣고 인연을 얻어 출가했다. 아내도 그 뒤에 출가하여 비구니가 되었다. 하층계급 출신으로 비구니가 된 여성도 불교에서는 상당히 많이 알려져 있다. 특히 유명한 예로서는 ④노예가 아니라

③서민이지만 빈민 출신의 크리샤가우타미(Kṛśāgautamī, Kisagotamī)나 창부 출신의 암라팔리(Āmrapālī, Ambapālī)가 있다. 전자는 자식을 잃고 그 자식의 주검을 안고서 살릴 수 있는 약을 구하려고 미친 듯이 거리를 헤매었는데 석존에게 "아랫마을에 가서 지금까지 사람이 죽어나간 적이 없는 집을 찾아 겨자씨를 얻어 오면 아들을 살려 주겠다."라는 말을 듣고 그와 같은 집이 없다는 것을 앎과 동시에 무상도 이해하여 출가했다고 여겨지는 것으로 유명하다. 후자는 큰 상업도시 바이샬리에서 태어났지만 어린 시절에 교외에 버려져서 오랫동안 창부로 살았고 그 미모 때문에 이름은 근린 각지에 알려져 있었다. 그는 도시의 번영에도 기여한 다음 석존에 귀의하여 불교 교단에 자신의 소유지인 암라팔리숲(Āmrapālī vana)을 기진(寄進)한 것으로 유명하다.

다만 이와 같은 예는 불교의 문호가 하층신분 사람들에게도 열려 있었다는 것을 시사하고 있을 뿐 불교가 하층민을 위한 종교였다는 증거가 되는 것은 아니다. 실제로 말하면 불교의 출가자나 재가신자로서는 서민이나 노예보다는 바라문이나 왕족 출신자가 압도적으로 많았다. 그러나 그렇다고 해도 사성(四姓)제도가 확립되어 있었던 당시의 상황을 감안한다면 불교가 서민이나 노예에 대해서도 전혀 폐쇄적이지 않았다는 것은 높이 평가해도 좋을 것이다. 그런데 그 사성 평등을 기술한 경전으로 유명한 것이 팔리 「중부」 제84경의 『마두라경(*Madhura sutta*)』과 그것에 상당하는 북전의 『잡아함경』 제548경이다(또한 다른 경전이지만 유사한 것으로서 팔리 「중부」 제93경, 한역 『중아함경』 제151경도 참조). 여기서 그 경전의 일부를 보다 간결하고 고풍스러운 형태를 보존하고 있다고 생각되는 후자에 의거하면서 전자의 팔리어를 매개로 산스크리트어를 상정하여 아래와 같이 번역해 두고자 한다. 또한 이것은 마투라(Mathurā, Madhurā, 摩偸羅)의 왕 아반티푸트라(Avantiputra, 西方王子)가 부처님의 10대 제자 가운데 한 사람인 마하카티야야나(大迦旃延)에게 질문하고 답하는 형식을 취한 것이다.

왕이 마하카티야야나 존자에게 물었다. "바라문은 자기 자신이야말로 최상이며 다른 세 성은 하열(下劣)하며, 자신은 백색인종이며, 다른 사람은 흑색인종이다. 바라문은 청정하지만 비바라문은 그렇지 않다. 바라문만이 브라흐만에서 태어난 존재이며, 입에서 태어난 존재이며, 브라흐만에 의해서 창조된 것이며, 바라문만이 브라흐만의 상속자라고 말씀하셨지만, 마하카티야야나 존자여! 이것에 관해서 어떻게 생각합니까?" 마하카티야야나 존자는 마투라왕에게 답했다. "왕이시여! 그것은 다만 세간의 주장에 지나지 않습니다. 세간에서는 바라문이야말로 최상이며 다른 세 계급(姓)은 하열하다, 바라문은 백색인종이며 다른 것은 흑색인종이다. 바라문은 청정하지만 비바라문은 그렇지 않다. 바라문만이 브라흐만에서 태어난 것이며 입에서 태어난 것이며 브라흐만에 의해서 창조된 것이며 바라문만이 브라흐만의 상속자라고 말하지만, 왕이시여! 행위야말로 진실이며, 사람의 참모습은 행위에 의한 것입니다." 왕이 마하카티야야나 존자에게 말했다. "말씀이 너무 간략하여 저로서는 알기가 어렵습니다. 가능하다면 조금 쉽게 말씀해 주십시오." 마하카티야야나 존자는 답했다. "그렇다면 저는 질문하신 대로 그것에 따라서 답해 보겠습니다. 왕이시여! 당신은 바라문 왕으로서 자신의 영지를 지배하고 계시지만 바라문이나 왕족이나 서민이나 노예〔다만 한역에서는 순차적으로 거사(居士)와 장자(長子)로 되어 있고 내용적으로 새로운 후대의 요소가 인정되고 있기 때문에 여기서만은 팔리를 우선케 하고 통상의 사성이라 함〕라는 4종의 사람들(사성)이 모두 당신의 휘하에 와서 재산과 힘에 의해서 그 호위가 되어 일찍 일어나고 늦게 잠자고 하는 사령에게도 모두 뜻대로 따라주겠습니까?" 왕은 "뜻대로 따라주겠습니다."라고 답했다. 〔그러자 마하카티야야나 존자가〕 다시 말했다. "〔당신은 ①바라문이 왕이 된 경우이지만 그 밖에〕 ②왕족이 왕이 되며, ③서민이 왕이 되며, ④노예가 왕이 되어 자신의 영지를 지배한 경우에 지배하의 사성이 모두 그 휘하에 와서 재산과 힘에 의해서 그 호위가 되어 일찍 일어나고 늦게 잠자고 하는 사령에게도 모두 뜻대로 따라주겠습니까?" 왕은 "뜻대로 따라주겠습니다."라고 답했다. 〔그러자 마하카티야야나 존자가〕 다시 말했다. 왕이시여! 이와 같이 사성은 모두 다 평등(sama sama)합니다. 어떠한 차별(nānā karaṇa)도 없습니다. 왕이시여! 사성(catvāro varṇāḥ)의 성은 모두 다 평등하며, 어떠한 특수한 차별도 없다고 알아야만 합니다.(대정장, 2권, 142항 상-중, 이하 생략)

이 경전의 무대로 중인도와 북서인도의 경계라고 해야 할 마투라가 선택되고 있는 것도 나에게는 무엇인가 암시적인 것이 느껴지는 바이지만, 이 평등관은 기원 전후의 북서인도를 중심으로 하여 그 이후의 시대에 깊게 삼투하고 있었던 것으로 생각된다. 그런데 그 평등관이란 사성 그것을 부정하는 것이 아니라 노예도 왕이 되고 사성이 평등하게 국정에 조력할 수 있다고 하는 정도의 것밖에 없지만, 사람의 참된 모습은 사성제도의 출생에 의한 것이 아니라 행위[業]에 의한 것이며 그 업에서 평등하다고 하는 것에는 역시 불교적인 '자업자득(自業自得)'의 사고가 있다고 평가하는 것이 가능하다. 그 '자업자득'의 상세한 것은 앞에서 인용 부분 이하에 기술되고 있지만, 요점을 말하면 십불선업도(十不善業道, daśa akuśala karma patha, 十不善業跡)를 행하는 자는 악취(惡趣)에 태어나고 십선업도(十善業道, daśa kuśala karma patha, 十善業跡)을 행하는 자는 선취(善趣)에 태어난다고 간주된다. 십불선업도란 ①'살아 있는 것을 죽이는 것(殺生, prāṇātipāta)', ②'남이 주지 않는 것을 취하는 것(不與取, adattādāna)', ③'삿된 욕망의 행위(欲邪行, kāma mithyā)', ④'헛되고 속이는 말(虛誑語, mṛṣā vāda)', ⑤'이간질하는 말(離間語, paiśunya)', ⑥'거친 말(麤惡語, pāruṣya)', ⑦'교묘하게 꾸며 도리에 어긋나는 말(雜穢語, saṃbhinna pralāpa)', ⑧'탐욕(貪, abhidhya)', ⑨'성냄(瞋, vyāpādā)', ⑩'삿된 견해(邪見, mithyā dṛṣṭi)'이며, 십선업(十善業)이란 이상의 역이다. 이들 가운데 ①, ②, ③은 신업(身業, kāya karman), ④, ⑤, ⑥, ⑦은 어업(語業, vāk karman, 口業), ⑧, ⑨, ⑩은 의업(意業, manas karman)으로, 합하여 신어의(身語意)의 삼업(三業)이라고 말한다. 이와 같은 의미에서 출생에 의하지 않고 10개의 선업에 따라서 평등하게 선악취(善惡趣)에서 태어난다고 하는 것이 여기서의 평등관이다. 그러나 이 '자업자득'이 불교의 '무아설'을 잊고서 힌두주의적 영혼긍정설에 입각해 버리면, 그 업불멸(業不滅)의 사고도 제6의식이 법을 인식하는 지성으로서 존속한다고 하는 것이 아니라, 일거에 영혼으로서 존속한다는 사고가 되어 버린다. 대승경전은 이 통속적 영혼관에 '보살'의 관념이 결부되어 끊임없이 창작되어 간 것으로 볼 수 있지만, 대승에 앞선 통속적인 보살관을 팔리 『자타카』 제316 이야기 중의 유명한 달로 묘사되고 있는 '토끼 자타카'에 관해서 살펴보자. 우선 '보살(菩薩, bodhi sattva, bodhi satta)'의 의미에 관해서는 여러 설이 있지만, 나는 '깨달음(bodhi)을 지향하여 수행하는 영혼(sattva, satta)'의 의미로 취한다. 팔리에서는 그것이 성불하기 전의 석존에만 적용된다고 이해하는데, 이런 이해도 가능하다고 생각하기 때문에 이하에서도 그 의미로 사용한다. 이 '토끼 자타카'에서는 그러한 의미에서의 보살이 토끼(śaśa, sasa)의 태(胎, yoni)에 태어나서 다른 세 필의 동물과 함께 숲에 머물고 있지만, 신성한 만월(滿月)의 포살(布薩, uposatha)일이 되는 것을 알고 당일은 재계를 지키고 타자에게 포살을 하지 않으면 안 된다고 다른 세 필에게 교설하고 자신은 사신(捨身, 몸을 버림)을 결의한다. 거기서 네 필을 시험하려고 바라문의 모습으로 변한 샤크라가 나타나고 차례로 시험하여 최후에 토끼의 차례가 될 때 토끼는 불속으로 뛰어들어 버린다. 샤크라는 사신(捨身)의 보시 결의가 진짜인 것을 알고서 토끼를 구제하고 그 공덕(guṇa)을 영원히 기념하기 위해 달 표면(candra maṇḍala, candra maṇḍala)에 토끼의 모습을 그렸다고 한다. 이것이 이 이후 달이 '토끼를 갖는 것(śaśin, sasin)'이라 불리게 되는 유명한 이야기이다.

대승경전에서는 이와 같이 스스로 '사신(捨身)'을 실행할 수 있는 고행자적 '보살'이 '출가보살'이라고 간주된다. 게다가 '다불사상(多佛思想, 복수의 부처를 전제로 하는 설)'의 성립과 함께 '출가보살'은 성불 이전의 석존만이 아닌 복수설로 생각되는 한편, 재가신자도 십선업도(十善業道)에 의해서 쉽게 '성불'할 수 있다고 생각되었기 때문에 '성불' 이전의 재가보살로서 그 '재가보살' 역시 복수설로 생각되었던 듯하다. '재가보살'은 십선업도를 완성해야 할 '출가보살'에 대해서 '보시'를 필두로 하는 '육바라밀(六波羅密, ṣaṭ pāramitā)', '사섭사(四攝事, catvāri saṃgraha vastūni)' 등의 덕목을 실행하는 것이 찬미되었던 것 같다. 육바라밀(六波羅密)이란 여섯 개의 '완성(pāramitā)'이라는 의미로 ①보시(布施, dāna, 기진), ②지계(持戒, śīla, 습관), ③인욕(忍辱, kṣānti, 인내), ④정진(精進, vīrya, 용감), ⑤선정(禪定, dhyāna, 명상), ⑥지혜(智慧, prajñā, 지성)의 완성을 의미한다. 한편 '사섭사(四攝事, 사섭법)란 네 개의 '지원의 기반(saṃgraha vastu)'이라는 의미로 ①보시(布施), ②애어(愛語, priyākhyāna, 좋은 말), ③이행(利行, artha caryā, 이익이 되는 행위), ④동사(同事, samānārtha, 이익을 공유하는 것)를 의미한다. '재가보살'에 대해서 이상의 덕목이나 그것들과 비슷한 덕목을 찬미하는 것이 특히 초기의 대승경전이었다고 간주할 수 있다.

초기 대승경전이란 나가르주나에게 귀속되는 『대지도론(大智度論)』에 인용, 연관되어 설해진 것 등에 의해서 3세기 중엽 이전에는 성립했다고 생각되는 아래와 같은 경전군이다. 일반적으로 다음 네 개의 군이 대표적인 것으로 여겨진다.

A 반야경전군(般若經典群): 육바라밀 중에 특히 '반야바라밀'과 그 지혜에 의해서 관찰되어야 하는 '공(śūnya)'을 강조하는 방대한 경전군이다. 각종 계통이 알려져 있지만 『팔천송반야(八千頌般若, *Aṣṭasāhasrikā prajñāpāramitā*)』(『소품』)계와 『이만오천송반야(二萬五千頌般若, *Pañcaviṃśatisāhasrikā prajñāpāramitā*)』(『대품』)계가 유명하다. 전자가 오래되었지만 보다 오래된 단일 경전 중에는 『금강반야(金剛般若, *Vajraccedadikā prajñāpāramitā*)』가 중요하다. 바이샬리를 무대로 하

여 비말라키르티(維摩) 거사를 주인공으로 한 특이한 경전 『유마경(維摩經, *Vimalakīrti nirdeśa*)』도 이 군으로 설명되는 경우가 있다.

B 법화경전군(法華經典群): 이것은 군이라기보다는 단독 경전인 『흰 연꽃과 같은 바른 법(*Saddharmapuṇḍarīka*)』을 가리킨다고 해야 할지 모르지만, 이 경전이 축법호(竺法護) 역 『정법화경(正法華經)』이나 구마라집(鳩摩羅什) 역 『묘법연화경(妙法蓮華經)』으로서 중국에 전해졌다. 아울러 한국이나 일본을 포함한 한자문화권의 불국토에서는 특히 후자가 유포되어 오로지 이것만이 사용되었다. 그러나 『법화경』 자체는 단순한 의미의 단일 경전이 아니라 대승경전의 백미로 간주되며 북전의 아시아 각 지역에 그 경전 숭배도 동반하여 다양한 형태로 열렬한 신앙과 함께 전승되어 수지되었기 때문에 사본 등의 계통도 복잡하고 종류도 많다. 실역(失譯)으로서 중국에 전해진 『살담분타리경(薩曇分陀利經)』 1권은 가장 간략하면서도 오래된 형태를 보존하고 있다고 여겨지지만 가장 널리 유포된 구마라집 역 『묘법연화경』 전28품에 관해서 말하면 마지막 6품을 제외한 22품이 비교적 오래되었고, 그 22품 중에서도 서품의 「수학무학인기품(授學無學人記品)」 제9품까지의 전반 9품과 「법사품(法師品)」 제10품에서 「촉루품(囑累品)」 제22품까지가 후반 13품보다도 오래되었다고 여겨진다. 그 전반 중의 「방편품(方便品)」 제2품이 가장 오래되었을 뿐만 아니라 사상적으로도 『법화경』의 중핵이 되고 있으며 그리드라쿠타산(Gṛdhrakūṭa, 靈鷲山) 위에 상주하는 '일체지자'로서의 여래에 관해서 기술하는 「여래무량품(如來壽量品)」 제16품과 함께 『법화경(法華經)』 전28품 중의 쌍벽을 이루고 있다. 또한 일반적으로 『법화경』의 개경(開經)과 결경(結經)으로서 그 전후에 배치되어 독송

되는 『무량의경(無量義經)』이나 『관보현경(觀普賢經)』도 이 군에 포함된다고 본다.

C 화엄경전류(華嚴經典類): 정확히는 『불화엄(佛華嚴, *Buddhāvatamsaka*, 꽃으로 장식한 것같이 많은 부처님)』과 그 관련 경전으로, 원래는 『십지경(十地經, *Daśabhūmika*)』이나 『입법계품(入法界品, *Gaṇḍavyūha*)』 등과 같은 단일 경전이 차례로 증광되어 일대 총서를 구성하게 되었다고 여겨진다. 그 구성의 원리가 되고 있는 것이, 모두는 교주인 비로사나(毘盧舍那, Vairocana, 大日, 태양) 부처님의 깨달음 세계를 제시한 것에 다름 아니라고 하는 사고방식이다. 보살의 제6지에서 12지연기에 의한 삼계의 존재방식을 '오직 마음뿐(citta mātra, 唯心)'으로 귀속한 『십지경(十地經)』은 그 일단을 표명한 것이라고 할 수 있다. 또한 『입법계품(入法界品)』은 선재(善財, Sudhana)동자가 선지식을 차례로 역방(歷訪)하지만 결국은 부처님의 깨달음의 세계 안에서 수행하고 있는 것처럼 구조화된 것이다.

D 정토경전군(淨土經典群): 강승개(姜僧鎧) 역 『무량수경(無量壽經)』과 강량야사(畺良耶舍) 역 『관무량수경(觀無量壽經)』과 구마라집(鳩摩羅什) 역 『아미타경(阿彌陀經)』의 『정토삼부경(淨土三部經)』으로 알려져 있는 것을 포함한다. 특히 '극락(極樂, Sukhāvati)'이라는 이름의 정토(佛國)와 그곳에 존재하는 교주인 아미타(阿彌陀, Amitāyus, 無量壽/Amitābha, 無量光)불을 테마로 하는 경전군이다. 아미타불이란 법장(法藏, Dharmākara)보살이 본원(本願, pūrva praṇidhāna)에 의해서 부처가 된 분이라고 여겨진다. 『무량수경』에서 다루어지는 48원 가운데 일체중생의 구제를 서원한 제18원이 특히 유명하다.

이상의 초기 대승경전 이후 3세기 중엽부터 5세기 무렵까지 성립한 것이 중기 대승경전으로 여겨지며, 『대반열반경(大般涅槃經, *Mahāparinirvāṇa sūtra*)』, 『승만경(勝鬘經, *Śrīmālādevīsiṃhanāda sūtra*)』, 『입능가경(入楞伽經, *Laṅkāvatāra sūtra*)』, 『해심밀경(解深密經, *Saṃdhinirmocana sūtra*)』 등이 대표적인 것으로 알려져 있다. '불성(佛性, buddha dhātu)', '여래장(如來藏, tathāgata garbha)', '유식(唯識, vijñapti mātra)' 등 새로운 용어나 관념을 도입한 바에 주목할 만한 특징이 있다.

6세기 이후 후기 대승경전에 관해서는 본 장의 제4절 밀교와의 관련에서 필요한 것을 언급할 것이다.

3
공성과 유식

본 절의 타이틀로 언급한 '공성(śūnyatā, 공인 것, 없는 것)'과 '유식(vijñapti-mātra, 인식뿐인 것)'은 본 절에서 주로 다루는 중론학파(中論學派, Mādhyamika, 중관학파)와 실수행파(實修行派, Yogācāra, 유가행파=유식학파)라고 하는, 앞 절 후반에서 언급한 대승경전의 초기 말부터 중기까지의 전개와 병행하여 형성된 불교 두 학파 교의의 중심을 이루는 기본개념을 순차적으로 제시한 것이다. 이 교의의 근본용어와 직접 관계가 있다고 느껴지지 않는 학파 이름의 유래에 관해서는 여러 설이 있다. 전자에 관해서는 학파의 교조인 나가르주나(Nāgārjuna, 龍樹)의 전적(典籍) 『중론송(中論頌, *Madhyamaka-kārikā*)』의 이름에서 유래한다는 설을 따르고, 후자에 관해서는 학파의 교조인 아상가(Asaṅga, 無着) 이전에 이미 형성되어 그 나름의 전통을 지니고 있었던 요가(Yoga) 실천자(ācāra)들의 그룹 이름에서 유래한다고 하는 설을 따르는 것으로 해 두고 싶다. 이것은 후자에 관해서는 학파의 이름을 『유가사지론(瑜伽師地論, *Yogācārabhūmi*)』이라고 하는 전적의 이름에서 유래한다고 하는 설을 피하고자 하는 의미하지만 그것은 이 학파에 있어서 『유가사지론』의 중요성을 경시하는 것은 결코 아니며, 오히려 이 중요한 전적이 이미 실수행파(Yogācāra)에 의하여 그 외의 같은 종류의 문헌과 함께 전승되고 형성되어 왔던 긴 역사를 가지고 있다는 인식에 내가 입각해 있기 때문이다.

그런데 후대까지 존속했다고 생각되는 불교 내부의 학파에 관해서는 이상의 두 학파 외에 선별학파(選別學派, Vaibhāṣika, 毘婆沙師, 설일체유부)와 전거학파(典據學派, Sautrāntika, 경량부)가 있었다고 한다. 이들을 합한 네 개의 학파에 관해서 14세기 인도의 철학자이자 정치가인 마드바(Mādhava)는 그의 저작 『전철학강요(全哲學綱要, *Sarvadarśanasaṃgraha*)』 제2장 불교의 해설에서 다음과 같이 기술한다.

> 그런데 그들 불교도(Bauddha)들은 4종의 가르침(bhāvanā)에 의해서 뛰어난 인간의 목적을 서술하고 있다. 그리고 중론학파(Mādhyamika), 실수행파(Yogācāra), 전거학파(Sautrāntika), 선별학파(Vaibhāṣika)라고 하는 명칭에 의하여 일반적으로 승인되고 있는 불교도는 차례로 (a)모든 것은 공인 것〔sarva-śūnyatva, 일체개공(一切皆空), 중론학파〕, (b)외적 대상은 공인 것〔bāhyārtha-śūnyatva, 삼계유심(三界唯心), 실수행파, 유식학파〕, (c)외적 대상은 추론된 것(bāhyārthānumeyatva, 경량부), (d)외적 대상은 직접 지각된 것(bāhyārtha-pratyakṣatva, 설일체유부)이라고 하는 주장(vāda)을 채용하고 있다.

이 중에서 (d)를 주장하는 선별학파(설일체유부)는 지금까지 언급해왔던 설일체유부를 의미하는 것으로서 이 부파가 불교사상의 정사(正邪)를 결정하는 선별(vibhāṣā)을 중시하여 형성해 왔던 전적 『대비바사론(大毘婆沙論, *Mahā-vibhāṣā*, '선별체계'의 뜻)』에 연관 지어 이름 붙여진 것이 이 '선별학파'라고 하는 호칭이다. 다음 (c)를 주장하는 전거학파(경량부)란 어느 특정 논사가 자신이 주장하려고 하는 합리적인 사고방식을 우선시켜 경이나 비유를 그 전거로 사용한 것을 가리키는 명칭으로, 실질적으로는 아직 실수행파가 되지 못한 시기의 '바수반두'나 그(바수반두)에 앞선 약간의 학자의 입장을 가리키는 것 같다. 그런데 앞 절에서 언급한 것처럼, 폄칭(貶稱)으로서의 '소승'이나 미칭(美稱)으로서의 '대승'이 상당히 감정적인 대립적 호칭이었던 것을 약간 냉정하게 학문적인 교의의 구분으로 수용하는 것이 가능했던 티베트에서는 (d), (c)를 각각 주장하는 선별학파와 전거학파를 '인무아(人無我, pudgala-nairātmya)를 확정하는 것을 주제로 하는 소승의 교의'를 설하는 것으로 다루고, (a), (b)를 각각 주장하는 중론학파와 실수행파를 '법무아(法無我, dharma-nairātmya)를 확정하는 것을 주제로 하는 대승의 교의'를 설한 것으로서 다룬다.

그런 이유로 여기서는 '인무아'와 '법무아'에 관해 나 나름대로 간단하게 설명해 두려고 한다. '인무아'란 제4장 제1절에서 기술한 것처럼 '인(pudgala)' 즉 '아(ātman)'나 그것의 동의어로서 『인계경(人契經)』 등에 열거된 애니미스틱한 '영혼'은 존재하지 않는다고 하는 사고방식을 가리킨다. 그러나 '무아'를 '절대부정'으로 이해하여 '영혼'은 존재하지 않고 존재하는 것은 '오온'을 전형으로 하는 '법(dharma)'뿐이고, 세상 사람들이 '영혼'이라고 간주하고 있는 것은 그 '법'에 가설되어 있는 존재에 지나지 않는다고 주장하고 있는 가운데 '소승'에 속한 사람들은 그들 '법'은 실재한다고 집착해 버렸기 때문에 '대승'에 속한 사람들은 그것을 비판하여 '법'도 존재하지 않는다고 하는 '법무아'를 새로이 주장하지 않으면 안 되었다는 대립으로 '인무아'와 '법무아'를 둘러싼 사상적 상황을 이해해 둔다면 지금 당장은 충분하지 않을까 생각한다. 나 개인으로서는 '법'을 '절대부정'하는 '법무아'는 필요하지 않다고 생각하며, '아'를 '절대부정'한 것이라면 모든 제6식의 대상에 관해서 그 대상은 'x라는 법이며, 비(非) x라는 법은 아니다'라는 것과 같이 배중율을 고수하여 '상대부정'을 사용하는 것만으로 충분하지 않는가 생각한다. 따라서 '절대부정'이 필요한 것은, 'x라는 법이 있다'라는 주장이 실재론적으로 행해지는 경우에 'x라는 법은 없다.'라고 비판할 때에만 필요하지 않은가 생각한다.

그런데 나의 견해야 어찌되었든, 앞의 인용에 '인무아'와 '법무아'를 적용하면 선별학파(설일체유부)와 전거학파(경량부)는 불교로서 당연히 '아'를 부정하기 때문에 '인무아'를 인정하지만, '외적대상'으로서의 '법'에 관해서는 전자(선별학파)는 실유(實有)라고 인정하고 후자(전거학파)는 가유(假有)라고 인정하는 '법유(法有)'의 입장에서, 전자는 그 실유인 '법'을 하나의 식이 찰나의 동시에 '직접 지각(pratyatṣa, 現量)'에 의하여 파악해 간다고 하지만, 후자는 그 가유인 법을 식이 동시가 아니라 다소 늦게 '추론(anumāna, 比量)'에 의하여 파악해 간다고 한다. 이것에 대해서 중론학파와 실수행파는 그 '법유'의 입장을 비판하고, '법무아'의 입장에서 중론학파는 '인(人, 주관)'도 '법(法, 객관)'도 모두가 공이라고 보는 '공성'을 주장하고, 유식학파는 모두가 '유식'임에도 불구하고 마치 외계가 실재하고 있는 것처럼 현현하고 있는 외적 대상을 공이라고 간주하여 '유식'을 주장했다고 여겨지는 것이다.

그런데 이와 같은 '사상'상의 논쟁은, 불교의 중심이 북서인도에서 다시금 중인도의 마가다로 옮겨오고, 특히 5세기 중엽 이후에 날란다 사원(최초의 불교종합대학)을 거점으로 하여 연구체계가 갖추어지자, 이전의 간다라나 카슈미르의 불교 또한 보다 더 활발해지고, 특히 중론학파와 실수행파의 논쟁은 격렬해지기까지 하였다. 그러나 두 학파 모두 대승이라고는 해도, 대승경전의 창작자가 전통적인 불교 교단의 외부에서 다른 교단을 만들려고 했던 것은 아니었던 것처럼, 그들 양 학파의 논사도 당연히 전통적인 불교 교단에 속하는 연구 내지 저술 활동에 종사했다고 생각된다. 그런 의미에서 전통적인 불교 교단은 교단의 근본 분열 이후 세분화를 포함하여 18개 내지 20개의 부파가 존속했고, 그중에서 유력한 부파로 설일체유부(說一切有部), 정량부(正量部), 대중부(大衆部), 설출세부(說出世部) 등이 남았으며, 논쟁은 그러한 부파 교단에서 전개되었다고 생각해야만 할 것이다. 따라서 사실로서 정착해 버린 '대승'이나 '소승'에 관해서도, 실제로 성공했는가의 여부와는 별도로 논쟁점은 감정적이 아니라 논리적으로 끝까지 파고들어 갈 필요가 있다고 생각되고 있었음이 틀림없다. 이것은 예를 들면 비불교적인 용어였던 '해탈'이나 '열반'에 관해서도 말할 수 있는 것이다. 그들 용어가 일단 사실로서 불교 안에서 정착되어 버린 경우에는 그것들을 어떻게 불교적으로 해석해 갈 것인가 하는 과제가 남겨져 있다고 생각하지 않으면 안 된다는 것을 의미한다. 왜냐하면 본래의 용어가 비불교적이라고 해서 언어 사냥적인 비난으로부터 한 걸음도 나아가지 못하고 그것들에 관해서 새로운 해석의 축적을 완전히 방기해 버린다면, 가령 '불교(佛教)'

의 '불(佛)'도 원래는 자이나교와 마찬가지로 비불교적인 용어로밖에 존재하지 않았기 때문에 '불교' 자체가 비불교적인 것이라고 처음부터 스스로 인정해 버리는 것이 되기 때문이다.

역으로 '공성'이 지극히 불교적인 언어라고 해서 안심하는 것도 가능하지 않다. 그런데 '공성'이 실재론적인 사고에 대해서 가장 비판적이고, 불교적으로 기능하는 것은 바로 실재시된 것에 대해서 '절대부정'을 적용할 때인데 그 '공성' 표현은 다음의 (α)와 같은 것이 된다.

(α) a는 공이다.

이 '공성' 표현 (α)는 'a가 없다'라는 의미가 되기 때문에 '절대부정'이다. 그러나 아래의 (β)와 같이 표현된 '공성'에서는 a는 존재하는 것이 되어 버리기 때문에 경계하지 않으면 안 된다.

(β) a에 b가 없다면, a는 b에 관해서 공이다.

이것을 알기 쉽게 설명하기 위해 a에는 책상, b에는 노트를 대입해 보면, 책상에 노트가 있는 경우는 책상도 노트도 있지만, 혹시 '책상에 노트가 없다면, 책상은 노트에 관해서 공이다'라는 것이 되고, 노트는 없지만 '책상은 있는 것'으로 되어 버리는 것은 쉽게 이해할 수 있을 것이다. 그런데 '공성' 표현 (α)의 경우에는 b가 없기 때문에 '책상은 공이다'라고 말하는 것이 될 뿐 책상은 '절대부정'되지 않는다. 하지만 '공성' 표현 (β)의 경우에는 책상은 '장소'로서 존재하는 것이 되어 '불공(不空, aśūnya)'인 한편, '장소'에 놓여 있는 노트만이 없는 것으로 되어 '공'한 것이다. 이와 같이 '공성'이 이해되어 '공성' 표현 (β)에 있어서 a(책상)의 '불공'과 b(노트)의 '공'에 관해서 '공'에도 '불공'에도 치우치지 않는 것이 '중도'라고 간주될 때, '공성'이 지극히 안이한 이해로 떨어질 위험에 노출되게 된다.

> 무릇 그 연기(緣起, pratītyasamutpāda)인 것이라면, 그것을 우리들은 '공한 것(śūnyatā, 공성)'이라 설한다. 그것은 가명(假名, prajñaptir upādāya, 취하여 가설한 것)이며, 그것만이 중도(中道, madhyamā pratipad)다.

이것은 『중론송』 제24장 「관사제품(觀四諦品)」 제18송이지만, 이 송의 해석으로서 연기를 '공(空=無)'이나 '가명(假名=有)'이라 간주하여 어느 쪽에도 치우치지 않는 것을 '중도'라 이해하면, 거기에는 '공성' 표현 (β)에 가까운 이해가 움트기 시작한다. 게다가 이런 이해가 제4장 3절에서 언급한 『전법륜경(轉法輪經)』에도 나오는 '리이변중도'와 같은 종류의 것이라고 해석하게 되면, 이것은 불교 내의 영혼긍정설에 강한 논리적 근거를 부여하는 것이 된다. 사실 중국에서 형성된 '삼론종'이라든지 티베트에서 주류가 된 중론학파의 일부에서, 이런 방향의 '중도' 이해가 꿋꿋하게 행해진 것은 부정할 수 없다. 그러나 『중론송』 자체는 이와 같은 위험성에 일단은 못을 박는다. 예를 들면 『중론송』 제13장 「관행품(觀行品)」 제7송은 다음과 같이 말한다.

만약 무언가 '불공(aśūnya)'인 것이 있다면, 무언가 '공(śūnya)'인 그 무엇이 존재하리라. 그런데 불공인 그 무엇이 존재하지 않는데, 어떻게 공인 것이 존재하겠는가?

그리고 마치 명주(明呪, 밝은 주문)에 속박된 것처럼, 잘못된 '공성사상(śūnyatā-dṛṣṭi)'에 함몰되어 버린 그릇된 이해자는 치유하기 어렵다고 하면서도, 그 곁에서 제시되고 있는 것이 『중론송』 이하에서 특히 유명하게 된 '이제(二諦, dve satye, satya-dvaya)설'이다. 그것은 『중론송(中論頌)』 제24장 「관사제품」 제 8~10송에 다음과 같이 기술되어 있다.

모든 부처님은 이제(二諦)에 의하여 법을 설하여 보여 주신다. 그 이제는 하나는 세속제(世俗諦, loka-saṃvṛti-satya)이며, 또 하나는 승의제(勝義諦, satyaṃ paramārthataḥ, paramārtha-satya)이다. 무릇 누구든지 이 이제의 구별을 알지 못하는 자는 부처님의 가르침에 있어 심오한 진실을 알지 못한다. 언설(言說, vyavahāra)에 의하지 아니하고서는 승의는 설하여 제시되지 않는다. 승의에 이르지 않고서는 열반은 증득되지 않는다.

그러나 끊임없는 '공성' 표현 (α)에 있어서 '절대부정'의 언설을 전개하여 비판적 주장을 거듭해 가는 것은 지극히 어려운 작업이다. 자신도 모르는 사이에 언어를 포기하여 희론을 적멸한 '열반'의 세계로 도피해 버리기를 원하는 사람의 귀에 『중론송』 첫머리의 귀경송(歸敬頌)이 다음과 같이 속삭여 온다.

〔일체는〕 불멸(不滅)이고 불생(不生)이며, 부단(不斷)이고 불상(不常)이며, 불일(不一)이고 불다(不多)이며, 불래(不來)이고 불거(不去)이니, 희론을 적멸한 길상한 연기를 일찍이 설해 주신 설법자 중의 가장 뛰어난 설법자이신 깨달은 분에게 나는 예배드린다.

대조되는 두 가지를 네 가지로 조합하여 8가지의 부정, 즉 이름하여 '팔불(八不)'에 의하여 배중율을 어기고, 중간 항을 요청하여 '리이변중도'에 빠져드는 것이 아니라면 다행이라고 말하지 않으면 안 된다.

그런데 '리이변중도'를 적극적으로 긍정하여, '공성' 표현 (β)에 의한 '공성' 이해를 바른 것으로 인정해 버린 것이 실수행파이다. 이 학파의 대표적인 전적의 하나인 『중변분별론(中邊分別論, *Madhyāntavibhāga*)』이란, 정확히 그 테마를 논서의 이름으로 쓴 것이고, 그 '이변(二辺)'을 각종에 걸쳐 논하는 제5장 제23~26송을 이끄는 설명은 다음과 같이 되어 있다.

'이변을 떠난 것(anta-dvaya-varjana)'에 있어서 실천(pratipatti)이란 어떠한 것인가? (그것은) 『보적경(宝積經)』의 「가섭품」에 설해져 있는 '중의 실천(madhyamā pratipattiḥ)'의 의미이다. 어떠한 극단(辺)을 떠나는 것으로부터 이것(중의 실천)은 알려져야만 하는가?(진제 역, 대정장, 31권, 462항 중; 현장 역, 대정장, 476항 상)

'이변'의 종류란, '다름(pṛthaktva, 둘)'과 '같음(ekatva, 하나)', '증

익(增益, samāropa, 無를 有라고 하는 것)'과 '손감(損減, apavāda, 有을 無라고 하는 것)', '상(常, śāśvata)'과 '단(斷, uccheda)', '유(有, bhāva)'와 '무(無, abhāva)' 등이다. 하지만 이들 '이변'을 떠나는 것이 여기서는 실천으로서 기술되어 있는 것에 대해서 이 '리이변중도'가 이론적으로 '공성' 표현 (β)에 의하여 제시된 것이야말로, '삼자성(三自性, svabhāva-traya)'설에 다름 아니다.

'삼자성'의 '자성(svabhāva)'은 '상(lakṣaṇa)'이라는 말로 치환되는 경우도 있지만, 요컨대 '세 가지 성질 혹은 특질'을 가리킨다. 구체적으로는, ①의타기자성(依他起自性, paratantra-svabhāva, 依他起性, 다른 것에 의존하는 성질) ②소분별자성(所分別自性, parikalpita-svabhāva, 遍計所執性, 분별된 것이라는 성질) ③원성실자성(圓成實自性, pariniṣpanna-svabhāva, 圓成實性, 완성된 것이라는 성질)이다. 그런데 이 '삼자성(三自性)'의 선구 형태로서의 '공성(空性)' 표현 (β)를 『소공경(小空經)』[팔리 '중부(中部)' 제121경, 한역 『중아함경(中阿含經)』 제190경]에 근거하면서 명확하게 의식하여 기술한 최초의 문헌이 『실수행계차(實修行階梯, *Yogācārabhūmi*)』, 『유가사지론(瑜迦師地論)』「본지분(本地分)」 중의 『보살지(菩薩地, *Bodhisattvabhūmi*)』「진실의품(眞實義品)」이라고 생각되는데, 여기에서 '삼자성(三自性)'은 아직 명시되어 있지 않지만, 'a(=의타기)가 b(=소분별)에 의해서 공한 것이 c(=원성실)에 다름 아니다'라는 논리가 전개되는 과정에서 '리이변중도'가 다음과 같이 밝혀지게 된다.

또한 무릇 무엇이든지 위에서 기술한 유(有, bhāva=a)와 무(無, abhāva=b)라는 그 양자의 유무로부터 해탈한 법의 특질에 의하여 포괄된 장소(vastu)라면, 그것은 무이(無二, advaya)이다. 무엇이든지 그 무이(無二)인 것은 양극단(二辺)을 떠난 중도(中道, madhyamā pratipad)이고, 무상(無上, anuttara)한 것이라고 말해진다.(대정장, 30권, 487항 상)

그런데 이와 같은 논리에 근거하여 실수행파의 개조인 아상가의 주저『섭대승론(攝大乘論, *Mahāy saṃgraha*)』에서는 a, b, c를 각각 차례대로 ①의타기(依他起), ②소분별(所分別), ③원성실(圓成實)의 '삼자성(三自性)'으로서 확립한다. 나아가 ①의타기는 무릇 텅 비어 있는 '장소'로서 '유식'이 '외적 대상이 공인 것'의 근거를 이루면서, 더욱이 '유식'의 근본으로서는 '알라야식(ālaya-vijñāna)'이 요구되고, 그것이 '히말라야(himālaya, 눈의 저장고)' 산맥의 '알라야(ālaya, 저장고)'와 같은 식으로서, '유위'의 근본으로서의 '장소'가 된다. ②소분별은 식의 대상으로서 분별된 것에 지나지 않는 무(無)로서, 그 '장소' 안에 단지 있는 것처럼 보일 뿐인 비존재가 된다. ③원성실은 그 궁극의 형태로서는 완전히 불변의 '허공'과도 같은 무한의 '장소'로서, 알라야식을 지탱하는 정진정명(正眞正銘, 바른 진리를 바르게 새기고 있는)의 '무위'의 '장소'인 '진여(tathatā)'로 변화한 것이다. 그리고 이와 같은 사고방식을 전개하고 있는『섭대승론(攝大乘論)』은 모두 10장으로 되어 있으며 제1장은 '알라야(ālaya)', 제2장은 '삼자성(三自性)'을 테마로 하고 있다. 게다가 이 2장의 논술을 이론적 근거로 하여, 제3장에서 제8장까지는 실천적 과제를 논하고 있다. 제3장은 '유식(唯識)'을 실제라고 관찰하는 것, 제4장은 '육바라밀(六波羅蜜)'의 실천, 제5장은 보살의 '십지(十地, daśa-bhūmi,『십지경(十地經)』

에 의한 10단계)'의 실천을 다루고 있다. 제6장, 제7장, 제8장은 순차적으로 불교의 고전적 실천체계인 '계(戒, śīla, 습관)', '정(定, samādhi, 삼매, 집중)', '혜(慧, prajñā, 지혜)'의 '삼학(三學)'을 각각 '증상계(增上戒, adhiśīla)', '증상심(增上心, adhicitta)', '증상혜(增上慧, adhiprajñā)'라는 명목 아래, '보살율의(菩薩律儀, bodhisattva-saṃvara, 몸을 제어하여 행해야 하는 보살의 책무)', '삼마지(三摩地, 定, 정신집중)', '무분별지(無分別智, nirvikalpa-jñāna)'로서 논술한다. 이 제8장의 테마는 불교의 고전적 정의에 있어서 '혜(prajñā)란 법의 판별(dharma-pravicaya, 擇法)이다'라고 간주되고 있었던 것과는 정반대인 '무분별지(無分別智)'를 '혜(慧)'로서 자리매김했다는 점에서 주목된다. 마지막 제9장과 제10장의 두 장은 이상의 실천결과를 다룬 것인데, 전자는 '전의(轉依, āśraya-parivtti, 기층으로서의 식의 변화)', 후자는 부처님의 '삼신(三身, 법신, 보신, 응신)'을 논하고 있다. 그런데 이 '전의'와 '삼신'은 이 책 제4장 제4절에서 제시한 '장소의 그림 1'에 있어서 원주의 '장소'와 함께 논의될 필요가 있지만, 역시 한 겹의 원주만으로는 설명할 수 없기 때문에 다음 절에서 '장소의 그림 2'를 주의하여 거기서 설명하고 싶다. '전의'와 '삼신'의 설은, 이미 '현교'를 초월해야만 하는 것이며 '밀교'를 준비하고 있다고 생각되기 때문이다.

앞에서 '장소의 그림 1'과 대비하는 것으로 '일체지자의 그림'을 제시해 두었지만, 제4장 제3절에서도 다룬 것처럼, 디그나가를 받아들인 다르마키르티는 그 '일체지자'인 세존을 진실의 '기준'으로 삼았다. 게다가 그것(일체지자)을 최고의 '기준'으로 삼으면서 한편으로는 (일체지자인) 그 '타자'로부터 정확하게 불설을 배워야 한다고 말했다. 또한 현실의 우리에게는 '직감(직접적 인식)'과 '추론(간접적 인식)'이라고 하는 두 종류의 '기준', 그중에서도 후자의 기준을 중심으로 음미해 가는 방법을 제시했다. 여기에서 논리학이 불교학이라고 하는 길이 확립되고, 그것이 특히 티베트에서 명확하게 계승되었다고 하는 것은 깊이 새겨 두지 않으면 안 된다.

4
현교와 밀교

일본의 구카이(空海, 774~835)는 그의 저서『변현밀이교론(弁顯密二教論)』의 시작 즈음에서 '현교(顯教)'와 '밀교(密教)'에 관해 다음과 같이 기술하고 있다.

무릇, 불(佛)에는 3신(身)이 있고, 교(教)는 두 종류가 있다. (1)응화(應化, 응신불과 화신불)께서 설법하신 말씀을 이름하여 현교라 하고, 말은 간략하게 드러낸 것이다. (2)법신불(法身佛)의 담화(談話)를 밀교라 하고, 말은 심오하며 여실한 것이다. (1)현교의 계경부(契經部)에 백억이 있다. (중략) 행(行)을 말한다면 육도(六度, 六波羅密)를 종(宗)으로 하고, 성(成)을 이른다면 3대(大)를 끝으로 하며, 그런 즉 위대한 성인은 분명하게 그 이유를 설한 것이다. 비장(秘藏)의 금강정경(金剛頂經)의 설에 의하면, 여래의 변화신은 10지 이전의 보살 및 이승(二乘, 성문승, 독각승)과 범부 등을 위하여 삼승(三乘)의 교법을 설하시고, 타수용신(他受用身)은 10지 이상의 보살을 위해서 현(顯)의 일승(一乘) 등을 설한다. 이것이 현교이다.

(2)자성수용불(自性受用佛)은 스스로 법락(法樂)을 받기 때문에 자신의 권속과 함께 각자 자신의 삼밀(三密)의 문(門)을 설하였는데, 그것을 밀교라 한다. 그 삼밀(三密)의 문이란, 이름하여 여래내증지(如來內証智)의 경계가 된다. 등각(等覺) 10지(十地)도 입실할 수 없는데, 하물며 이승(二乘, 성문승과 독각승)과 범부 가운데 누가 당에 오를 수 있으랴. 〔원문은 한문이며 기호는 하카마야〕

이상의 문장 중, 항목 (1)이 '현교', 항목 (2)가 '밀교'에 관해서 기술한 것인데, 아래에 요점을 제시하면 다음과 같을 것이다.

(1) 현교 — 현략 — 응화의 개설 — 타수용 — 3승
(2) 밀교 — 비오 — 법불의 담화 — 자수용 — 3밀

그런데 '현교'와 '밀교'라는 용어에 대응하는 것을 티베트의 학장 부통(Bu ston, 1290~1364)이 불전의 분류로 사용한 것에 따라 제시하면, 순차적으로 '도 촉(mdo phyogs, 현교)'과 '가그 촉(sngags phyogs, 밀교)'이라는 것이 된다. 이 두 개의 티베트 용어에 직접 대응하는 산스크리트어는 알려져 있지 않지만, 의미는 실로 구카이가 앞에서 인용한 것 안에서 기술하고 있는 것처럼, 전자는 '현략(顯略, mdo)의 부류', 후자는 '비오(秘奧, sngags)의 부류'이기 때문에 의미상 양자의 용어는 딱 맞게 겹쳐진다. 인도 불교사상사에 있어서 '현교'에 대응하는 '밀교'라는 대치가 명확하게 의식되어 등장하는 것은 제3장 제4절에 제시한 '인도종교사상전개도'에 의하면 '비밀주의'의 시대라 말할 수 있다. '비밀주의'란 앞 장에서도 시사해 둔 것처럼, '언어'는 '영혼'

을 '육체'로부터 '해탈'시키는 수단으로서 무익하다고 이해하고, '밀교'의 다양한 수단에 호소하지 않으면 안 된다고 간주하며, '밀교'의 종교적 실천이야말로 최상의 것이라고 간주하는 입장이다. 그 '비밀'을 설명하는 것이 반드시 용이한 것은 아니지만, 3장 4절 그림에 제시한 순연한 '비밀주의'가 대두하는 것은 현장(玄奘)이 인도에서 귀국한 직후, 의정(義淨)이 날란다 사원에서 학문하기 직전 무렵, 즉 7세기 중엽 이후가 아니었던가 생각한다. 그것은 이 장 제2절의 맨 끝에 시사한 후기 대승경전의 성립시기에 해당하는 것이고, 이 시기를 대표하는 『대일경(大日經, *Mahāvairocnābhisam bodhivikurvitādhiṣṭhāna*, 『대비로사나성불신변가지경(大毘盧遮那成佛神変加持經)』)』과 『금강정경(金剛頂經, *Saravatathāgata tattvasaṃgraha*, 『일체여래진실섭대승경(一切如來眞實攝大乘經)』)』이라는 2개의 대승경전이 바로 밀교경전이라고 하는 것도 이 시대의 동향을 상징하고 있는 것이다.

『대일경(大日經)』의 안목은, 그 제1의 「주심품(住心品)」 안에서 바즈라파니(持金剛, Vajrapāṇi)의 질문에 대해, 대비로자나(大毘盧遮那, Mahāvairocana)는 "인(因, hetu)은 보리심(菩提心, bodhi-citta), 근본(根本, mūla)은 대비(大悲, mahā-karuṇā), 구경(究竟, niṣṭhā)은 방편(方便, upāya)이다."(대정장, 18권, 1항 중-하)라고 답한 것에 있다고 여겨진다. 일체 유정(有情)에 대한 부처의 대자대비(大慈大悲)를 근본으로 하여, 그 유정들을 현실적으로 구제하려고 하는 부처의 방편을 구경으로 하면서, 유정들은 그 부처의 세계 안에 있으면서 그 위에 더해서 '자기의 마음(citta, 自心)'을 식지(識知)하여 그 인(因)인 보리심을 성취해야 한다고 권하는 『대일경』은, 이 의미에서 『법화경』으로 대표되는 "불교란 부처가 되기 위한 가르침이다."라는 것을 제시하는 대승경전의 궁극이라고 볼 수 있다. 그런데 『대일경』이 일반적인 대승경전과 다른 것은 그 '성불'의 수단이 상술한 바와 같이 '비밀'이라고 하는 점에 있다. 이 '비밀'의 수단을 밝힌 것이 「주심품」 다음의 「입만다라구연진언품(入曼荼羅具緣眞言品)」 이후로, 실천자로서의 보살은 '대비태장생만다라(大悲胎藏生曼荼羅, mahā-karuṇā-grabha-saṃbhava-maṇḍala)' 안에서 그 만다라(maṇḍala)를 그리는 만다라에 스스로를 던져 특정한 일존(一尊)을 확정하고, 그 후에는 (신·구·의) 3업에 따라 신체를 갈마(羯磨, karman, 존자들 특유의 행위) 인(印, mudrā)을 맺고, 입으로는 법(法, dharma, 이 경우는 부처 특유의 진언 내지 범음) 인(印, mudrā)을 읊조리고, 마음으로는 삼매야(三昧耶, samaya, 부처 특유의 사물) 인(印, mudrā)을 떠올려 자기와 그 한 존자가 상징적으로 합일하듯 하지 않으면 안 된다. 이와 같은 3업에 의한 '비밀'의 합일이 '삼밀가지(三密加持)' 혹은 '삼밀유가(三密瑜伽)'라 칭해지지만, 그 기초가 되는 『대일경』의 '대비태장생만다라'에 의하여 묘사된 것처럼 되었던 것이 소위 '태장계만다라'이다. 그리고 이것과 대비되는 '금강계만다라'의 근거가 된 것이 바로 『금강정경』이다. 일반적으로 이 『금강정경』을 통해 '즉신성불(卽身成佛)', 즉 보살이 어떤 일정한 단계를 거치지 않고도 그 신체 그대로 일거에 성불할 수 있다고 하는 이론이 확립되었다고 생각된다. 하지만 중요한 점은 일체의 여래가 일체의성취(一切義成就, Sarvārthasiddhi) 보살에게 제시했던 '오상성신관(五相成身觀)'(대정장, 18권, 207항 하-208항 상)에 있다고 여겨진다. '오상성신관(五相成身觀)'이란 '암질다발라저미등가로미(唵質多鉢囉底微騰迦嚕弭, oṃ citta-prativedhaṃ karomi, 오오, 나는 마음에 통달한다)'라고 읊조리는 ①통달보리심(通達菩提心)과 '암보제질다묘달파나야미(唵

菩提質多畝怛波娜夜弭, oṃ bodhi-cittam utpādayāmi, 오오, 나는 보리심을 발현한다)'라고 읊조리는 ②수보리심(修菩提心)과 '암저슬차부일라(唵底瑟姹嚩日囉, oṃ tiṣṭha vajra, 오오, 일어나라, 금강이여!)'라고 읊조리는 ③수금강심(修金剛心)과, '암부일라달마구함(唵嚩日囉怛麼句唅, oṃ vajrātmako 'ham, 오오, 나는 금강을 본성으로 한다)'이라고 읊조리는 ④증금강신(証金剛身)과, '암야타살파달타아다살달타함(唵也他薩婆怛他訝多薩怛他唅, oṃ yathā sarva-tathāgatās tathā 'ham, 오오, 나는 완전히 일체의 여래와 같다)'이라고 읊조리는 ⑤불신원만(佛身圓滿)이다.

이리하여 '보살성불'설로서의 극치라고도 할 수 있는 『대일경』과 『금강정경』이 등장한 것은 각각 7세기 중엽과 7세기 후반경이라고 하지만, 정확히 그 시기를 정점으로 하여 불전 번역이 하향세로 접어들었던 중국(中國)에서는 그 후의 대표적인 밀교 경전은 전해지는 일 없이 끝났으며, 이 공백을 메운 것이 티베트의 번역사업이다. 그중에서 밀교 전적에 관해서 11세기의 아티샤는 그의 저서 『보리도등론세소(菩提道燈論細疏, *Bodhimārgapradīpa-pañjikā*)』에서 ①소작(所作) 탄트라(kriyā-tantra, bya ba'i rgyud), ②행(行) 탄트라(caryā-tantra, spyod ba'i rgyud), ③사유(思惟) 탄트라(kalpa-tantra, rtog pa'i rgyud), ④쌍(双) 탄트라(ubhya-tantra, gnyis ka'i rgyud), ⑤유가(瑜伽) 탄트라(yoga-tantra, rnal 'byor gyi rgyud), ⑥대유가(大瑜伽) 탄트라(mahā-yoga-tantra, rnal 'byor chen po'i rgyud), ⑦무상유가(無上瑜伽) 탄트라(anuttara-yoga-tantra, rnal 'byor bla na med pa'i rgyud)의 7가지로 분류를 제시했지만, 후에 14세기가 되어 부통이 ①소작 탄트라, ②행 탄트라, ③유가 탄트라, ④무상유가 탄트라의 4가지로 분류하여 정리한 것이 일반화되어 겔룩파에서도 채용되었고, 총카파의 제자인 캐둡(mKhas grub, 1385~1438)의 밀교에 관한 저술 『탄트라부일반규정광석(Tantra部一般規定廣釋, *rGyud sde spyi'i rnam par gzhag pa rgyas par brjod*)』도 기본적으로 이 4가지 분류에 따라서 논술되어 있다. 위에서 든 두 개의 경전은 이 4가지 분류에 의하면 『대일경』은 ②행 탄트라에, 『금강정경』은 ③유가 탄트라에 속하는 것으로 간주된다. ①소작 탄트라에 속하는 것으로서는 『문수사리근본의궤경(文殊師利根本儀軌經, *Mañjuśrīmūlatantra*)』이나 『불공견색신주심경(不空羂索神呪心經, *Amoghapāśahṛdaya*)』이 유명하다. ④무상유가 탄트라에 속하는 것은 '밀교'의 최종단계를 시사하는 것으로 거의 '불교'라기보다는 힌두이즘을 드러낸 것이라고 보는 것이 좋다. 이 ④무상유가 탄트라에 속하는 유명한 경전이 『비밀집회(秘密集會) 탄트라(*Guhyasamājatantra*)』나 『시륜(時輪) 탄트라(*Kālacakratantra*)』 등이지만, 문자 그대로의 성적 합일이나 야만적인 토착적 요소가 전면적으로 긍정되고 있어 그것들에는 충분한 경계가 필요할 것이다.

이상으로 '밀교'를 개략적으로 설명하였기 때문에 이하에는 '현교'와 '밀교'를 대비적으로 고찰해 보자. 우선, 양자 대비의 필연성에 관해서 말하면, 말하지 않는 것이 좋을지도 모르지만, '밀교'라는 완전히 새로운 동향이 사상사 위에 현저하게 되었기 때문에 밀교와 구별하기 위해서 '대승' 흥기 이후의 '밀교' 이전의 불교를 일괄하여 '현교' 혹은 그것에 준하는 용어로 부르게 되었다. 따라서 '밀교' 혹은 그것에 준하는 용어에 무엇이 함의되어 있는가에 따라 대비되는 '현교' 내용의 사고방식도 다르게 될 것이다. 하지만 일반적으로는 앞에서 본 캐둡도 자신의 저서 첫머리에 적었듯이 '현교'는 '대승'에 (중관과 유식의) 두 종류가 있다고 하는 형식으로, '밀교'인 '밀주종(密呪宗,

gsang sngags kyi lugs, mantra-mata)'과 대비되어 '바라밀종(波羅蜜宗, pha rol tu phyin pa'i lugs, pāramitā-mata)'이라 불린 적이 많다. 이것은 둘 다 같은 '대승'으로서, '보살성불'을 지향하는 것으로 파악되나 '밀교'가 그 수단을 '밀주(密呪, gsang sngags, mantra, 眞言)'를 비롯한 '비밀'의 '삼밀가지'나 '오상성신관'이나 '성적 합일'에 호소하고 있는 것에 비해서, '현교'는 어디까지나 그 수단을 구체적인 '육바라밀'을 대표로 하는 실천체계에 의거하지 않으면 안 된다고 이해하고 있기 때문이라고 생각된다.

그러나 '현교'에서 '밀교'로의 전개라고 하는 것은 관점을 바꾸어 말하면, 인도에 있어서 '불교'의 토착화, 즉 '불교'의 힌두이즘화에 다름 아니라고 말해지는 것이고, 게다가 그 씨앗은 이미 '현교'의 단계에서 뿌려져 있었던 것이다. '대승'의 전개와 병행하여 '불교'의 문호가 넓게 개방된 것은 대단히 높게 평가되어야 하지만 반면 이미 지적했듯이 대부분의 대승경전이 힌두적 영혼긍정설에 침식되어 안이한 '보살성불'설을 제공하였던 것은 간과해서는 안 될 것이다. 그런데 그 대승경전의 영혼긍정설을 '마음뿐(citta-mātra)', '식별뿐(vijñapti-mātra)'이라고 하는 교의로서 실수행체계 안으로 조직하여 들여와 스스로의 사상체계를 구축해 왔던 것은 실수행파(實修行派)이기도 하기 때문에, 여기에서는 중국의 삼장법사 현장(玄奘)이 전한 그 실수행파의 『백법명문론(百法明門論)』의 '5위 100법'의 명목을 제4장 제4절 끝부분의 '5위 75법'의 도표와 대조되는 형태로 도시한 다음, '밀교'에 앞서는, '현교'로서의 실수행파 등장의 의미를 고찰해 보고 싶다.

이 '5위 100법'의 도표와 앞의 '5위 75법'의 도표를 세세한 부분

5위 100법

<table>
<tr><td rowspan="10">일체법</td><td rowspan="9">유위법</td><td>심법</td><td>(전5식과 의식인) 6식, 말나식, 아뢰야식</td><td>8법</td><td rowspan="10">100법</td></tr>
<tr><td rowspan="6">심소법</td><td>변행: 작의, 촉, 수, 상, 사</td><td rowspan="6">51법</td></tr>
<tr><td>별경: 욕, 승해, 염, 정, 혜</td></tr>
<tr><td>선: 신, 정진, 참, 괴, 무탐, 무진, 무치, 경안, 불방일, 행사, 불해</td></tr>
<tr><td>번뇌: 탐, 진, 만, 무명, 의, 부정견</td></tr>
<tr><td>수번뇌: 염, 한, 뇌, 부, 광, 첨, 교, 해, 질, 간, 무참, 무괴, 불신, 해태, 방일, 혼침, 도거, 실념, 부정지, 산란</td></tr>
<tr><td>부정: 악작, 수면, 심, 사</td></tr>
<tr><td>색법</td><td>5근, 5경, 법처소섭색</td><td>11법</td></tr>
<tr><td>심불상응법</td><td>득, 명근, 중동분, 이생성, 무상정, 멸진정, 무상보, 명신, 구신, 문신, 생, 노, 주, 무상, 유전, 정이, 상응, 세속, 차제, 방, 시, 수, 화합성, 불화합성</td><td>24법</td></tr>
<tr><td colspan="2">무위법</td><td>허공, 택멸, 비택멸, 부동멸, 상수멸, 진여</td><td>6법</td></tr>
</table>

에 걸쳐서 비교하는 것은 피하고, 여기서는 크게 본질적인 차이에만 주목해서 보기로 하자. 우선, '유식'이라는 입장에서 말하면 당연하겠지만, 본 그림에서는 '심법', '심소법'이 중시되어 '색법'보다 앞에 열거되고, 게다가 그 '심법'은 6식에 말나식[(末那識, kliṣṭa-manas, 염오식(染污意)]과 아뢰야식(阿賴耶識, ālaya-vijñāna)이라는 2개의 식이

더해져 8개의 식으로 되어 있다. 게다가 그것은 단순히 개수가 증가된 것만이 아니라, 제4장의 그림에서는 찰나에는 6식 중에서 1식만이 작용하지 않기 때문에 하나로 헤아려지고 있는데, 본 그림에서는 8식이 동시에 생기한다는 것에서 여덟으로 헤아리고 있다. 뿐만 아니라, 6식설의 경우에는, 특히 제4장의 '제6식'은 법을 대상으로 하여 명확한 분별판단의 인식으로 작용한다. 게다가 그것 이상의 무의식적인 식의 존재는 인정되지 않았던 데 반해, 8식설에서는 식물인간 상태에서도 존재하는 근저적 무의식이며, 동시에 만법의 근원으로 간주된 아뢰야식과 그 아뢰야식에 의존하여 생기고 동시에 그 아뢰야식을 자신의 파악대상으로 삼고 있는 염오식이라고 하는 완전히 불명료한 식의 존재가 인정된다. 게다가, 이 8식에 의하여 '유식(唯識, 오직 식뿐)'이 주장되고 있는 것은, 외계란 진실하게 존재하는 것은 아니라고 하는 의미이기 때문에, 물질일 수밖에 없는 '색법'의 성격도 그런 '유식' 안에서 파악되지 않으면 안 되는 것으로 이미 변질되고 말았다는 것을 고려하지 않으면 안 된다.

그리고 그다음으로 크게 다른 것은 '무위법'이다. 이것도 제4장의 그림과 비교한다면 고전적인 세 가지로부터 다시 '부동멸(不動滅)', '상수멸(想受滅)', '진여(眞如)'라는 세 가지가 증가되어 여섯 가지가 되는데, 본질적인 것은 그것에 의하여 설일체유부가 사수하려고 했던 '법을 간택하는' '지혜'에 의한 '택멸'이라는 성격도 와해되어 버리고, '택멸'도 '해탈'과 같이 되어 버렸던 것이다. 이것을 증명하듯이, 5위 75법의 무위법에서 더해진 세 가지 가운데 '부동멸'이란 '편정천(遍淨天)에 대한 욕망은 이미 벗어나 있지만 그것 이상의 단계에 대한 욕망을 아직 벗어나지 못한 존재가 락과 고를 멸하는 것'이고,

'상수멸'이란 '무소유처(無所有處)에 대한 욕망에서 이미 벗어나 유정(有頂)을 초과한 것이 고요하게 머무는 상(想)을 우선으로 하는 작의에 의하여 항상하지 않은 심심소법(제6식과 그 심소)과 항상하는 존재의 일부(제7식인 염오식의 상태)를 멸하는 것'이고, '진여'란 '일체법의 본성'으로서 모든 법을 수용하여 포괄하고 있는 궁극의 '장소'임에 틀림없다. 즉, '부동멸'과 '상수멸'에 의하여, 고락이라든가 아뢰야식을 제외한 모든 심심소로부터의 '해탈'이 시사되고, '진여'에 의하여 '해탈'에 도달하여 앞에서 말한 '(궁극의) 장소'가 시사되고 있는 것이다. 더욱이, 이 '장소'에 포괄되어 있는 '일체법'이 '선', '불선', '무기'의 세 가지로 나누어질 때는 '진여'가 세 가지로 헤아려져 전체가 8무위로 여겨지는 경우도 있지만, '장소'가 세 가지가 되는 것은 결코 아니라는 데 주의해 주기 바란다.

그런데 이상의 설명에서는 아직 아뢰야식만은 '진여'로 진입되지 않은 것이 되므로, 이것을 포함해서 '8식(識)'이 '4지(智)'로 변모하는 것을 실수행파는 '전의'라고 부르는데, 이 '8식'과 '4지'의 관계에서 다시 '3신(身)'과의 관계를 더해서 그림으로 제시하면 다음과 같이 된다.

<table>
<tr><th>〔8식〕</th><th>〔전의(轉依)〕</th><th>〔4지(智)〕</th><th>〔3신(身)〕</th></tr>
<tr><td>전5식</td><td>⟷</td><td>성소작지(成所作智)</td><td>변화신(變化身)</td></tr>
<tr><td>제6식</td><td>⟷</td><td>묘관찰지(妙觀察智)</td><td rowspan="2">수용신(受用身)</td></tr>
<tr><td>염오식(제7식)</td><td>⟷</td><td>평등성지(平等性智)</td></tr>
<tr><td>아뢰야식</td><td>⟷</td><td>대원경지(大圓鏡智)</td><td>자성신(自性身, 법신(法身))</td></tr>
</table>

이 '8식'과 '4지'와 '3신'과의 관계 이론은 '밀교' 안에서 기본적으로는 대부분 이대로 채용되고, 그 일단이 이 절 첫머리에 인용한 구카이(空海)의 문장 중에도 보인다. 이 이론의 '8식'이 변모되어 '4지'가 되는 사태를 제4장 제4절에 보여준 '장소의 그림 1'을 기억하면서, '밀교'의 '오상성신관(五相成身觀)'으로서 고찰해 보자. 단, 이 단계에서는 만법의 근원으로서의 아뢰야식설이 이미 도입되어 있음을 고려하지 않으며 안 되고, '장소의 그림 1' 그대로라고는 말할 수 없기 때문에, 앞의 그림 a를 다시 a의 '진여'와 a′의 '아뢰야식'으로 나눈 그림을 옆의 '장소의 그림 2'를 들어 실질적으로는 이 그림에 의한 것으로 하고 싶다. 검은색 a는 '무위'를 표시하고, 흰색 a′는 원 안의 b와 마찬가지로 '유위'인 것으로 표시하고 있다.

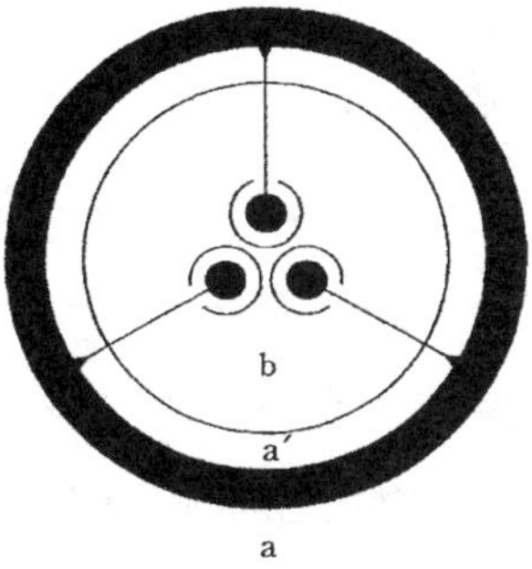

장소의 그림 2

'오상성신관'을 관찰하는 보살은 이 그림에 있어서는 당연히 원 안의 b의 많은 존재 중 한 명이며 3개의 작은 구슬 중 하나이다. 이 작은 구슬 안에 있는 검은 구슬은 '8식'이 되며, 그 핵에는 '보리심'이 있지만, (그것은 존재가 현존하고 있는) 현 시점에는 비본래적인 육체라고 해야 할 흰 구슬에 의해 갇혀 있다. 그 작은 구슬로 상징되는 보살이 무한대의 우주라고도 해야 할 '진여'의 원주 안쪽에 안치되어 있다는 것을 자각하여 자기 안에 있는 '보리심'과 '진여'가 같은 성질임을 알면, b 안의 검은 구슬이 껍질을 깨부수고 선 b, a에 의해 a로 관통하듯이, 전자는 후자로 즉시 합일하여 '성불'이 실현된다고 하는 것이 '즉신성불'이다.

그러나 실수행파가 주장하는 '성불'설은 '오종성각별(五種性各別, 5종의 성은 각각 다른 존재로서 구별되어 있다고 하는 것)'과 '삼승진실(三乘眞實, 3승이 각각 구별되어 있는 것이 진실이라고 하는 것)'이 고려되는 방식으로 그것에 '유위법'의 '아뢰야식'과 '무위법'의 '진여'가 얽혀 있기 때문에, 극히 성가신 문제가 해결되지 않고 남아 있다. 아래에 5종성(種性)과 3승(乘)을 관계 지어 그림을 제시하면 다음과 같다.

이 중 ①~④에 관해서 『불지경론(佛地經論)』은 '앞의 4종성은 시한이 없지만, 비록 그렇다고 해도 필경 멸도를 얻을 기한이 있고 모든 부처님들의 자비의 뛰어난 방편 때문이다'(대정장, 26권, 298항 상)라고 기술하고 있기 때문에, 3승을 수렴하는 ①~④는 마치 '장소의 그림 2'에서의 3개의 검은 구슬처럼 3방향에서 그 도달하는 방법은 다르더라도, 어느 쪽에서든 '멸도'라고 하는 '진여'에게 선 b, a가 연결되어 있을 것이다. 그러나 ⑤는 결코 그곳에 도달하는 것이 가능하지 않다. 아마도 작은 검은 구슬의 '아뢰야식' 안에 '진여'로 묶인 어떤 인연도 갖고 있지 않기 때문(일 것)이다. 그런데 이 '아뢰야식'과 '진여'의 관계는, 작은 검은 구슬 안에서뿐만 아니라, 우주대(宇宙大)의 이중 기반인 듯한 원주 a a'와의 관계에 있어서도 설명 불가능한 과제로서 남겨져 있지만, 본서에서는 그 문제는 다루지 않는다.

그러나 '현교'든 '밀교'든 이와 같은 문제를 내포하고 있으면서도 완성된 장소 안에 영혼을 품고 완전하게 충족되어 안치되어 있다고 간주하는 것은 애니미스틱하기는 해도 결코 불교적인 것은 아니다. 왜냐하면 '불교'는 그와 같은 '장소'를 자명한 것으로 전제하고 있는

〔5종성(種性)〕 → 〔3승(乘)〕

① 성문종성(聲聞種性, śrāvaka-gotra, 성문 가계의 존재, 성문승으로 완성) → 성문승(聲聞乘)

② 독각종성(獨覺種性, pratyekabuddha-gotra, 독각 가계의 존재, 독각승으로 완성) → 독각승(獨覺乘)

③ 불종성(佛種性, buddha-gotra, 불 가계의 존재, 대승으로 완성) → 대승(大乘, 菩薩乘)

④ 부정종성(不定種性, aniyata-gotra, 가계가 3승의 어디에도 확정되어 있지 않은 존재)

⑤ 무종성(無種性, agotra, 어떤 가계에도 속하지 않는 존재, 힘껏 노력하여 선취에 태어날 뿐)

사상이 아니고 '영혼긍정설'도 아니기 때문이다. 따라서 '토착사상'적인 '영혼긍정설'을 개정(改正)하지도 않고, 또한 '외래사상'으로서의 '불교'를 '일체지자'인 '타자'로부터 겸허하게 배우려고 하는 것도 아니라면 불교도라고 말하면서도 '영령(英靈)'을 찬미하는 것에 다시 한 번 쉽게 가담해 버릴지도 모른다.

입문 이후

1
보충적 지침

이상으로 '입문' 그 자체라고도 말할 수 있는 본편을 마치고 여기에 앞에서 기술한 「입문 이전」과 부합하는 형태로 「입문 이후」를 설정하여 따로 지침을 제시해 두고자 한다. 이것은 일반적인 책의 형태로 말하면 주기(註記)나 참고문헌 부분에 해당하지만 이와 같은 형태를 채용한 것은 본편은 본편으로 집중하고 이것을 다 읽고 난 사람들을 위해 본편을 보충하는 지침과 더욱이 본격적으로 불교를 배우고자 하는 사람들을 위한 지침을 별도로 제시하는 쪽이 좋다고 생각했기 때문이다. 또한 아무리 원해도 객관적인 문헌소개는 무리이기에 단순한 문헌 나열이 되는 것을 피하고 오히려 적극적으로 「입문 이전」에서 기술한 '수릉여자(壽陵余子)'일 뿐인 나의 입장에서 솔직하게 지침이 될 수 있다고 생각하는 것을 기술하는 편이 좋다고 판단했기 때문이다.

그러나 기술의 성질상 여기서 문헌의 나열이 기본이 되는 것은 어쩔 수 없기 때문에 편의적으로 본 절 「보충적 지침」과 다음 절 「탐구적 지침」으로 나누어서 각각 동그라미 안의 아라비아 숫자로 문헌

이름을 제시하고자 한다. 그리고 같은 절에서의 설명문 속 문헌 지시에는 이 번호를 사용하지만 다른 절의 문헌을 언급할 때는, 예를 들면 본 절에서 다음 절의 문헌을 지시하는 경우는 '문헌2 ①'. 역의 경우는 '문헌1 ①'과 같이 고딕 숫자를 부가해서 지시하기로 한다.

그런데 이 책은 「입문 이전」에도 언급했듯이 '불교'란 '부처가 되기 위한 가르침이다.'라는 입장과 대립되는 '부처님이 말씀하신 가르침이다.'라는 입장에 일관해서 서술했다는 큰 특징이 있다. 이 두 입장의 대립은, 이 책에서 다룬 대로, 형태를 바꾸어 다양한 주제 속에 나타난다. 나는 가능한 한 이것이 바른 불교라고 기술하는 것에 노력하였지만, 여전히 불교에 관한 여러 다른 주장이 행해지고 있는 것도 사실이다. 그러나 '습관'의 측면에서 '이것이 있다.' '저것이 있다.'와 같이 다양한 견해를 밀어붙이는 것에서 나아가, '사상'의 측면에서 '이것이지만 저것은 아니다.'라고 하는 것처럼 주장이 전개되고 논쟁이 거듭되어 간다면 대단히 의의가 있는 것 아닐까? 불교에 관해서 다양한 주장이 있는 와중에 『불교란 무엇인가』 혹은 그것과 비슷한 책에 한정해도 하나하나 셀 수 없을 정도로 많은 책이 있지만 아래에서는 내가 실제로 과거에 참조하여 유익했던 책들만을 열거해 두고자 한다.

① 渡辺照宏『佛教』(岩波新書, 1956年)
② 前田惠學『佛教要說—インドと中國—』(山喜房佛書林, 1968年)
③ 水野弘元『佛教要語の基礎知識』(春秋社, 1972年)
④ 渡辺照宏『佛教』第2版(岩波新書, 1974年)

⑤ 高崎直道『佛教入門』(東京大學出版會, 1983年)
⑥ 三枝充悳『佛教入門』(岩波新書, 1990年)
⑦ 平川彰『佛教入門』(春秋社, 1992年)
⑧ 松本史朗『佛教の道』(東京書籍, 1993年)

문헌①은 문헌④가 나옴에 따라 절판되었지만, 전자는 완전히 포장을 새롭게 한 후자와 비교해도 버리기 어려운 독자성을 가지고 있다고 생각한다. 너무나도 개인적이고 주제넘은 짓인지도 모르지만 전자가 40여 년이나 더 지난 옛날에 나를 불교로 인도해 주었던 것을 잊을 수 없다. 문헌⑤에는 아래의 영역이 있고 불교의 기본적인 사고방식을 영어로는 어떻게 표현하면 좋을지 고민하는 사람들에게 극히 유익한 책이라고 할 수 있다.

⑨ Rolf W. Giebel(tr.), *An Introduction to Buddhism*, The Tōhō Gakkai, Tokyo, 1987

불교의 기본적인 용어 검색에 관해서는 우선 문헌③에 맞추어서 보는 것을 권하지만 독립적인 사전으로서는 간편한 측면에서 한정해서 말한다면 다음의 두 사전이 좋다고 생각한다.

⑩ 多屋賴俊, 橫超慧日, 舟橋一哉編『佛教學辭典』(法藏館, 1955年, 新版, 1995年)
⑪ 『岩波佛教辭典』(岩波書店, 1989년, 第2版, 2002年)

전자는 교의적인 용어 탐색으로, 후자는 보다 일반적인 용어 탐색으로 향한다. 또한 불전 독해의 가장 기본이 되는 언어인 산스크리트에 관해서는 후자 권말에 간단한 설명이 있다. 이 책이 채용한 로마자 표기도 그것과 같지만, 불전 강독에 필요한 기본적인 고전어에 관해서는 다음 절에서 간단하게 언급할 것이다. 또한 불교를 알기 위해서는 다른 종교의 일도 알아 둘 필요가 있다. 문헌⑪과 시리즈 형태로 간행된 다음의 두 권의 책도 이슬람교와 그리스도교를 아는 데 유익하다고 생각하기 때문에 아래에 적어 둔다.

⑫ 『岩波イスラ-ム辭典』(岩波書店, 2002年)

⑬ 『岩波キリスト教辭典』(岩波書店, 2002年)

인명을 포함한 불교관계의 고유명사에 관해서는 인도의 인명에 한해서이지만 다음의 3종이 표준적인 것이다.

⑭ 赤沼智善編 『印度佛教固有名詞辭典』(破塵閣書房, 1931年, 法藏館, 1967年 복간)

⑮ G. P. Malalasekera, *Dicitionary of Pali Proper Names,* Ⅱ Vols., London, 1937-1938, Munshiram Manoharlal Publishers Pvt. Ltd., New Delhi, Repr., 1998

⑯ 三枝充悳編 『印度佛教人名辭典』(法藏館, 1987年)

마지막 ⑯은 인명에만 한정되지만, 문헌⑭⑮에도 포함되지 않은 불교의 중요한 사상가에 관해서도 간결하고 적확한 설명이 주어져 있다. 아울러 비교적 저렴한 가격이기 때문에 구비해도 좋을 것이다.

불교가 전파된 각 지역의 지도에 관해서는 나 자신이 각종 문헌을 참고하면서 작성한 것을 이 책 말미에 부록으로 제시했지만 특히 인도에 관해서 나 자신이 최종적으로 의거한 것은 다음의 텍스트이다.

⑰ joseph E. Schwartzberg, *A Historical Atlas of South Asia,* The University of Chicago Press, Chicago/London, 1978

다음으로는 이 책의 기술 구성에 따라서 그 기술의 보충이 되는, 혹은 기술의 논거로 삼는 문헌을 원칙으로, 약간의 예를 제외하고 저렴한 가격으로 현재도 입수 가능한 것을 제시해 두고자 한다.

입문 이전

처음부터 예외를 들어서 송구스럽지만, 일본 근대불교학 연구의 선구자인 난조 분유(南條文雄)나 가사하라 겐주(笠原研壽)의 스승이라고 할 수 있는 막스 뮐러와 그와 동시대인이자 석학인 모니에르 윌리엄스의 종교학이나 불교학 등에 관한 개설서를 아래에 제시해 두고자 한다.

⑱ Friedrich Max Müller, *Introduction to the Science of Religion : Four Lectures Delivered of the Royal Institution in February and May, 1870,* First printed, 1873, Collected Works of the Right Hon. F. Max Műller, XIV, London/Bombay, 1899

⑲ Friedrich Max Müller, *Lectures on the Origin and Growth of Religion as Illustrated by the Religion of India*, London, 1873

⑳ Monier Monier Williams, *Vedism, Brāhmananism and Hindūism*, Religious Thought and Lite in India, Part I, London, 1883, second ed., 1885

㉑ Monier Monier Williams, *Buddhism, in Its Connexion with Brāhmanism and Hindūism, and Its Contrast with Christianity*, London/New York 1889

문헌⑱은 '종교학(the science of religion)'의 선구가 되는 서물로서 저명하며, 문헌⑲는 인도의 종교에 근거하면서 보다 넓게 종교일반을 논한 것이다. 문헌⑳은 인도종교의 전개를 최초로 '베다주의', '바라문주의', '힌두주의'에서 파악한 서물이라고 생각되며, 문헌㉑은 그 전개 중에서 불교를 그리스도교와 대비해서 논한 것이다. 뒤 두 권의 책은 모니에르 윌리엄스가 불교에 비판적이었던 것 때문인지 거의 일본에 알려지지 않고 끝난 것 같지만, 앞의 두 권은 막스 뮐러 문하의 일본인 학자의 학계가 번영한 것 때문인지 모니에르 윌리엄스가 산스크리트어 사전에 의해서만 저명한 것에 비하면 대단히 잘 알려져 있다. 다음에 제시한 것은 문헌⑱의 번역이다. 다만 이것을 포함하여 문헌⑱~㉑은 원서를 개인적으로 구입하는 것이 거의 불가능하지만 전통 있는 대학 도서관에는 소장되어 있을 것이다.

㉒ 比屋根安定譯『宗教學概論』(誠信書房, 1980年)

또한 구미 근대의 불교연구자에 관해서는 문헌㉓, 메이지 시기의 일본의 불교연구자에 관해서는 문헌㉔가 간결하며 요점을 얻을 수 있는 개설서가 된다.

㉓ ドウ·ヨング著, 平川彰譯『佛教研究の歷史』(春秋社, 1975年)

㉔ 田村晃祐『わが思索の道—近代日本の佛教者たち—』上下(日本放送出版協會, 2003年)

이상의 세계적 사조 중에서의 아쿠타가와의『거미의 실』에 전후하는 시기보다 오늘날에 이르기까지의 불교를 포함하는 각종 문제점 및 추다판타카(Cūḍapanthaka) 이야기에 관해서는 차례로 다음 두 논문을 참고하기 바란다.

㉕ 袴谷憲昭「寡婦の 兩錢物語とP=ケーラス紹介のそれに對するS=ビールの見解」『駒澤短期大學佛教論集』第九号(2003年 10月), 219-251頁

㉖ 小谷信千代「周利槃特異聞」『松丘文庫研究年報』第十七号(2003年 3月), 29-45頁

제1장 불교전파의 지리지

다음으로 본편과 관련하는 문헌으로 옮겨가지만 이 이하에서는 가능한 한 원칙에 따르고 싶다. 다만 문헌㉚㉛㊴㊶은 저렴한 가격이나 품절된 상태로 이어져 오는 것 같다.

㉗ 定方晟『カニシカ王と菩薩たち』(大東出版社, 1983年)
㉘ 水谷眞成譯『大唐西域記』(平凡社, 1971年, 東洋文庫版, 1999年)
㉙ 中村元『インド史』I II III(中村元選集[快定版] 第5, 6, 7巻, 春秋社, 1997-1998年)
㉚ 山崎元日『アショーカ王とその時代』(春秋社, 1982年)
㉛ 金倉圓照『馬鳴の研究』(平樂寺書店, 1988年)
㉜ 桑山正進, 桍谷憲昭『玄奘』(大藏出版, 1981年, 新訂版, 1991年)
㉝ 宮治昭『ガンダーラ佛の不思議』(講談社, 1996年)
㉞ グレゴリー=ショペン著, 小谷信千代譯『大乘佛教興起時代—インドの僧院生活—』(春秋社, 2000년)
㉟ 桍谷憲昭「彌勒菩薩半跏思惟像考」木村清孝傅士還曆記念論集『東アジア—その成立と展開—』(春秋社, 2002年), 449-462頁
㊱ 奈良康明『佛教史 I —インド・東南アジア—』(山川出版社, 1979年)
㊲ 玉城康四郎編『佛教史 II —中國・チベット・朝鮮—』(山川出版社, 1983年)
㊳ 山口瑞鳳『チベット』上下(東京大學出版會, 1987-1988年)
㊴ 鎌田茂雄『中國佛教史』(岩波書店, 1978年)
㊵ 鎌田茂雄『朝鮮佛教史』(東京大學出版會, 1987年)
㊶ 岩本裕, 佐々木教悟, 藤吉慈海『東南アジアの佛教』(アジア佛教史, インド篇VI, 佼成出版社, 1973年)

제2장 불교전파의 역사

㊷ 中村元『インド思想史』(岩波書店, 1956年)

㊸ 金倉圓照『インド哲學史』(平樂寺書店, 1962年)

㊹ 早島鏡正, 高崎直道, 原實, 前田專學『インド思想史』(東京大學出版會, 1982年)

㊺ 前田專學『インド的思考』(春秋社, 1991年)

㊻ 辻直四郎『インド文明の曙—ヴェーグとウパニシャッド—』(岩波書店, 1967年)

㊼ 上村勝彦譯『バガヴァッド・ギーター』(岩波文庫, 1992年)

㊽ 渡瀨信之譯『マヌ法典』(中公文庫, 1991年)

㊾ 井狩弥介, 渡瀨信之譯注『ヤージュニャヴァルキヤ法典』(平凡社, 2002年)

㊿ 平川彰『インド佛教史』上下卷(春秋社, 1974-1979年)

51 谷川泰教『ブッダの資格—ジァイナ教の佛教批判—』,『日本佛教學會年報』第53号(1988年 3月), 17-31頁(横)

52 渡辺照宏『新釋尊傳』(大法輪閣, 1966年)

53 水野弘元『原始佛教』(平樂寺書店, 1956年)

54 梶山雄一, 小林信彦, 立川武藏, 御牧克己譯『ブッダチァリタ』(講談社, 1985年)

55 高橋壯「佛滅年代論を今思ふ」瓜生津隆眞博士退職記念論集『佛教から眞宗へ』(永田文昌堂, 2003年)

56 水野弘元「佛教聖典とその飜譯」(文獻2(92), 61-83頁)

57 水野弘元「『雜阿含經』の研究と 出版」(文獻2(92), 357-414

頁)

(58) 榎本文雄「阿含經典の 成立」『東洋學術研究』第23巻 第1号(1984年 5月), 93-108頁

(59) ツルティム・ケサン, 小谷信千代共譯「ツォンカパ學修自傳詩トジェ・ドゥレマ-」(文獻2(133), 127-133頁)

이상은 단지 문헌을 열거한 것에 그칠 뿐이지만, '불(붓다)'이 원래 '불교'만의 전유는 아니었음을 알기 위해서는 극히 유익하다. 후대의 인도 이외의 지역에서 불교 전파에 관해서는 앞의 문헌㊱~㊶을 참조하기 바란다.

제3장 불교와 신앙체계

제1절에서 언급한 막스 뮐러나 모니에르 윌리엄스에 관해서는 특히 앞의 문헌⑲와 ㉑를 참고하기 바라며 '종교학' 일반에 관해서는 나 자신은 다음의 책을 참고했다.

(60) 小口偉一, 屈一郎監修『宗教學辭典』(東京大學出版會, 1973年)

(61) Edward Burnett Tylor, *Religion in Primitive Culture,* Gloucester, Mass., Peter Smith, 1970, Reprint of Chapters XI-XIX of Primitive Culture, First ed., 1871

(62) 比屋根安定譯『原始文化』(誠信書房, 1982年)

(63) R. R. Marett, *The Threshold of Religion,* Reprint of the 2d ed., rev. and enl., Published in 1914 by Methuen, London, AMS Press, New York, 1979

(64) 竹中信常譯『宗教と呪術―比較宗教學入門―』(誠信書房, 1964年)

문헌(62)는 문헌(61) 전체의 초역, 문헌(64)는 문헌(63)의 전역이지만, 번역서 쪽은 모두 입수하기가 어렵다.

(65) 古野清人『原始宗教の構造と展開』(古野清人著作集2, 31書房, 1973年)

『眞理金針』의 초판은 입수할 수 없었고, 내가 참고한 것은 아래의 재판이다.

(66) 井上甫水(圓了)『眞理金針―耶蘇教を排するは理論にあるか―』(山本活版所, 京都, 1887年)

카루스에 관해서는 앞의 문헌㉕를 참조하기 바라며, 설일체유부에 있어서 '신앙'의 문제에 관해서는 아래 논문이 중요하다.

(67) 池田練太郎「信仰に對する有部の立場について」『日本佛教學會年報』第67号(2002年 5月), 27-40頁(横)

'빈녀의 하나의 등불 이야기'에 관해서는 아래 두 개의 문헌을 참고하기 바란다.

⑱ 定方晟『阿闍世のすくい—佛教における罪と救濟—』(人文書院, 1984年), 151-159頁

⑲ 平岡聰「町の洗濯婦による布施物語—『ディヴィヤ・アヴァダ-ナ』第7章和譯—」『佛教大學總合研究所紀要』第3号(1996年 3月), 68-88頁

또한 제3절 속의 파승사로부터의 상당히 긴 장문의 번역에 의한 인용은 문헌2 ㊱에 근거한 것이다.

⑳ 佐々木閑『出家とはなにか』(大藏出版, 1999年)

제4절에 제시한 '인도종교사상전개도'와 '작선주의의 그림'은 문헌2 ㊷, 400쪽과 413쪽 각각에 의하지만 '작선주의'를 중심으로 이것과 관련한 것은 문헌2 ㊷ 전체를 참조하기 바란다.

제4장 불교의 기본사상

일본의 1600년을 전후로 하는 시기의 그리스도교 문헌에 관해서는 다음 책에 의거하는 것이 유익하다.

㉑ 海老澤有道他編著『キリシタン教理書』(キリシタン研究第30輯, 教文館, 1993年)

제1절과 제4절에서 언급한 '무아설'과 '비아설'을 구별하여 후자를 비불교적인 것으로서 피해야만 하는 것, '열반'의 의미를 '번뇌를

이탈하는 것'으로 확정하여 그것을 '해탈'과 함께 비불교적인 것으로서 피하고자 하는 것에 관해서는 나 자신이 많은 것을 빚지고 있는 아래의 마츠모토 논문을 참조하기 바란다.

⑫ 松本史朗「解脫と涅槃—この非佛教的なるもの—」(文獻二116, 191-224頁)

불교의 '무아설' 주장에 관해서는 아래 논문을 참조하기 바란다.

⑬ 桍谷憲昭「無我說と主張命題—「破我品」の一考察—」(文獻二㉛, 155-167頁)

'연기'에 관해서는 많은 논문이 있는데, 제2절의 기술과는 직접 관계는 없지만 중요한 것으로 다음의 두 논문을 들고 싶다.

⑭ 松田和信「緣起にかんする『雜阿含』の三經典」『佛教硏究』제14號(1984年 12月), 89-99頁

⑮ 松田和信「Abhidharmasamuccayaにおける十二支緣起の解釋」『大谷大學眞宗綜合硏究所硏究紀要』創刊號(1984年 3月), 29-60頁.

위의 두 논문 가운데 후자는 설일체유부의 '삼세양중의 인과'와는 다른 실수행파의 '삼세일중의 인과'를 논한 것이다. '사제'에 관해서 기술하는 『전법륜경』의 문헌학적 고찰에 관해서는 반드시 아래의 논문을 참조하지 않으면 안 된다.

⑯ 水野弘元「『轉法輪經』について」(文獻二㉒, 243-273頁)

디그나가나 다르마키르티에서 종교성의 문제는 다음 논문에서 논해지고 있다.

⑰ 服部正明「佛教論理學派の宗教性」前田專學編『インド中世思想研究』(春秋社, 1991年)

다르마키르티 이후의 '논리학 불교학설'의 계보에 관해서는 그 명칭과 함께 다음 문헌⑱, 다르마키르티의 찰나멸설에 관해서는 문헌⑲를 참고하기 바란다.

⑱ 木村誠司「チベット佛教における論理學の位置け」(文獻二⑬, 365-401頁)
⑲ 谷貞志『〈無常〉の哲學—ダルマキールティと刹那滅—』(春秋社, 1998年)

인도논리학의 개략을 아는 데는 다음의 책이 유익하다.

⑳ 桂紹隆『インド人の論理學—問答法から歸納法へ—』(中公新書, 1998年)

『삼법인(三法印)』과 『사법인(四法印)』에 관해서는 다음 두 문헌이 있다.

⑧1 藤田宏達『三法印と四法印』橋本博士退官記念『佛教研究論集』(清文堂, 1975年), 105-123頁

⑧2 袴谷憲昭「〈法印〉覺え書」『駒澤大學佛教學部研究紀要』제37号(1979年 3月), 60-81頁(橫)

제5장 불교사상의 전개

'일음연설법'에 관해서는 아래 논문을 참조하기 바란다.

⑧3 袴谷憲昭「カイネーヤ仙人物語—「一音演說法」の背景—」『駒澤短期大學佛教論集』제6호(2000年 10月), 55-114頁

『중론송』과 『섭대승론』에 관해서는 차례로 다음 두 개의 문헌을 참조하기 바란다.

⑧4 三枝充悳譯註『中論—緣起·空·中の思想』上中下(第三文明社, 1984年)

⑧5 長尾雅人譯註『攝大乘論—和譯注解』上下(講談社, 1982-1984年)

『해심밀경』에 근거한 유식사상의 사상사적인 위치의 문제 관해서는 아래의 책이 있다.

⑯ 袴谷憲昭『唯識の解釋學―『解深密經』を讀む―』(春秋社, 1994年)

티베트에서 전개된 '리이변중도'를 '이변중관설'로서 다루고 그것이 총카파의 부정 대상이었던 것을 논한 중요한 논문이 아래의 마츠모토 논문이다.

⑰ 松本史朗「ツォンカパと離辺中觀說」(문헌2 ⑬⑤, 321-401頁)

밀교의 대표적인 두 개의 경전에 관해서는 아래를 참조하였다.

⑱ 田島隆純譯『藏漢對譯大日經住心品』(新興社, 1927년, 北辰堂, 1990년 再刊)
⑲ 津田眞『和譯金剛頂經』(東京美術, 1995年)

또한 밀교에 관한 개설서로는 다음과 같은 것이 있다.

⑳ 松長有慶『密教―イシドから日本への傳承―』(中公文庫, 1989年)
㉑ 頼富本宏『マンダラ講話―密教の智慧―』(朱鷺書房, 1996年)
㉒ 立川武藏『密教の思想』(吉川弘文館, 1998年)
㉓ 田中公明『チベット密教』(春秋社, 1993年)

2
탐구적 지침

이상으로 이 책의 기술에 따른 그 보충이나 논거가 되는 문헌의 열거와 약간의 설명을 마치지만, 이 이하에서는 이상까지를 다 읽은 분들이 불교 사상을 본격적으로 배우고 싶다고 생각하는 경우를 상정하고 내가 생각하는 지침을 제시해 두고자 한다.

그런데 이하의 지침은 지금 언급하는 바와 같이 이 책의 기술에 따르는 것이 아니기 때문에 본편의 기술 순서에 구속될 필요는 없다. 그러나 문제는 연구문헌의 배열이나 열거를 어떻게 하는가라는 것이다. 대단히 어려운 문제이지만 본서는 '불교'란 '부처님이 설한 가르침'이라는 입장에 일관하고 있기 때문에 이하의 지침도 '부처님이 설한 가르침' 즉 '삼장'의 구조와 성격에 맞춘 배열로 하고자 한다. '삼장'의 순서에 관해서는 '무기'의 '습관'에 준한 '율장'과 관련된 것을 우선으로 하고, '선'의 '사상'에 준한 '경장'이나 '논장'과 관련된 것을 뒤로 하는 쪽이 좋다고 생각되기 때문에 통상의 경율론을 율경론의 순서로 바꾸어 그 세 개 그룹 앞에 '삼장' 전반에 관한 연구와 불교에 관한 인도사상 일반의 연구를 따로 제출하고 이하 도합 다섯의 그룹으로 나누어서 관계연구문헌을 지적해두고자 한다.

삼장전반(三藏全般)

우선, 삼장에 관해서 알고 싶다고 생각한다면 가능한 한 '부처님이 설한 가르침'인 '삼장'을 직접 접하기를 바라지만, 그러기 위해서는 '삼장'이 쓰인 고전어를 어느 정도는 알아야 할 것 같다. 대표적인 '삼장'으로는 권말의 '삼장대조표'에서도 알 수 있는 바와 같이, '팔리 삼장', '한역대장경', '티베트대장경'이 있다. 이것에 준해서 팔리어, 한어(고전중국어), 티베트의 학습이 필요하다. 정리된 산스크리트어의 '삼장'은 남아 있지 않지만, 인도의 베다 이래 고전어로서 산스크리트어도 기원 전후 무렵으로부터 불전의 기술에도 사용되었기 때문에 우선 이것을 알아 두는 것이 편리하다.

① J=ゴンダ, 辻直四郎校閲, 鎧淳譯『サンスクリット初等文法』(春秋社, 1974年)
② 辻直四郎『サンスクリット文法』(岩波書店, 1974年)
③ 水野弘元『パーリ語文法』(山喜房仏書林, 1955年 初版, 1959年 補訂版)
④ 山口瑞鳳『〔概說〕チベット語文語文典』(春秋社, 2002年)

이들 문법서의 최초 여러 항에서 발음의 원칙을 배운다면 영어와는 달리 어떠한 언어도 간단한 규칙으로 원칙상 발음을 용이하게 행하는 것이 가능할 것이다. 한어(고전중국어)에 관해서는 고교 '한문' 정도의 능력이 있다면 당장은 괜찮다고 생각하기 때문에 특별히 기록하지 않는다. 또한 사전에 관해서는 각 문법서의 지시에 따라 주었으면 한다. 불교관계의 산스크리트어를 알려고 할 때 중요한 사전을 하나만 기록한다면 아래와 같다.

⑤ F. Edgerton, *Buddhist Hybrid Sanskrit Dictionary,* Motilal Banarsidass, Delhi/Patna/Varanasi, 1970

각 '삼장'에 관한 최소한의 필요 목록을 제시하면 다음과 같다.

⑥ 水野弘元『南伝大藏經総索引』縮刷版(東方出版, 1986年)
⑦ 大正新脩大藏經刊行會『大正新脩大藏經刊行會目錄』(大藏出版, 改訂新版, 1969年)
⑧ 宇井伯壽, 鈴木宗忠, 金倉圓照, 多田等観編『西藏大藏經総目錄』(東北帝國大學, 1934年, 名著出版複刻版, 1970年)
⑨ 西藏大藏經研究會編輯『影印北京版西藏大藏經総目錄』(鈴木學術財団, 1962年)

티베트역대장경에 관해서는 문헌⑧이 데루게판, 문헌⑨가 북경판에 근거한 목록이다. 또한 현행의 티베트역대장경의 편찬에도 큰 영향을 끼쳤던 티베트인 학승 부통의 목록에 관해서는 다음의 성과를 참조하기 바란다.

⑩ 西岡祖秀「『プトゥン佛教史』目錄部索引」I II III『東京大學文學部文化交流研究施設研究紀要』제4호(1981年 3月),

61-92頁, 제5호(1982年 3月), 43-94頁, 제6호(1983年), 47-201頁

'삼장' 전체에 걸친 개개의 불전 해설에 관해서는 다음과 같은 것이 있다.

⑪ 小野玄妙, 丸山孝雄編纂『佛書解說大辭典』縮刷版(大東出版社, 1999年)
⑫ 山田龍城『梵語佛典の諸文獻』(平樂寺書店, 1959年)
⑬ 水野弘元, 中村元, 平川彰, 玉城康四郎『佛典解題事典』(春秋社, 1966年, 제2판, 1977年)
⑭ 鎌田茂雄, 河村孝照他編『大藏經全解說大事典』(雄山閣, 1998年)
⑮ 塚本啓祥, 松長有慶, 磯田熙文編『梵語佛典の研究』Ⅰ(初期經典篇) Ⅲ(論書篇) Ⅳ(密教經典篇)(平樂寺書店, 1990年-繼續中)

고고학적 성과는 '삼장'에 관한 것이 아니기 때문에 그 어디에도 속하지 않지만 굳이 여기에 제시해 둔다면 다음과 같은 것들이 중요하다.

⑯ 高田修『佛像の起源』(岩波書店, 1967年)
⑰ 杉本卓洲『インド佛塔の研究—佛塔崇拜の生成と基盤—』(平樂寺書店, 1984年)

⑱ 桑山正進『カーピシー=ガンダーラ史研究』(京部大學人文科學研究所, 1990年)

⑲ 宮治昭『涅槃弥勒図像學―インドから中央アジアへ―』(吉川弘文館, 1992年)

⑳ 塚本啓祥『インド佛教碑銘の研究』I II III(平樂寺書店, 1998-2002年)

인도사상일반

㉑ 辻直四郎『ヴェーダ學論集』(岩波書店, 1977年)

㉒ 中村元『初期のヴェーダーンタ哲學』(岩波書店, 1950年)

㉓ 湯田豊『ウパニシャッド―飜譯および解說―』(大東出版社, 2000年)

㉔ 原實『古典インドの苦行』(春秋社, 1979年)

㉕ 宇野惇『インド論理學』(法藏館, 1996年)

㉖ 本多恵『クマーリラの哲學』上下(平樂寺書店, 1996-1998年)

㉗ 金倉圓照『シャンカラの哲學』上下(春秋社, 1980-1984年)

㉘ 松本照敬『ラーマーヌヅャの哲學』(春秋社, 1991年)

㉙ 宮坂宥勝『インド學密教學論考』(法藏館, 1995年)

㉚ 早島鏡正監修『佛教・インド思想辭典』(春秋社, 1987年)

㉛ 前田專學博士還曆記念論集『〈我〉の思想』(春秋社, 1991年)

율장관계

㉜ 平川彰『律藏の研究』(春秋社, 1980年, 이후에 平川彰著作集, 제9, 10券, 春秋社, 1999-2000年에 수록)

㉝ 平川彰『原始佛教の研究』(春秋社, 1964年, 이후에 平川彰著作集, 제11, 12券, 春秋社, 2000年,『原始佛教の教團組織』으로 수록)

㉞ 平川彰『比丘尼律の研究』(平川彰著作集, 제13券, 春秋社, 1998年)

㉟ 平川彰『二百五十戒の研究』(平川彰著作集, 제14-17券, 春秋社, 1993-1995年)

㊱ Raniero Gnoli, *The Gilgit Manuscript of the Sanghabhedavastu*, Serie Orientale Roma, Roma, PartⅠ, 1977, PartⅡ, 1978

위는『파승사』원전으로 그 외에도 거론해야 할 율사의 산스크리트 원전은 많지만, 문헌1 ⑲의 직후에 기술한 것처럼 위에 관해서는 제3장 제3절에 번역으로 장문의 인용을 시도하였기 때문에 이것만을 지적해 두고자 한다.

㊲ 佐藤密雄『原始佛教教團の研究』(山喜房佛書林, 1963年)

㊳ 宮坂宥勝『佛教の起源』(山喜房佛書林, 1971年)

㊴ 塚本啓祥『初期佛教教團史の研究』(山喜房佛書林, 1966年, 改訂增補)

㊵ 山崎元一『アショーカ王傳說の研究』(春秋社, 1979年, 1980年)

㊶ 佐佐木閑『インド佛教變移論―なぜ佛教は多様化したのか―』(大藏出版, 2000年)

㊷ 袴谷憲昭『佛教教團史論』(大藏出版, 2002年)

㊸ 平岡聰『說話考古學―インド佛教說話に秘められた思

想―』(大藏出版, 2002年)

㊹ 浪花宣明『在家佛教の硏究』(法藏館, 1987年)

㊺ 外薗幸一『ラリタヴィスタラの硏究』上(大東出版社, 1994年, 下は未刊)

㊻ ゴンブリッチ, オベ―セ―カラ著, 島岩譯『スリランカの佛教』(法藏館, 2002年)

㊼ 森部一『タイの上座佛教と社會―文化人類學的考察―』(山喜房佛書林, 1966年)

㊽ 佐藤達玄『中國佛教における律藏の硏究』(本耳社, 1986年)

㊾ 永井政之『中國禪宗教團と民衆』(內山書店, 2000年)

㊿ 鎌田茂雄『中國の佛教儀礼』(大藏出版, 1986年)

경장관계

㉛ 木村泰賢『原始佛教思想論』(丙午出版, 1922年, 이후 木村泰賢全集, 제3권, 大法輪閣, 1968년 수록)

㉜ 宇井伯壽「原始佛教資料論」『印度哲學硏究』 제2(甲子社書房, 1925年, 岩波書店, 1965年 復刊), 224-260頁

㉝ 和辻哲郎『原始佛教の實踐哲學』(岩波書店, 1927年, 이후 和辻哲郎全集, 제5권, 1962年)

㉞ 赤沼智善『原始佛教之硏究』(破塵閣書房, 1939年)

㉟ 舟橋一哉『原始佛教思想の硏究』(法藏館, 1952年)

㊱ 前田惠學『原始佛教聖典の成立史的硏究』(山喜房佛書林, 1964年)

㊲ 印順『原始佛教聖典之集成』(中華民國, 正聞出版社, 1971年,

1994年 修訂本三版)

⑱ 印順編『雜阿含經論會編』上中下(中華民國, 正聞出版社, 1983年)

⑲ 櫻部建『阿含の佛教』(文榮堂, 2002年)

⑳ 赤沼智善『漢色四部四阿含互照錄』(破塵閣書房, 1929年, 法藏館, 1985年 復刊)

㉑ 片山一良譯『長部』パーリ佛教第二期全六冊(大藏出版, 2003年-未完繼續)

㉒ 片山一良譯『中部』パーリ佛教第一期全六冊(大藏出版, 1997-2002年)

문헌⑥의 저본이 된 것은 남전대장경, 전65권 70책(대장출판, 1935-1941년)이다. 그것은 지금도 존중받아야만 하는 것이다. 위의 문헌㉑과 ㉒는 읽기 쉬운 현대어 번역으로 게다가 개인의 번역으로서 앞으로도 계속해서 간행되어 갈 것이 기대되는 유익한 성과이다.

㉓ 中村元監修 · 補註, ジャータカ全集, 전10권(春秋社, 1984-1991年)

㉔ 橘堂正弘編『スリランカのパーリ語文獻』(山喜房佛書林, 1997年)

㉕ 森祖道『パーリ佛教註釋文獻の研究—アッタカターの上座部的樣相—』(山喜房佛書林, 1984年)

여기서 다루고 있는 것은 팔리 경장에 관한 주석문헌만은 아니지만, 일단 여기에 분류해 둔다.

⑯ 『大谷大學國書館藏西藏經甘殊爾勘同目錄』(大谷大學國書館, 1930-1932年)

이것은 문헌⑨의 저본이 되고 있는 북경판 티베트대장경의 '칸규르(Kangyur, 불설의 번역)' 부분에 대한 대정신수대장경 등을 위주로 하는 현존 문헌들과 조응하는 상세한 목록이다. 현재 절판으로 입수하기가 어렵지만, 그 학문적 유익함 때문에 다시 간행되기를 바라는 책이기도 하다.

㊲ 西義雄 『初期大乘佛教の研究』(大東出版社, 1945年)
㊳ 山田龍城 『大乘佛教成立論序說』(平樂寺書店, 1959年)
㊴ 平川彰 『初期大乘佛教の研究』(春秋社, 1968年, 이후 平川彰著作集, 제3, 4券, 春秋社, 1989-1990年에 수록)
㊵ 靜谷正雄 『初期大乘佛教の成立過程』(百華苑, 1974年)
㊶ 梶芳光運 『原始般若經の研究』(山喜房佛書林, 1944年)
㊷ 布施浩岳 『法華經成立史』(大東出版社, 1934年)
㊸ 望月海淑 『法華經における信の研究序說』(山喜房佛書林, 1980年)
㊹ 久保繼成 『法華經菩薩思想の基盤』(春秋社, 1987年)
㊺ 勝呂信靜 『法華經の成立と思想』(大東出版社, 1993年)
㊻ 藤田宏達 『原始淨土思想の研究』(岩波書店, 1970年)
㊼ 龍山章眞譯註 『梵文和譯十地經』(破塵閣書房, 1938年)

⑱ 梶山雄一監修『さとへの遍歴—華嚴經入法界品—』上下(中央公論社, 1994年)
⑲ 月輪賢隆『佛典の批判的研究』(百華苑, 1971年)
⑳ 高崎直道『如來藏思想の形成—インド大乘佛教思想研究—』(春秋社, 1974年)
㉑ 田賀龍彦『授記思想の原流と展開—大乘經典形成の思想史的背景—』(平樂寺書店, 1974年)
㉒ 安井廣濟『梵文和譯入楞伽經』(法藏館, 1976年)
㉓ 望月良晃『大乘涅槃經の研究——教團史的考察』(春秋社, 1988年)
㉔ 松田和信『インド省図書館所藏中央アジア出土大乘涅槃經梵文斷簡集—スタイン・ヘルンレ・コレクション—』(東洋文庫, 1988年)
㉕ 下田正弘『涅槃經の形成—大乘經典の研究方法識論』(春秋社, 1997年)
㉖ 田上太秀『ブッダ臨終の說法—完譯大般涅槃經—』全四冊 (大藏出版, 1995-1997年)
㉗ 津田眞一『反密教學』(リブロポート, 1987年)
㉘ 田中公明『インドチベット曼荼羅の研究』(法藏館, 1996年)

논장관계

㉙ 木村泰賢『阿毘達磨論の研究』(丙午出版社, 1922年, 이후 他の阿毘達磨關係論文と共に, 木村泰賢全集, 제4권, 1968년에 수록)
㉚ 木村泰賢『小乘佛教思想論』(明治書院, 1935年, 이후 木村泰

賢全集, 제5卷, 大法倫閣, 1968년에 수록)

⑼ 水野弘元『パーリ佛教を中心とした佛教の心識論』(山喜房佛書林, 1964年)

⑼ 水野弘元『佛教文獻研究』(水野弘元著作選集, 제1卷, 春秋社, 1996年)

앞의 문헌1 56, 57, 76은 여기에 수록되어 있고, 본권에 수록되어 있는 논문은 오히려 경장관계의 논문이 많지만 논장에 관한 중요한 논문도 많기 때문에 반드시 참조하기 바란다. 또한 같은 저자의 저작선집 제2권은 『불교교리연구』, 제3권은 『팔리논서연구』이기 때문에 여기서는 오히려 이 후자의 두 개가 적절한 것 같다.

⑼ 印順『說一切有部爲主的論書与論師之研究』(中華民國, 正聞出版社, 1986年)

⑼ 櫻部建『倶舍論の研究 界・根品』(法藏館, 1969年)

⑼ 山口益, 舟橋一哉『倶舍論の原典解明 世間品』(法藏館, 1969年)

⑼ 舟橋一哉『倶舍論の原典解明 業品』(法藏館, 1987年)

⑼ 櫻部建, 小谷信千代『倶舍論の原典解明 賢聖品』(法藏館, 1999年)

⑼ 小谷信千代『テベット倶舍論の研究─『テムゼー』賢聖品の解讀─』(文榮堂, 1995年)

⑼ 本庄良文『倶舍論所依阿含全表』(松家版, 京都, 1984年)

이것은 『구사론』에 대한 사마타디바의 주석 『아비다르마코샤 우파이카』에 근거하여 『구사론』에 인용되는 경전을 추적한 표이다. '우파이카'란 개론서의 의미로 경전의 전거를 제시하여 구사론에 인도한다는 것이지만, 이 사판(私版)도 모양을 바꾸어 관계논문도 포함시켜 최근에 간행되었다. 별도로 이 전체 번역도 공간(公刊)된다고 들었기 때문에 크게 기대하고 있다.

⑩⓪ 平川彰, 平井俊榮, 高橋壯, 袴谷憲昭, 吉津宜英 『俱舍論索引』 第一, 二, 三部(大藏出版, 1993-1978年)

⑩① 加藤純章 『経量部の研究』(春秋社, 1989年)

⑩② 安井廣濟 『中觀思想の研究』(法藏館, 1961年)

⑩③ 江島惠敎 『中觀思想の展開―Bhavaviveka研究―』(春秋社, 1980年)

⑩④ 奥住毅 『中論註釋書の研究―チャンドラキールティ『プラサンナパダー』和譯―』(大藏出版, 1988年)

⑩⑤ 山口益 『佛教における無と有との對論』(山喜房佛書林, 1941年)

⑩⑥ 長尾雅人 『中觀と唯識』(岩波書店, 1958年)

⑩⑦ 結城令聞 『心意識論より見たる唯識思想史』(東方文化學院東京硏究所, 1935年)

⑩⑧ 宇井伯壽 『瑜伽論研究』(岩波書店, 1958年)

⑩⑨ 山口益, 野澤靜證 『世親唯識の原典解明』(法藏館, 1953年)

⑪⓪ 野澤靜證 『大乘佛教瑜伽行の研究』(法藏館, 1957年)

⑪① 勝呂信靜 『初期唯識思想の研究』(春秋社, 1989年)

(112) 竹村牧男『唯識三性説の研究』(春秋社, 1995年)

(113) 袴谷憲昭『唯識思想論考』(大藏出版, 2001年)

(114) 海野孝憲『インド後期唯識思想の研究』(山喜房佛書林, 2002年)

(115) 高崎直道『如來藏思想』Ⅰ Ⅱ(法藏館, 1988-1989年)

(116) 松本史郎『緣起と空—如來藏思想批判—』(大藏出版, 1989年)

(117) 田上太秀『菩提心の研究』(東京書籍, 1990年)

(118) 袴谷憲昭『本覺思想批判』(大藏出版, 1989年)

(119) 川崎信定『一切智思想の研究』(春秋社, 1992年)

(120) 津田眞一『アーラヤ的世界とその神—佛教思想像の轉回—』(大藏出版, 1988年)

(121) 宇井伯壽『佛教論理學』(大東出版社, 1944年)

(122) 渡辺照宏『佛教學論集』(筑摩書房, 1982年)

(123) 北川秀則『インド古典論理學の研究—陳那(Dignaga)の体系—』(鈴木學術財團, 1965年)

(124) Masaaki Hattori(服部正明), *Dignaga On Perception*, Harvard Oriental Series, Cambridge, 1968

(125) 梶山雄一『佛教における存在と知識』(紀伊國屋書店, 1983年)

(126) 上田昇『ディグナーガ論理學とアポーハ論—比較論理學的研究—』(山喜房佛書林, 2001年)

(127) 戸崎宏正『佛教認識論の研究』上下巻(大東出版社, 1979-1985年)

(128) 木村俊彦『グルマキールティ宗教哲學の原典研究』(木耳社, 1981年)

⑫⑨ 谷貞志『刹那滅の研究』(春秋社, 2000年)

⑬⑩ 長尾雅人『西藏佛教硏究』(岩波書店, 1954年)

⑬① 山口瑞鳳監修『チベットの佛教と社會』(春秋社, 1986年)

이것에는 앞의 문헌1 ⑦⑧뿐만 아니라 티베트불교에 관한 뛰어난 논문이 수록되어 있기 때문에 그것들로 참조하기 바란다.

⑬② Katsumi Mimaki(御牧克己) (ed., tr.), *Blo grud mtha', Chapitres IX (Vaibhasika) et XI(Yogacara) et Chapitres XII* (Madhyamika), Kyoto, 1982

⑬③ ツルティム・ケサン, 小谷信千代共譯『ツォンカパ著アーラヤ識とマナ識の研究—クンシ・カンテル—』(文榮堂, 1986年)

⑬④ Shunzo Onoda (小野田俊藏), *Monastic Debate in Tibet : A Study on the History and Structures of bsDus grwa Logic,* Wien, 1992

⑬⑤ 松本史朗『チベット佛教哲學』(大藏出版, 1997年)

⑬⑥ 袴谷憲昭『批判佛教』(大藏出版, 1990年)

⑬⑦ J. Hubbard and P. Swason (eds), *Pruning the Bodhi Tree : The Storm over Critical Buddhism,* Honolulu, 1997

이상에서 열거한 것 중에서도 지면을 할애하지 않을 수 없었던 연구문헌은 대단히 많지만 중국불교나 한국불교 그리고 일본불교에 관한 것은 지면 관계상 전면적으로 생략하지 않으면 안 되었다. '불교입문'으로서는 바람직하지 않지만 중국불교나 한국불교 그리고 일본불교에 관해서도 언젠가 이러한 종류의 책을 토대로 한다든지 보충한다든지 하는 바람이 있다. 그러나 일찍이 나 자신이 배웠고 지금도 자극을 얻고 있는 나의 주변의 학문적 성과마저도 살피지 않으면 안 된다는 생각 때문에 최소한의 것만을 제시해 두었다.

⑬⑧ 鎌田茂雄『中國華嚴思想史の研究』(東京大學出版會, 1965年)
⑬⑨ 平井俊榮『中國般若思想史研究—吉藏と三論學派—』(春秋社, 1976年)
⑭⓪ 平井俊榮監修『三論教學の研究』(春秋社, 1990年)
⑭① 吉津宜英『華嚴一乘思想の研究』(大東出版社, 1991年)
⑭② 伊藤隆壽『中國佛教の批判的研究』(大藏出版, 1992年)
⑭③ 石井修道『華嚴思想の研究—中國曹洞宗と道元禪—』(大東出版社, 1987年)
⑭④ 奧野光賢『佛性思想の展開—吉藏を中心とした『華嚴論』受容史—』(大藏出版, 1987年)
⑭⑤ 伊藤秀憲『道元禪研究』(大藏出版, 1998年)

마지막으로 불교의 논술에 있어 현시점보다 미래를 기점으로 말하면 '습관'적으로 '무기'인 율장관계의 문헌은 가능한 한 객관적으로 사실의 기록으로서 가필해 두었으며, 필요가 생기면 '교단'에서 석존의 명호 하에 규칙으로서 개정 제정되고, '사상'적으로 '선'인 나머지 두 개에 관해서는 경장관계 문헌은 엄밀하게 검토되어 '경'으로 확정된다. 논장관계 문헌은 '사상'적 논쟁을 거쳐 진의의 결정이 '논'으로서 축적되어 가기를 간절히 바란다.

불교사 연표

지역별 시대 구분				세기	인도 내(內) 불교사 사정	인도 외(外) 불교사 사정
페르시아 제국	마가다를 중심으로 한 16대국			BC 6	○고타마 싯다르타(BC.563-483, BC.463-383 등 여러 설이 있음) 활약, 불교의 개창자	범례 ○는 비교적 장기적으로 영향을 미친 사항 ●는 일정한 시기로 특정하는 것이 가능하거나 특정되어야 할 사항
		동주	춘추 전국 시대	BC 5	○바라문의 베다제식주의에 대하여 슈라마나의 고행주의가 성행하게 됨	
				BC 4	○불교, 갠지즈강 중류지역으로 확산됨 ● BC.317 마우리야 왕조 성립 ●이즈음(c.BC.280), 상좌부에서 대중부가 분열됨(근본분열)	
시리아 왕국	마우리야 왕조			BC 3	●이즈음(c.BC.270), 아쇼카왕이 즉위하여, 각 지역에 법칙을 세움 ●이즈음(c.BC.250), 마힌다 장로, 싱할라로 불교를 전도했다고 전해짐	●이즈음(c.BC.240), 싱할라왕 티샤, 상좌부 불교를 받아들여, 마하비하라 사원을 건립함
파르티아 왕국	대월씨국	박트리아 (Bactria)	전한	조몬 시대 BC 2	○박트리아의 메난드로스(c.BC.160-140), 불교에 귀의하여, 나가세나와 대론함 ○설일체유부를 중심으로 한 불교가 북서인도에 정착하여, 아비다르마 연구가 점차 성행하게 됨 ●카티야야니푸트라(c.BC.100), 『발지론』을 저술함	○싱할라왕 아바야 (c.BC.29-17), 아바야기리비하라 사원을 건립하고, 이후 마하비하라파와 아바야기리비하라파가 대립하는 복선이 됨
				BC 1		○아바야왕 치하에서 마하비하라파에 의해 성전의 사경을 진행했다고 전해짐

사산왕조 페르시아 / 쿠샨 왕조 / 에프탈 / 샤카 왕조 / 굽타 왕조 / 싱할라 왕조 / 후한 / 3국 시대 / 서진 / 동진 / 5호 16국 / 남북조 / 삼한시대 / 백제 / 고구려 / 신라 / 야요이 시대 / 고훈 시대

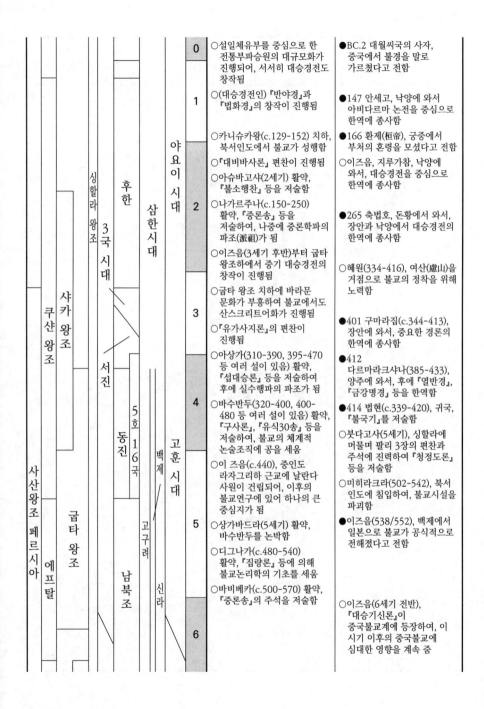

0	○설일체유부를 중심으로 한 전통부파승원의 대규모화가 진행되어, 서서히 대승경전도 창작됨	●BC.2 대월씨국의 사자, 중국에서 불경을 말로 가르쳤다고 전함
1	○(대승경전인) 『반야경』과 『법화경』의 창작이 진행됨 ○카니슈카왕(c.129-152) 치하, 북서인도에서 불교가 성행함	●147 안세고, 낙양에 와서 아비다르마 논전을 중심으로 한역에 종사함 ●166 환제(桓帝), 궁중에서 부처의 혼령을 모셨다고 전함
2	○『대비바사론』 편찬이 진행됨 ○아슈바고샤(2세기) 활약, 『불소행찬』 등을 저술함 ○나가르주나(c.150-250) 활약, 『중론송』 등을 저술하여, 나중에 중론학파의 파조(派祖)가 됨 ○이즈음(3세기 후반)부터 굽타 왕조하에서 중기 대승경전의 창작이 진행됨	○이즈음, 지루가참, 낙양에 와서, 대승경전을 중심으로 한역에 종사함 ●265 축법호, 돈황에서 와서, 장안과 낙양에서 대승경전의 한역에 종사함
3	○굽타 왕조 치하에 바라문 문화가 부흥하여 불교에서도 산스크리트어화가 진행됨 ○『유가사지론』의 편찬이 진행됨	○혜원(334-416), 여산(廬山)을 거점으로 불교의 정착을 위해 노력함 ●401 구마라집(c.344-413), 장안에 와서, 중요한 경론의 한역에 종사함
4	○아상가(310-390, 395-470 등 여러 설이 있음) 활약, 『섭대승론』 등을 저술하여 후에 실수행파의 파조가 됨 ○바수반두(320-400, 400-480 등 여러 설이 있음) 활약, 『구사론』, 『유식30송』 등을 저술하여, 불교의 체계적 논술조직에 공을 세움	●412 다르마라크샤나(385-433), 양주에 와서, 후에 『열반경』, 『금강명경』 등을 한역함 ●414 법현(c.339-420), 귀국, 『불국기』를 저술함 ○붓다고사(5세기), 싱할라에 머물며 팔리 3장의 편찬과 주석에 진력하여 『청정도론』 등을 저술함
5	○이 즈음(c.440), 중인도 라자그리하 근교에 날란다 사원이 건립되어, 이후의 불교연구에 있어 하나의 큰 중심지가 됨 ○상가바드라(5세기) 활약, 바수반두를 논박함 ○디그나가(c.480-540) 활약, 『집량론』 등에 의해 불교논리학의 기초를 세움 ○바비베카(c.500-570) 활약, 『중론송』의 주석을 저술함	○미히라크라(502-542), 북서 인도에 침입하여, 불교시설을 파괴함 ●이즈음(538/552), 백제에서 일본으로 불교가 공식적으로 전해졌다고 전함
6		○이즈음(6세기 전반), 『대승기신론』이 중국불교계에 등장하여, 이 시기 이후의 중국불교에 심대한 영향을 계속 줌

이슬람 제국 / 서돌궐 / 셀주크투르크 / 팔라 왕조 / 찰루키아 왕조 / 불교 전전기 토번 왕국 / 불교 후전기 토번 왕국 / 수 / 당 / 돈황 / 요 / 북송 / 통일신라 / 5대 10국 / 아스카 시대 / 하쿠호 시대 / 나라 시대 / 헤이안 시대			
	6	○찬드라키르티(c.600-650) 활약, 바비베카를 비판함 ○다르마키르티(c.600-660) 활약, 불교논리학을 크게 성공시킴	○정영사(寺) 혜원(523-592), 지의(538-597), 길장(549-623), 활약함
	7	○데벤드라붓디와 샤키야붓디, 다르마키르티의 논리학을 계승함 ○산티데바(c.650-700), 『입보리행론』 등을 저술하여, 중론학파의 학승으로 존중됨 ○다르못타라(c.750-810), 다르마키르티의 논리학을 '형상허위유구론(形象虛僞有垢論)의 입장에서 해석함 ●이즈음(c.770), 비크라마시라 사원이 건립되어 밀교의 큰 승원이 됨	●645 현장(602-664), 인도에서 귀국하여 유식 논전을 중심으로 한역에 종사함 ○선도(612/613-681), 『관경소』 등을 저술하여, 정토사상사에 신기원을 열다. ●695 의정(635-713), 인도에서 중국으로 귀국하여, 근본유부율을 중심으로 한역에 종사함 ○이즈음(8세기), 6종의 학문불교가 정착함
	8	○하리바드라(800경), 『현관장엄론』을 저술하여 중관학파에 학습체계를 도입함	●725 시바카라싱하에 의해서 『대일경』이 한역됨 ●753 아모가바즈라에 의해서 『금강정경』이 한역됨 ●이즈음(c.770), 샨타라크쉬타, 티베트에 초대되어, 전전기(前伝期)의 기초를 세움 ●775 삼예사(寺) 건설이 시작됨 ●794 카말라실라, 티베트에 초대되어 마하연을 논파함
	9	○프라즈냐카라굽타(c.950-1030), 다르마키르티의 논리학을 형상허위무구론(形象虛僞無垢論)의 입장에서 해석함 ○라트나카라샨티(11세기), '형상허위유심파(形象虛僞唯心派)'로 활약함	●814 티베트 번역어가 통일됨 ●824 티베트 최고의 역경 목록인 『덴카르마』가 편찬됨 ○사이쵸(767-822)에 의해 천태종, 구카이(774-835)에 의해 진언종이 일본에 정착해 성행하게 됨
	10	○즈냐나슈리미트라(11세기), '형상진실유심파(形象眞實唯心派)'로 활약함 ○프라즈냐카라마티(11세기), 『입보리행론』의 주석을 저술하는 등, 중론학파의 학습체계를 중시하는 경향을 대표함	●985 겐신, 『왕생요집』을 저술함 ●1042 아티샤, 서티베트에 초대되어 후전기(後伝期)의 기초를 세움 ○이즈음(11세기), 실론에서 버마로 불교가 전파됨
	11		

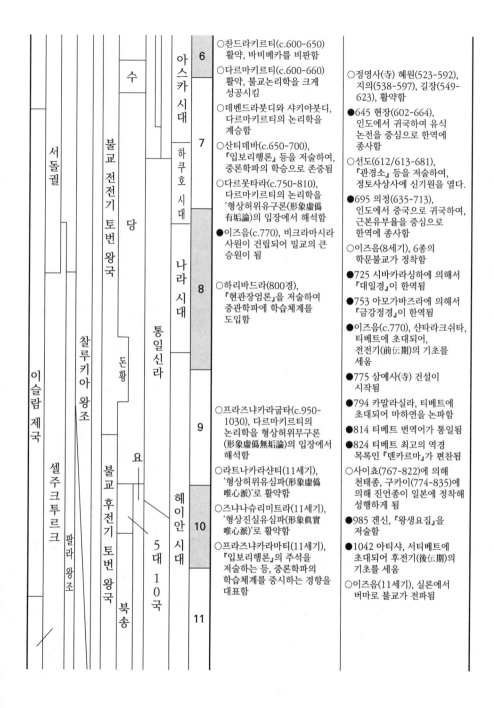

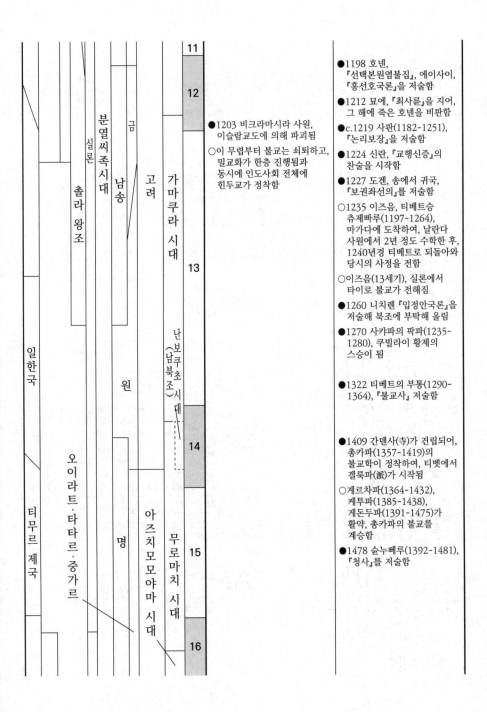

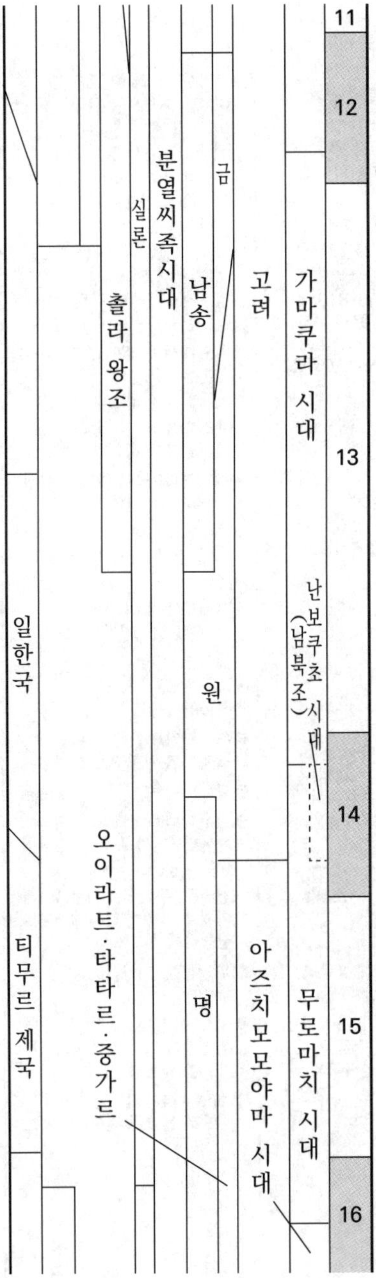

●1203 비크라마시라 사원, 이슬람교도에 의해 파괴됨

○이 무렵부터 불교는 쇠퇴하고, 밀교화가 한층 진행됨과 동시에 인도사회 전체에 힌두교가 정착함

●1198 호넨, 『선택본원염불집』, 에이사이, 『흥선호국론』을 저술함

●1212 묘에, 『최사륜』을 지어, 그 해에 죽은 호넨을 비판함

●c.1219 사판(1182-1251), 『논리보장』을 저술함

●1224 신란, 『교행신증』의 찬술을 시작함

●1227 도겐, 송에서 귀국, 『보권좌선의』를 저술함

○1235 이즈음, 티베트승 츄제빠루(1197-1264), 마가다에 도착하여, 날란다 사원에서 2년 정도 수학한 후, 1240년경 티베트로 되돌아와 당시의 사정을 전함

○이즈음(13세기), 실론에서 타이로 불교가 전해짐

●1260 니치렌 『입정안국론』을 저술해 북조에 부탁해 올림

●1270 사캬파의 팍파(1235-1280), 쿠빌라이 황제의 스승이 됨

●1322 티베트의 부통(1290-1364), 『불교사』 저술함

●1409 간덴사(寺)가 건립되어, 총카파(1357-1419)의 불교학이 정착하여, 티벳에서 겔룩파(派)가 시작됨

○게르차파(1364-1432), 케투파(1385-1438), 게돈두파(1391-1475)가 활약, 총카파의 불교를 계승함

●1478 슌누뻬루(1392-1481), 『청사』를 저술함

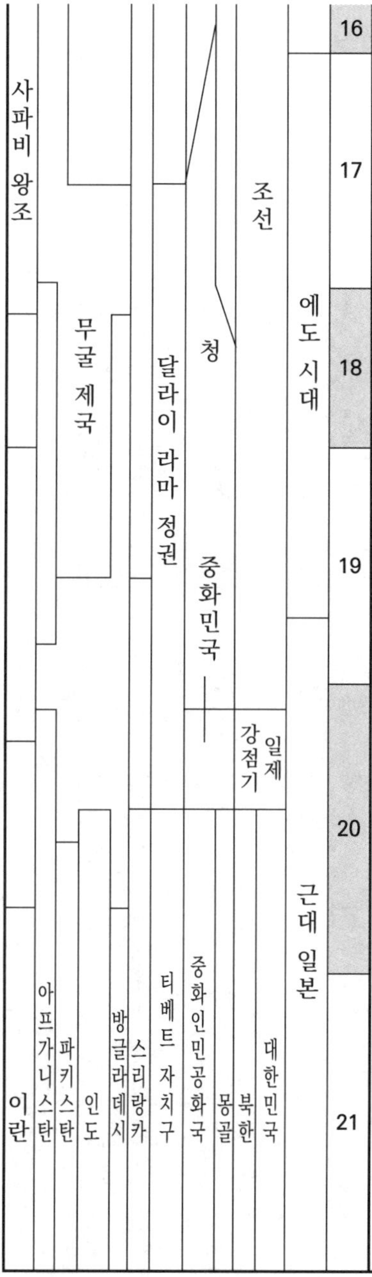

○암베드카르(1891-1956) 활약, 인도 사회 극히 일부에 네오부디스트 운동이 다시 일어남

●1605 일본인 기독교인 후칸사이 하비안 『묘정문답』을 저술함

●1615 에도막부, 여러 종파 각각이 본산법도(本山法度)를 제정하여 본말제도(本末制度)를 확립함

●1642 티베트에 달라이 라마 정권 성립

●1699 자무얀시에파(1648-1722), 『대교의』를 저술함

●1749 창캬 2세(1717-1786), 『교의규정』을 저술함

●1868 메이지유신과 함께, 신불분리령(神佛分離令)이 발포되어, 이후, 폐불훼석(廢佛毁釋)운동이 일어남

●1876 난조 분유(1849-1927), 영국에 유학하여, 막스 뮐러 문하에서 불교학을 공부하고, 그 후 일본에 산스크리트어와 팔리어에 기초한 불교연구의 단초를 만듦

●1903 일본인으로서는 처음으로 중앙티베트에 갔던 가와구치 에카이(1866-1945), 귀국함

●1949 중국 공산당, 티베트를 장악하고, 달라이 라마 14세, 라사를 떠남

●1959 달라이 라마 14세, 인도로 망명함

삼장대조표(三藏對照表)

	팔리 삼장	(남전장 권수)
율장	A 율장(Vinaya-piṭaka)	
	1 건도부(Khandaka)	
	a 대품(Mahā-vagga)	제3권
	①대건도 ②포살건도 ③입우안거건도 ④자자건도 ⑤피혁건도	
	⑥약건도 ⑦가히나의건도 ⑧의건도 ⑨첨파건도 ⑩구섬미건도	
	b 소품(Culla-vagga)	제4권
	2 경분별(Sutta-vibhaṅga)	제1-2권
	a 대분별(Mahā-vibhaṅga) b 비구니분별(Bhikkhunī-vibhaṅga)	
	3 부수(Parivāra)	제5권
경장	B 경장(Sutta-piṭaka)	
	1 장부(Dīgha-nikāya) 내용이 긴 경전 34경으로 되어 있음	제6-8권
	①『범망경』 *Brahmajāla-sutta* ②『사문과경』 *Sāmaññaphala-sutta*	
	③『아마주경』 *Ambaṭṭha-sutta* ⑭『대본경』 *Mahāpadāna-suttanta*	
	⑮『대연경』 *Mahānidāna-suttanta* ⑯『대반열반경』 *Mahāparinibbāna-suttanta* 등	
	2 중부(Majjhima-nikāya) 중간 길이의 경전 152경으로 되어 있음	제9-11권
	3 상응부(Saṃyutta-nikāya) 테마에 상응하게 배열된 2875의 단경으로 되어 있음	제12-16권
	4 증지부(Aṅguttara-nikāya) 법수에 따라 배열된 2198의 단경으로 되어 있음	제17-22권
	5 소부(Khuddaka-nikāya) 잡거적 성격의 15경으로 되어 있음	제23-44권
	②『법구경』 *Dhammapada* ⑤『경집』 *Suttanipāta* ⑧『장로게』 *Theregāthā*	
	⑩『본생경』 *Jātaka* 등, 부수적인 것이지만 유명한 것이 많은 것에 주의	
	대승경전	
논장	C 논장(Abhidhamma-piṭaka)	
	1 『법집론』 Dhamma-saṅgaṇi	제45권
	2 『분별론』 Vighaṅga	제46-47권
	3 『계론』 Dhātu-kathā 4 『인시설론』 Puggala-paññatti	제47권
	5 『논사』 Kathā-vatthu	제57-58권
	6 『쌍론』 Yamaka	제48-49권
	7 『발취론』 Paṭṭhāna	제50-56권
장외 및 후세 입장	1 『미린다왕문경』 *Milinda-pañha*	제59권
	2 『도사』 *Dīpa-vaṃsa* 3 『대사』 *Mahā-vaṃsa*	제60권
	4 『소사』 *Cūla-vaṃsa*	제61권
	5 『청정도론』 *Visuddhi-magga*	제62-64권
	6 『일체선견율논서』 *Sanmantapāsādikā* 7 『섭아비달마의론』 *Abhidhammattha-saṅgaha*	제65권

한역대장경	(대정장 권수)	티베트대장경	(델룩판 번호)
5대광율		I 불설의 번역(bKa' 'gyur)	
1 10송율 (유부)		1 율사(Vinaya-vastu)	제1번
		『출가사』에서 『파승사』까지 17사	
2 4분율 (법장부)		2 바라제목차와 그 분별	제2-3번
3 마하승기율 (대중부)	제22-24권	3 비구니바라제목차와 그 분별	제4-5번
4 5분율 (화지부)		4 『잡사』 *Kṣudraka-vastu*	제6번
		5 기타	제7번
5 근본설일체유부율 (유부)			
4아함(Āgama)		제 31, 34, 337, 352번 등이 알려질지라도 명확한 전역은 없음	
1 장아함 Dīrghāgama		다만, 사마타데바의 『우파이카』(제4094번)의 인용과 관련한 설에 의해서 산발적으로 알려진다	
	제1-2권		
2 중아함 Madhyamāgama			
3 잡(상응)아함 Saṃyuktāgama			
4 증일아함 Ekottarāgama			
5 소(잡)아함 Kṣudrakāgama			
명확한 전역 없음	제3-4권	제 95, 326, 348번 등에 산재	
본생, 불전		반야부(Sher phyin)	제8-43번
반야부	제5-8권	화엄부(Phal chen)	제44번
법화부, 화엄부, 보적부	제9-12권	보적부(dKon brtsegs)	제45-93번
열반부	제12권	경부(mDo sde)	제94-359번
대집부	제13권	탄트라부(rGyud)	제360-1108번
경집부	제14-17권		
밀교부	제18-21권		
6족발지		II 논전의 번역(bs Tan 'gyur)	
1 『발지론』 *Jñāna-prasthāna*		예찬부 bs Tod tshogs	제1108-1179번
2 『품류족론』 *Prakaraṇa-pāda*		탄트라부 rGyud	제1180-3785번
3 『식신론』 *Vijñāna-kāya*		반야부 Sher phyin	제3786-3823번
4 『법온론』 *Dharma-skandha*		중(관)부 dBu ma	제3824-3980번
5 『시설론』 *Prajñapti-śāstra*	제26-29권	경소부 mDo 'grel	제3981-4019번
6 『계신론』 Dhātu-kāya		유심(식)부 Sems tsam	제4020-4085번
7 『집이문론』 *Saṃgīti-paryāya*		아비달마부 mNgon pa	제4086-4103번
그 밖의 논전		유부 'Dul ba	제4104-4149번
『대비바사론』 등		본생부 sKyes rabs	제4150-4157번
		서한부 sPring yig	제4158-4202번
석경론부(『대지도론』 등)	제25-26권	인명부 Tshad ma	제4203-4268번
중관부, 유가부, 논집부	제30-32권	기타	제4269-4464번
중국찬술부	제33-55권	티베트찬술부	
		아티샤 소부집	제4466-4567번
일본찬술부	제56-84권	(다만 북경판에는 없음)	
		총카파 전서	영인북경판의
		창캬 1세 전서	장외에만 수록됨

불교사지도

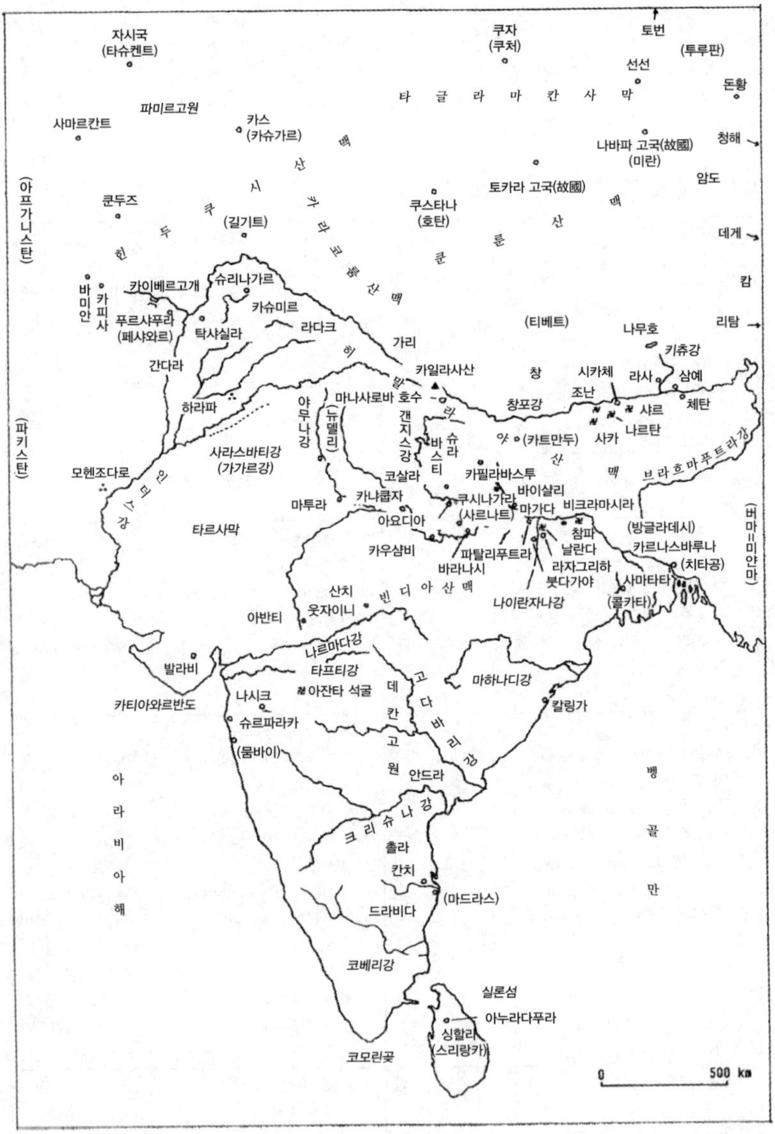

자시국
(타슈켄트)
쿠자
(쿠처)
토번
(투루판)
선선
돈황
타 클 라 마 칸 사 막
파미르고원
사마르칸트
카스
(카슈가르)
나바파 고국(故國)
(미란)
청해
토카라 고국(故國)
암도
(아프가니스탄)
쿤두즈
힌 두 쿠 시 산 맥
카 라 코 룸 산 맥
(길기트)
쿠스타나
(호탄)
쿤 룬 산 맥
데게
캄
리탐
바미안
카피사
카이베르고개
슈리나가르
카슈미르
라다크
푸르샤푸라
(페샤와르)
탁샤실라
(티베트)
나무호
키츄강
가리
간다라
카일라사산
히 말 라 야 산 맥
창
시카체
라사
삼예
조난
체탄
샤르
나르탄
하라파
마나사로바 호수
야무나강
(뉴델리)
갠지스강
바스티
슈라
(카트만두)
사카
창포강
브라흐마푸트라강
(파키스탄)
사라스바티강
(가가르강)
모헨조다로
인 더 스 강
코살라
카필라바스투
바이샬리
마투라
카냐쿱자
쿠시나가라
(사르나트)
마가다
비크라마시라
(방글라데시)
(버마=미얀마)
타르사막
아요디아
참파
카우샴비
날란다
카르나스바루나
(치타공)
파탈리푸트라
라자그리하
바라나시
붓다가야
사마타타
산치
빈 디 아 산 맥
나이란자나강
(콜카타)
아반티
웃자이니
나르마다강
발라비
타프티강
아잔타 석굴
나시크
데 칸 고 원
고 다 바 리 강
마하나디강
카티아와르반도
칼링가
슈르파라카
(뭄바이)
안드라
아 라 비 아 해
벵 골 만
크 리 슈 나 강
촐라
칸치
(마드라스)
드라비다
코베리강
실론섬
아누라다푸라
싱할라
(스리랑카)
코모린곶
0
500 km

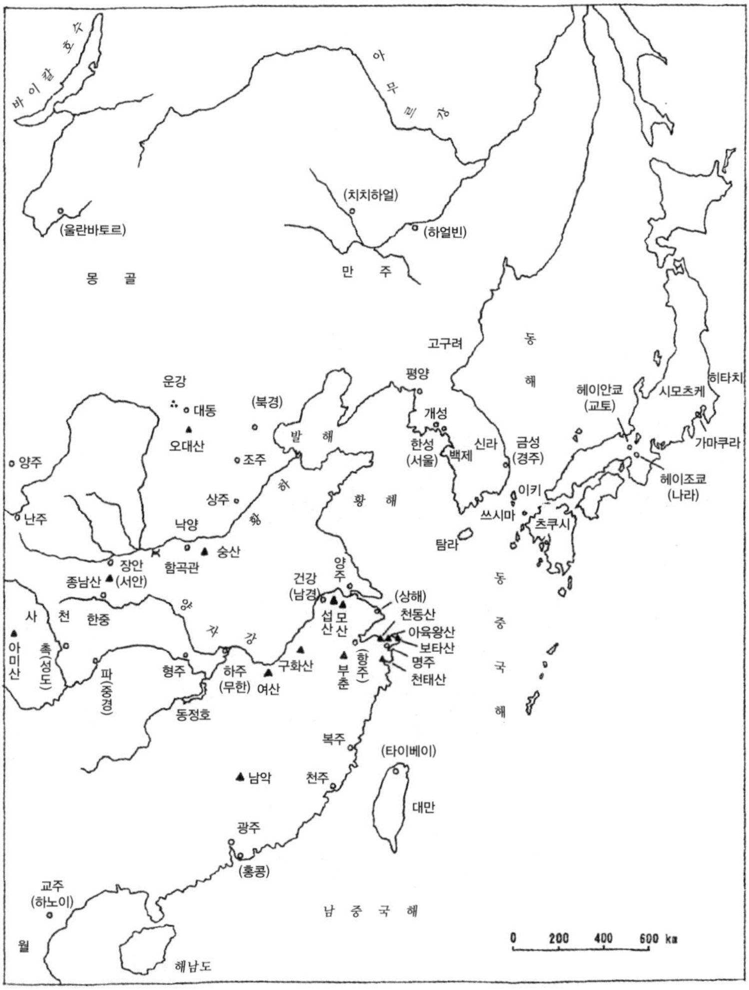
바이칼호수
아무르강
(치치하얼)
(울란바토르)
(하얼빈)
몽골
만주
고구려
동해
평양
운강
대동
(북경)
오대산
발해
양주
조주
개성
한성
(서울)
백제
신라
금성
(경주)
헤이안쿄
(교토)
시모츠케
히타치
가마쿠라
헤이조쿄
(나라)
상주
황하
황해
이키
쓰시마
츠쿠시
난주
낙양
탐라
장안
(서안)
숭산
함곡관
종남산
건강
(남경)
양주
(상해)
사천
한중
양자강
섭산
모산
천동산
아육왕산
보타산
명주
천태산
동중국해
아미산
촉(성도)
파(중경)
형주
하주
(무한)
여산
구화산
부춘
(항주)
동정호
복주
(타이베이)
남악
천주
대만
광주
(홍콩)
교주
(하노이)
남중국해
0 200 400 600 km
월
해남도

후기

어느 정도 예측 못 할 일도 아니었지만, 실로 전후의 현행 헌법 하에서 처음으로 일본이 군대를 파견하는 이때(자위대의 이라크 파병을 말함-옮긴이) '후기'를 쓸 줄은 생각지도 못했다. 어떤 사람은 파견하는 것이 '자위대'이지 '군대'가 아니라고 말할지도 모르지만, 외신은 'dispatch troops'라든가 'send soldiers'라고 말하고 있다. '자위대'가 번역 가능한가, 아닌가가 문제가 된다면 그것은 이 책에서 다룬 '번역가능론'과 '번역불가능론'의 문제와 얽히기 때문에 꼭 그것을 다시 읽어 보셨으면 한다.

너무나도 어둡고 무거운 분위기의 시대가 되어 버렸기 때문에 이 '후기'의 첫머리가 이렇게 되었지만, 여기에는 주로 이 책을 쓰게 된 경위를 기록하고 싶다.

생각해 보면 집필의 씨앗은 2002년 12월의 중순에 싹텄다. 그날 나는 다이조출판의 이노우에 씨를 만나 내 나름대로 다음 책이 될 『율장설화연구』라는 책에 대하여 이노우에 씨의 관심을 끌 이야기를 하려고 했다. 그러나 이노우에 씨는 부드럽게 그것을 차단하고, 그것도 좋지만 그 전에 불교 전체의 내용을 본격적으로 그리고 평이하게

써 주셨으면 하는데 어떠냐고 물었던 것이다. 그것은 매력적인 이야기였지만 나는 끝까지 나의 처음 생각에 구애되었던 것 같다. 그럼에도 나는 이노우에 씨가 역점을 두고 생각하는 지점이 어디에 있는가를 열심히 들었던 것으로 기억한다. 이노우에 씨가 강조한 것은 예를 들면 간편한 '인도불교개설' 같은 것에서는 절대로 없는 것, 불교 전체에 미치는 본질적인 문제를 가능하다면 지적인 고교생들도 이해할 수 있도록, 게다가 반드시 본격적으로 논하는 것이었는데, 그것을 이노우에 씨는 확실히 '불교통론'과 같은 언어로서도 표현하고 있었다. 이러한 이노우에 씨의 생각은 나의 언어로 말하면 '불교입문'이 되지만, '불교입문'을 긴급하게 원한다고 말해도 나에게는 부담된다는 답을 한 것으로 기억한다. 이노우에 씨는 글을 써 준다면 기다리겠다고 하였지만, 나는 『율장설화연구』 쪽을 먼저 출판하자고 계속해서 논의를 하였고 시간이 늦어져서 그날은 그렇게 헤어졌다.

그러나 이 이노우에 씨의 생각은 그해가 저물고 그다음 해 정월에 이르자 점차 나의 마음을 사로잡게 되었다. 그 마음의 배후에는 이전에 같은 다이조출판사에서 나의 첫 저서 『본각사상비판』과 다음 저서 『비판불교』를 출판했을 때 신세를 많이 졌던 다케모토 씨가 '비판'뿐만 아니라 『불교란 무엇인가』도 언젠가는 출판해 달라고 했는데, 그 당시에는 가볍게 수긍했던 나의 무책임도 이것을 완수하면 일거에 소멸할 수 있겠다는 생각이 작동하였던 것도 사실이다. 물론 그때와 지금은 달라서 『불교란 무엇인가』와 같은 성격의 책의 의미도 젊은 시절보다 오히려 무겁게 느껴졌던 것 같다. 그해가 밝게 된 2003년 1월 24일에 동료인 기무라 세이지 씨, 오쿠노 이츠카타 씨와 함께 이노우에 씨를 만나 늦은 신년회에서 차를 마신 다음 나는 『율장설화연구』보다도 『불교란 무엇인가』를 우선으로 집필하겠다고 약속했다.

이 해 봄 휴가에는 나의 그 선언을 내실이 있는 것이라고 받아들여 주었던 이노우에 씨의 유형무형의 압력이 재삼 있은 뒤 바로 그 책의 구체적인 집필 계획에 관해서 이야기할 기회가 3월 6일에 생겼다. 이때 나는 『불교란 무엇인가』의 대강을 제시하는 '목차' 느낌의 메모를 건넸다. 장시간 가만히 보고 있던 이노우에 씨는 이 선에서 부탁드린다고 말해주었고, 큰 변경 없이 이 책의 목차로 정해졌다.

집필은 여름 휴가에 하면 2004년 신학기에는 충분히 맞출 수 있다는 보증을 얻은 나는 작년 신학기가 시작하기 전에 결과적으로 부록이 되어 버린 '불교사지도', '불교사연표', '삼장대조표' 등 손으로 쓴 원고를, 지금까지 강의에 사용해 왔던 자료를 정리하는 형태로 이노우에 씨에게 건네주었을 뿐, 핵심적인 집필은 작년 여름을 기약하게 되었다.

그런데 그 사이에 나는 아쿠타가와의 『거미의 실』과 관련해서 마음에 걸렸던 폴 카루스와 S. 빌에 관한 어떤 보고의 배경을 조사해 볼 필요에 직면하게 되었다. 이 조사는 나에게 메이지 시기 혹은 빅토리아 왕조 시기의 일본이나 서구에 관한 문제에 새로운 식견을 주었고 그 약간은 이 책에도 반영되었다고 믿는다.

그런데 이 조사보고를 포함한 두세 개의 논문을 쓰고 나서 이제 슬슬 여름 휴가인 작년 7월 14일에 실로 기회를 엿보고 있었던 것과 같은 타이밍으로 이노우에 씨로부터 만나자는 전화가 왔다. 17일에 만났는데 부록의 세 점짜리 교정쇄가 벌써 나와 있었다. 그것을 나에게 건네면서 여름 휴가 집필은 반드시 틀어짐이 없도록 거듭 당부

하는 건 아무래도 이노우에 씨 스타일이었던 것이다. 그 세 점짜리 교정쇄를 상세하게 점검한 것은 최근이 되어서이지만, 이노우에 씨가 손수 다듬어 준 그 마무리는 처음부터 대단히 깔끔한 것이었다. 이 부록은 불교 전체의 움직임을 공간적, 시간적, 전적적(典籍的)으로 우선 파악하고자 하여 작성한 것이지만, 당초부터 적극적이었던 이노우에 씨는 조속히 그 성과를 보고 싶었던 것이다. 이 세 점의 부록에 관해서는 이후에도 시종 나의 귀찮은 주문을 망설이지 않고 들어 주면서 그것을 재현하려고 애썼던 이노우에 씨의 열의가 없었더라면 내 쪽이 먼저 출판을 단념했을지도 모른다. 여기서 세심한 주의를 기울여 도와주신 이노우에 씨에게는 마음으로부터 감사의 인사를 드리지만, 최종 책임이 나에게 있다는 것은 말할 필요도 없다. 내가 도망치는 것은 아니지만, 이 세 점은 그 어떤 것이든 전체적인 기준을 부여하는 것만을 의도하였다. 특히 '불교사지도'는 그런 성격이 강한데, 작은 공간에서 거리나 방위에 정확성을 기하는 것은 도저히 불가능했다. 예를 들면 나이란자나강은 동일한 축척상에서 다른 강과 같은 크기로는 기입할 수 없었지만 대강의 위치는 제시할 필요가 있었는데, 이런 경우가 많았던 것이다. 부정확하다는 비방을 받더라도 대략은 알아 두었으면 하는 바람이 거기에는 강하게 작동하였고, 그 바람은 다른 두 가지 부록에 관해서도 마찬가지이다. 특히 '삼장대조표'는, 불교에 관해 발언하는 사람들은 반드시 표로 제시해 두려는 불교의 전적상의 상식을 최소한의 것으로서 억제하려고 하였다.

한편 이노우에 씨의 주문에 떠밀린 모양으로 여름 휴가에 돌입한 나는 처음에는 유장하게 준비를 하고 있었다. 8월에 들어 실제로 핵심을 거론하면서 초조해졌지만, 그래도 어쩔 수 없다고 단념하고

8월 중순부터 본격적으로 원고용지와 마주했다. 본편을 마쳤을 때에는 10월 말이 되었지만, 도중에(9월 5일) 이노우에 씨를 만나서 제2장 제3절까지의 원고는 건넸다. 나머지 모두를 건넨 것은 「입문 이후」에도 나왔던 11월 7일이었다.

이후 내가 전체 초교지를 받은 것은 새해가 밝은 금년 1월 5일이었다. 그 사이에도 이노우에 씨의 내용 점검은 줄곧 이어지고 있었다. 이 책을 가능하면 젊은이들이 많이 읽어 주었으면 하고 간절하게 바랐던 나는, 시간이 걸릴 때에는 쓸데없이 길어지기도 하는 나의 글 버릇을 잘 알고 있었기 때문에 이번에는 처음부터 특히 문장과 내용 점검을 이노우에 씨에게 적극적으로 부탁드렸다. 그렇기 때문에 교정쇄가 나오기 전에도 전화로 확인하곤 했지만, 이번에 그 초교지의 체크 사항을 보고서 이노우에 씨의 참으로 적확한 지적에 새삼 깊이 감사드린다. 나로서는 가능한 한 그 지적을 살려서 교정할 생각이다.

이 책은 머리말에도 기술한 바와 같이, 가능하다면 대학 교과서로 사용되는 것도 의도하고 있다. 이 책에서 많이 채용되고 있는 한자의 발음 표기도 나의 의도를 관찰한 이노우에 씨가 적극적으로 주의를 기울인 결과이다. 발음 표기를 달아도 저자의 착오를 가능한 피하고 싶다고 생각한다면 특히 몇 가지 것은 채용하지 않는 쪽이 나은 경우도 있지만, 이것도 이노우에 씨의 조언에 따르길 잘했다고 생각한다.

덕분에 드디어 이 책도 출판되었다. 이러한 경위를 상당히 상세하게 기술한 것은 '입문' 서적은 결코 저자 한 사람의 힘으로 내는 것이 아니라, 신뢰할 수 있는 편집자나 자극을 주고받을 수 있는 동료 없이는 대개 불가능하다는 것을 젊은 분들도 알아주었으면 하고 바라기 때문이다.

이 책이 나오기까지 여러 측면에서 도와주신 동료에 대해서 말씀드리고 싶다. 내가 이전에 신세를 졌고 가끔은 요즘도 신세를 지고 있는 고마자와대학 불교학부의 선생들이나 고마자와 단기대학의 동료에게 다양한 형태로 교시를 받았다. 여기에 기록하여 깊이 감사를 드린다. 특히 동료인 기무라 세이지 씨와 오쿠노 미츠카타 씨에게는 연구상의 이야기뿐만 아니라 언제라도 가볍게 다양한 문제에 응해 주었던 것에 심심한 감사의 뜻을 표하고 싶다.

또한 동료에 대한 마음은 자연, 신변에서 시공의 저쪽에도 미치지 않을 수 없지만, 해가 밝고 나서 생각해 보니 작년은 나의 친한 분들이 많이 돌아가신 한 해이기도 하였다. 나와 같은 나이가 되면 그것도 어쩔 수 없다고 생각될지도 모르지만, 작년은 특히 나보다도 젊은 분의 서거가 많아서 받은 충격도 더 컸던 것이다. 그러나 연령의 여하에 관계없이 이별은 슬픈 것으로 집필 도중인 작년 9월 25일에는 나의 은사 중 한 분의 부인께서 돌아가셨다. 은사님과 같이 긴 시간 동안 신세를 진 분으로 그 슬픔은 어떠한 필설로도 다할 수 없지만, 여기서 조심스럽게 명복을 빌고 싶다.

또한 뒤에 안 사실이지만, 같은 해 9월 25일에는『오리엔탈리즘』의 에드워드 사이드가 세상을 떠났다. 사이드의 죽음은 나에게는 무엇인가 큰 시대의 변화를 상징하는 것처럼 생각되는데, 연말부터 연초에 걸쳐 이 나라에서 할리우드 영화인 〈라스트 사무라이〉가 크게 흥행을 하고 있다고 한다. 니토베 이나조(新渡戸稲造)의『무사도: 일본의 정신(*Bushido: The Soul of Japan*)』(1899)이 야나이하라 다다오(矢内原忠雄)에 의해서 번역된 것은『국체의 본의(國体の本義)』 간행의 다음 해인 1938년이다. 이라크 파병의 이 시기에 거듭 '무사도(武士道)'가 유행하고 '영영(英靈)'이나 '정국(靖國)'이 찬미되고 있다면 불교도로서 이만큼 슬픈 일은 없다.

그러나 시대가 어렵다고 해도 다양한 발언이 자유롭게 가능한 나라였으면 좋겠다. 게다가 일본 고대의 긴 전통이 있으면 있을수록 그것에 대한 각자의 생각도 다양한 만큼 각종 발언이 환영받지 않으면 안 된다. 나로서는 그러한 발언 중에 불교 측의 주장이 행해질 경우 이것만은 상식으로서 알아 주었으면 하는 것을, 내가 이제까지 배워 왔던 것을 모두 토해내는 각오로 쓰려고 했다. 그러한 의미에서 이 책을 기연으로 각자가 자신의 문제의식을 찾아 전개해 나갈 수 있도록 끊임없이 '휴리스틱(heuristic)'한 방향을 지향했다. 이 과정에서 당연하게도 주변 선생님들이나 동료뿐만 아니라 과거에 학교나 서물을 매개로 하여 도움을 주신 선배들의 업적에 헤아리지 못할 정도의 학은을 입고 있다. 그 일단은 「입문 이후」에도 기록하여 마무리할 수 있었지만, 여기서 다시 한번 사의를 표하는 한편, 학은을 입으면서 혹 간과해 버린 경우도 있을지 모르는 것을 우려하고 있다.

그와 같은 과오에는 용서를 빌면서, 이분들 없이는 이 책이 있을 수 없었을 이노우에 씨 그리고 이노우에 씨와 인연을 맺게 해 주신 다케모토 씨에게 거듭 심심한 사의를 표한다.

2004년 1월 19일

하카마야 노리아키

역자 후기

'불교란 무엇인가?'라는 물음은 불교라는 종교에 대한 근본적 질문이다. '불교'라 했을 때, 불의 한자는 佛이다. 이것은 산스크리트의 Buddha의 음역이다. 의역하면 깨달은 자, 즉 각자(覺者)이다. 그런데 깨달은 자를 의미하는 붓다에 대해 왜 불(佛)이라는 한자를 선택했던 것일까?

불(佛)을 파자하면 사람 인(人)과 아니 불(弗)이다. 즉 사람이 아닌 존재이다. 그런데 사람이 아닌 존재라고 해서 사람을 초월하여 따로 깨달은 자가 존재하는 것은 아닐 것이다. 하여튼 불(佛)은 사람이 아닌 존재이다.

그렇다면 여기서 사람은 누구인가? 사람은 깨닫지 못한 존재, 즉 중생(衆生)을 의미한다. 중생이란 자기의 생각을 진리라 여기고, 무리의 생각을 올바른 이념이라고 간주하는 어리석은 존재를 의미한다. 어리석은 존재이면서도 어리석은 줄을 모를 때 중생이며, 그것을 알면 이미 중생이 아니다.

니체의 주저 『짜라투스트라는 이렇게 말했다』에 위버멘쉬가 등장한다. 위버멘쉬는 Übermensch이다. Über는 '넘어서'라는 의미이며, mensch는 '인간' 또는 '남자'라는 의미의 독일어로 mensch는 영어의 men이다. 이 mensch나 men의 어원은 산스크리트 man이다. 산스크리트의 man은 '생각하다'의 의미이다. 따라서 mensch나 men은 '생각하는 존재'이다.

Übermensch는 '생각을 넘어서' 혹은 '인간을 넘어서'라는 뜻이다. 생각, 즉 분별을 본성으로 하는 인간을 넘어 존재하는 것이 바로 Übermensch이다. 우리나라에서는 이것을 초인(超人)이라 번역한다.

佛이란 Übermensch이다. '사람이 아닌 것'은 생각이나 분별을 넘어서 존재의 실상을 직관하는 존재이다. 요컨대 부처는 초인이다.

'불교'는 '부처님이 설한 가르침'이라는 것과 '부처가 되기 위한 가르침' 둘로 해석할 수 있다. 전자는 부처님의 말씀과 말씀의 결집인 경전을 통해 깨달음을 추구하는 교학불교로 체계화된다면, 후자는 부처님의 깨달음과 말씀을 넘어 자기 본래 모습을 통해 깨달음을 이루려는 선불교로 구체화된다.

전자는 문자를 세워 깨달음을 추구하는 유립문자(有立文字)와 부처님의 말씀을 통한 가르침으로 가르침을 전하는 이교전교(以敎傳敎)를 강조한다면, 후자는 문자를 세우지 않고 경전의 권위에 매이지 않고 깨달음을 추구하는 불립문자(不立文字)와 마음으로 마음을 전하는 이심전심(以心傳心)으로 깨달음을 성취하려는 것이다.

교학불교는 점진적 수행을 통해 깨달음을 이루려는 점교(漸敎)적 성격이 강하며, 선불교는 단박에 깨달아 그 깨달음을 보임하려는 돈교(頓敎)적 성향이 강하다.

그러나 어찌 교학과 선이 둘일 수 있으며, 이교전교와 이심전심이 따로 있을 수 있으며, 불립문자가 유립문자를 떠날 수 있으며, 돈오 없는 점수가 어디에 있고, 점수를 떠난 돈오가 있을 수 있는가? 따라서 '부처가 설한 가르침'은 곧 '부처가 되기 위한 가르침'인 것이다.

이 책은 '마음'이나 '영혼'을 '불교'의 입장에서 비판적으로 다시 보고 '영혼긍정설'의 온상이 되기 십상인 '성불'을 가능한 배척하면서 '불교'란 '부처님이 설한 가르침'이라고 하는 입장에서 입문서로서 쓰인 것이다.

전체 내용은 모두 5장이며 각 장마다 네 개의 절로 구성되어 있다. 1장은 불교학의 중심지이기도 한 마가다 지역으로 거슬러 간 뒤 '북전'과 '남전'의 불교의 지리지를 기술하고 있다. 2장은 불교 성립 이전의 인도 고대의 사상적 개략, 불전, 삼장의 성립전개가 기술되며 끝으로 불교발전기의 의미를 묻고 있다. 3장은 불교를 철학적 종교의 관점이 아니라 신앙의 종교라는 관점에서 저자의 자신의 생각을 피력하고 있다. 4장은 무아와 오온 및 연기와 사제 등 불교의 핵심적이며 기본적인 사상을 다루고 있다. 5장은 이러한 사상을 기반으로 불교가 어떻게 소승과 대승, 공성과 유식, 현교와 밀교로 전개되어 가는가 하는 그 사상의 여정을 밝히고 있다.

이 책의 저자인 하카마야 노리아키에 대해서 잠깐 소개해 드리고자 한다. 하카마야는 마츠모토 시로와 함께 불교를 비판적 관점에서 전관하여 비판불교라는 영역을 불교사상계에 던진 불교철학자이다. '불교교단사론'에 대한 깊은 전문가적 지식과 불교를 비판적 관점에서 보고자 하는 그의 연구 성과가 『비판불교』와 『유식의 해석학』 등으로 결실을 맺었다.

이 책은 현대불교연구원에서 여러 연구원들과 함께 공부하면서

틈틈이 번역한 것을 정리한 것이다. 우리 학계에는 많은 불교입문서가 있지만 이와 같이 비판적 관점에서 쓰인 입문서는 그렇게 많지 않다. 불교를 다른 관점에서 접근해 보려는 사람들은 이 책이 아주 좋은 길잡이가 될 것이다.

어려운 출판 여건에서도 이 책의 출간을 허락해 주신 산지니 출판사에 감사를 드리며, 특히 엉성하게 제출된 초고를 옥고로 만들어 주신 권경옥 선생님과 편집부 선생님들께 진심으로 감사드린다.

2022년 6월 8일

역자 일동

불교란 무엇인가

초판 1쇄 발행 2022년 8월 24일

지은이 하카마야 노리아키
옮긴이 권서용 · 이창엽 · 정영자
펴낸이 강수걸
기획실장 이수현
편집장 권경옥
편집 이선화 신지은 오해은 이소영 김소현 강나래
디자인 권문경 조은비
펴낸곳 산지니
등록 2005년 2월 7일 제333-3370000251002005000001호
주소 부산시 해운대구 수영강변대로 140 BCC 613호
전화 051-504-7070 | 팩스 051-507-7543
홈페이지 www.sanzinibook.com
전자우편 sanzini@sanzinibook.com
블로그 sanzinibook.tistory.com

ISBN 979-11-6861-072-9 03220

* 책값은 뒤표지에 있습니다.
* 잘못된 책은 구입하신 곳에서 교환해드립니다.

:: 산지니 인문도서 ::

무상의 철학 다르마끼르띠와 찰나멸

타니 타다시 지음 | 권서용 옮김 | 384쪽 | 18,000원 | 2008년 3월 | 978-89-92235-33-4

인도불교의 인식론과 논리학을 완성한 다르마끼르띠의 인식론, 특히 그의 존재론에 대한 본격적인 학술서이다. 다르마끼르띠의 사상에 대해 깊이 있게 연구하고 있어, 인도불교 최고의 사상가인 다르마끼르띠를 연구하는 데 길잡이가 되어준다. '모든 것은 무상이다'라는 '인간의 직관이 낳은 최초의 막연한 일반화'인 무상을 다르마끼르띠의 찰나멸성으로 설명하고 있다.

다르마키르티의 철학과 종교 아시아총서 03

키무라 토시히코 지음 | 권서용 옮김 | 448쪽 | 30,000원 | 2011년 4월 | 978-89-6545-140-2

7세기 인도의 불교철학자 다르마키르티에 대한 연구사와 다르마키르티의 인식론, 언어론, 종교론을 다루었다. 다르마키르티의 종교는'해탈'을 목적으로 하며 다르마키르티의 철학은 '지혜'를 지향한다. 이 책은 우리나라에서는 아직 전인미답의 영역인 디그나가에 의해 정초되고 철학자이면서 동시에 종교인인 다르마키르티에 의해 완성된 불교인식논리학에 대해 다룬다.

인도인의 논리학 문답법에서 귀납법으로

카츠라 쇼류 지음 | 권서용 외 옮김 | 328쪽 | 18,000원 | 2009년 9월 | 978-89-92235-61-7

서양의 존재론과 동양의 실천론 전통을 통섭하는 인도불교인식논리학. 인도불교인식논리학의 세계적 대가인 카츠라 쇼류 교수의 역저이다. 저자는 인도불교인식논리학이 서양사상과 동양사상을 이해하는 데 가교의 역할을 할 수 있음에 주목한다. 또한 힌두교과 불교 원전을 두루 오가며 적절한 인용을 들어 인도논리학 전통을 정리한다.

중국 근대불교학의 탄생 아시아 총서 25

문헌학 역사학 철학으로 접근한 중국의 근대불교학

***2018 대한민국 학술원 우수학술도서 *2018 불교출판문화상 붓다북학술상 수상도서**

김영진 지음 | 376쪽 | 25,000원 | 2017년 12월 | 978-89-6545-459-5

중국 근대불교학의 기원과 성장을 추적한 책. 저자 김영진은 문헌학, 역사학, 철학이라는 세 갈래 길을 따라 근대불교학의 잉태와 탄생을 드러낸다. 중국 근대 사상가들의 사유를 경유하여 동아시아 전통 종교와 학술이 '근대'라는 시공을 맞아 기꺼이 감내한 자기 변혁과 동서(東西) 학술의 교차가 빚은 창조성을 확인한다. 이 분야를 다룬 국내 최초의 학술서.

인도불교의 역사 아시아총서 29

다케무라 마키오 지음 | **도웅 스님 · 권서용 옮김** | 288쪽 | 20,000원 | 2018년 8월 | 978-89-6545-539-4

석존 이후부터 밀교까지 인도 불교의 사상 정리

석존의 생애부터 입멸 후 부파불교의 전개, 대승불교의 출현, 공의 논리, 유식의 체계 등 인도불교 사상사를 정리한 책으로 아시아 불교의 근원인 인도불교 사상의 발전과 전개를 체계적으로 이해한다. 한국에 유입된 대승불교의 출현에 대해서 좀 더 깊이 있게 알아볼 수 있다.

차와 선 아시아총서 20

이토 고칸 지음 | **김용환 · 송상숙 옮김** | 336쪽 | 25,000원 | 2016년 4월 | 978-89-6545-345-1

한 권으로 음미하는 일본 다도의 모든 것

차 문화와 다도의 세계. 단지 마시는 것에서 나아가 다도의 법과 선의 경지에 이르기까지 다양한 차의 세계를 다루고 있다. 특히 차를 통해 정신을 통일함으로써 마음의 산란을 방지하여 참된 자신에게 몰두하게 되는 선의 경지와 일상생활 속에서 끌어내는 도의 가치를 이야기한다.

불교의 마음사상 유식사상입문 아시아총서 08

요코야마 고이츠 지음 | 김용환 · 유리 옮김 | 208쪽 | 18,000원 | 2013년 12월 | 978-89-6545-234-8

우리가 일상에서 접할 수 있는 익숙한 사례와 다양한 도식을 들어 난해한 유식을 알기 쉽게 설명하는 유식사상 입문서이다. 단순한 이론 습득을 넘어 인간의 마음을 정화하고 자유로운 삶을 영위하도록 돕는 실천적 가르침으로서의 유식사상을 접하게 한다. 서론에서 유식사상을 개설하고 제1장에서 그 역사를 기술한 다음 제2장에서 유식사상의 내용을 자세히 설명했다.

불교와 여래장 마음을 공부하는 능엄경 이야기

황정원 지음 | 368쪽 | 28,000원 | 2020년 11월 | 978-89-6545-679-7

『불교와 여래장』은 마음속으로 침잠하여 번뇌의 실체를 파악하여 스스로 깨달아 치유하는 방법을 제시한다. 이 책은 철학가, 종교인, 불교학자뿐만 아니라 마음을 승화하려는 사람들이 깨달음의 경지를 더하고 지혜를 향상시키도록 도울 것이다. 저자 황정원은 2011년, 불교경전 〈능엄경〉에서 마음을 설명하는 부분을 가려내 풀이한 『불교와 마음』을 출간한 바 있으며, 이번 책에서는 〈능엄경〉 제3권 이후에 나오는 여래장 법문들을 정리했다.

효孝사상과 불교 불교에 나온 효 사상에 대한 연구

도웅(度雄) 스님 지음 | 312쪽 | 18,000원 | 2017년 9월 | 978-89-6545-435-9

경남 거제에 있는 장흥사 주지 도웅 스님이 집필. 윤리 가운데 가장 근본적인 윤리가 무엇인가 질문하면서 『부모은중경(父母恩重經)』과 『효경(孝經)』에 의하는 한, 그것은 바로 효(孝)라고 말하며 불교에 나온 효에 대해 설명했다.

힌두교, 사상에서 실천까지

가빈 플러드 지음 | **이기연 옮김** | 516쪽 | 20,000원 | 2008년 5월 |
978-89-92235-43-3

영국 태생의 종교학자 가빈 플러드의 『힌두교, 사상에서 실천까지』. 인도의 전통종교인 힌두교의 주제와 역사를 소개하고 있다. 현대에 들어서도 중요하게 여겨지는 비슈누 등의 신에 대해 중점적으로 다룬다. 아울러 힌두교의 특성에 대한 학계의 논쟁에 대해서도 살펴보고 있다.

인도의 두 어머니, 암소와 갠지스

김경학 · 이광수 지음 | 240쪽 | 13,000원 | 2006년 8월 | 978-89-92235-00-3

인도인들이 성스러운 대상으로 추앙하며 어머니라고 부르는 암소와 갠지스를 통해 인도사회를 통찰한다. 인도는 과학기술 발전 사회와 종교적으로 신비한 사회라는 양 극단의 이미지를 가진 사회이다. 그렇지만 국내외적으로 쏟아져 나오는 인도 사회 관련 서적들은 인도에 대한 객관적 이해보다는 인도 사회를 신비롭게만 포장하고 있다. 이 책은 이러한 문제를 극복해야 한다는 문제의식을 바탕으로, 우리가 잘못 알고 있거나 편견의 인도가 아닌 살아 있는 인도의 모습을 전해준다.

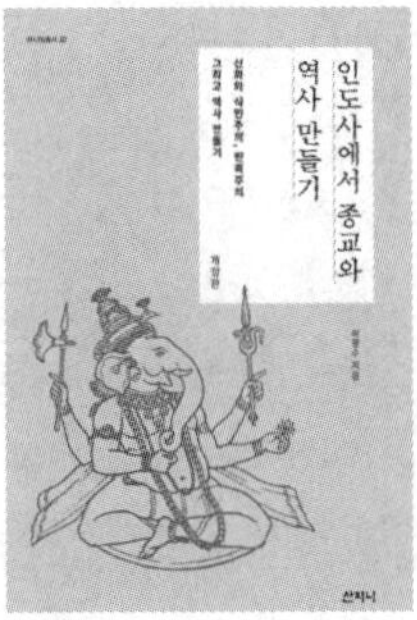

인도사에서 종교와 역사 만들기(개정판)

신화와 식민주의, 민족주의 그리고 역사 만들기 아시아총서 32

이광수 지음 | 357쪽 | 25,000원 | 2019년 7월 | 978-89-92235-01-1

인도의 고대와 중세를 살펴보면서 신화와 종교를 둘러싸고 있는 사상과 학문 사이에 만들어진 역사를 밝혀내면서 인도사에서 신화와 식민주의, 민족주의, 역사 만들기에 대한 새로운 통찰을 제시한다. 책은 인도사를 정확하고 깊게 이해하는 중요한 사료가 된다.

재미있는 사찰 이야기

불교적으로 풀어 보는 사찰문화재 해설서

한정갑 지음 | 272쪽 | 18,000원 | 2017년 11월 | 978-89-6545-455-7

불교 사상을 기반으로 전통 사찰과 조형물을 알기 쉽게 설명해주는 본격 사찰문화재 해설서. 저자는 전국의 전통 사찰을 답사하면서 사찰에 깃든 상징적 의미를 심도 깊게 풀어간다. 사찰 배치도에 담긴 불교의 교리와 의미, 사찰 조형물에 대한 분석에서부터 문화재에 깃든 사람들의 이야기까지 다룬다.

사찰 문화유산 답사

불교철학을 바탕으로 해설한 사찰 순례기

한정갑 지음 | 287쪽 | 28,000원 | 2021년 7월 | 978-89-6545-736-7

사찰문화재를 불교문화적인 관점에서 재해석한 책으로, 홍련암, 보리암, 석모도 보문사 등 3대 관음성지와 삼보사찰, 5대 적멸보궁과 지역별 명찰을 선별하여 33군데 명찰을 뽑았다. 그렇게 가려낸 사찰에 개괄적인 해설을 더해 저자 나름의 독특한 해석을 덧붙이고, 다양한 명찰의 사진을 통해 답사, 연구, 구경, 여행을 도와준다.

깨달음 일상을 여유롭게 만드는 마음의 기술

김종의 지음 | 304쪽 | 25,000원 | 2018년 5월 | 978-89-6545-516-5

동양 전통 사상에서 펼쳐지는 사유들을 정리하고 강의해온 저자가 들려주는 동양철학 이야기. 학문적 수행을 통해 몸과 마음을 갈고닦은 저자는 동양의 사유들을 일상의 작은 실천으로 변주하여 들려준다. 선인들의 사상은 현대인들에게 느림과 비움으로 행복해지는 '깨달음'의 기술로 다가온다.

마음챙김과 통찰 로브 네른 외 지음 | 구치모 외 옮김

바다를 건넌 사람들 2 부경대 인문한국플러스사업단 지음

청말 중국의 대일정책과 일본어인식 옌리 지음 | 최정섭 옮김

일본의 각성 오카쿠라 텐신 지음 | 정천구 옮김

대항해시대의 일본인 노예 루시오 데 소우사·오카 미오코 지음 | 신주현 옮김

오사카, 도시의 기억을 발굴하다 가토 마사히로 지음 | 곽규환·진효아 옮김

바다를 건넌 사람들 1 부경대 인문한국플러스사업단 지음

이미지 제국: 건륭제의 문화 프로젝트 이은상 지음 *2021 세종도서 우수학술도서

15세기 동남아 무역왕국 말라카 파라하나 슈하이미 지음 | 정상천 옮김

한형석 평전 장경준 지음

좋은 문장을 쓰고 싶다면 이진원 지음

일본 이데올로기론 도사카 준 지음 | 윤인로 옮김

동북아 바다, 인문학으로 항해하다 서광덕 외 지음

중국 내셔널리즘 오노데라 시로 지음 | 김하림 옮김

현대 타이베이의 탄생 수숴빈 지음 | 곽규환·남소라 옮김

고종, 근대지식을 읽다 윤지양 지음 *2020 세종도서 우수학술도서

루카치가 읽은 솔제니친 게오르크 루카치 지음 | 김경식 옮김

삶으로서의 사유 게오르크 루카치 지음 | 김경식 오길영 옮김

해양사의 명장면 김문기 외 지음

소비에트 러시아의 신체문화와 스포츠 박원용 지음 *2019 대한민국학술원 우수도서

파리의 독립운동가 서영해 정상천 지음

동아시아 엑스포의 역사 하세봉 지음 *2019 세종도서 우수학술도서

루카치의 길 김경식 지음

근현대 중국 이상사회론 이연도 지음

마르크스의 마지막 투쟁 마르셀로 무스토 지음 | 강성훈·문혜림 옮김

루쉰과 동아시아 근대 서광덕 지음

공자와 소크라테스: 동서 정치사상의 기원 이병훈 지음

저항의 도시, 타이베이를 걷다 왕즈홍 외 지음 | 곽규환 외 옮김 *2016 타이베이국제도서전 올해의 책
*2016 대만 문화부 번역출판 지원사업 선정도서

탈학습, 한나 아렌트의 사유방식 마리 루이제 크노트 지음 | 배기정·김송인 옮김

가상현실 시대의 뇌와 정신 서요성 지음 *제34회 한국과학기술도서상 수상 *2016 세종도서 우수학술도서

고슴도치 시대의 여우 조규형 지음 *2016 한국영어영문학회 YBM저술상 수상도서

사포의 향수 주세페 스퀼라체 지음 | 김정하 옮김

조공과 사대: 춘추전국 시대의 국제정치 이춘식 지음

한 권으로 읽는 중국문화 공봉진·이강인·조윤경 지음 *2010 문화체육관광부 우수학술도서

무중풍경 다이진화 지음 | 이현복·성옥례 옮김 *2006 영화진흥위원회 학술도서 *2009 대한민국학술원 우수도서

단절 쑨리핑 지음 | 김창경 옮김 *2007 한국간행물윤리위원회 11월의 책 *2008 대한민국학술원 우수도서

한나 아렌트와 마틴 하이데거 엘즈비에타 에팅거 지음 | 황은덕 옮김

진화와 윤리 토마스 헉슬리 지음 | 이종민 옮김

파멸의 묵시록 에롤 E. 해리스 지음 | 이현휘 옮김

표절의 문화와 글쓰기의 윤리 리처드 앨런 포스너 지음 | 정해룡 옮김

사회생물학, 인간의 본성을 말하다 박만준 외 지음 *2008 문화체육관광부 우수학술도서

KNOTS: Depression 라깡과 임상 연구센터 지음

정신분석적 발달이론의 통합 필리스 타이슨·로버트 타이슨 지음 | 박영숙·장대식 옮김

반대물의 복합체 헬무트 크바리치 외 지음 | 김효전 옮김

동양의 이상 오카쿠라 텐신 지음 | 정천구 옮김

차의 책 오카쿠라 텐신 지음 | 정천구 옮김

침묵의 이면에 감추어진 역사 우르와쉬 부딸리아 지음 | 이광수 옮김

빼앗긴 사람들 우르와시 부딸리아 편저

불교와 마음 황정원 지음

흩어진 모래 이종민 지음 *2014 대한민국학술원 우수학술도서

근대 동아시아의 종교다원주의와 유토피아 장재진 지음 *2012 문화체육관광부 최우수학술도서

근대 서구의 충격과 동아시아의 군주제 박원용·박장배·신명호·이근우·조세현 지음

한국의 사랑채 윤일이 지음

제갈량과 21세기 동양적 혁명을 논하다 유원표 지음 | 이성혜 옮김

맹자독설 정천구 지음

삼국유사, 바다를 만나다 정천구 지음

한비자, 제국을 말하다 정천구 지음

논어, 그 일상의 정치 정천구 지음

중용, 어울림의 길 정천구 지음

맹자, 시대를 찌르다 정천구 지음

한비자 한비 지음 | 정천구 옮김

대학, 정치를 배우다 정천구 지음

논어 김영호 지음

사람 다치지 않았느냐 윤현주 지음

고전시가, 사랑을 노래하다 황병익 지음

해양풍경 구모룡 지음

바다가 어떻게 문화가 되는가 곡금량 지음 | 김태만·안승웅·최낙민 옮김

방법으로서의 중국 미조구치 유조 지음 | 서광덕·최정섭 옮김

혁명과 역사 아리프 딜릭 지음 | 이현복 옮김

부채의 운치 저우위치 지음 | 박승미 옮김

차의 향기 리우이링 지음 | 이은미 옮김

요리의 향연 야오웨이쥔 지음 | 김남이 옮김

도서관 인물 평전 이용재 지음

김범부의 건국사상을 찾아서 범부 김정설 지음 | 김정근 풀어씀

최성묵 평전 차성환 지음

발트3국에 숨겨진 아름다움과 슬픔 이상금 지음

발트3국의 역사 · 문화 · 언어 이상금·박영미·윤기현·이현진·허남영 지음

독일발트문학과 에스토니아문학 이상금 지음

발트3국의 언어와 근대문학 이상금·서진석 지음

에스토니아어 알기와 공부하기 이상금·허남영·성지혜 지음

브라질 광고와 문화 이승용 지음

브라질 흑인의 역사와 문화 이광윤 지음

사막의 기적? 조경진 지음 ***2015 대한민국학술원 우수도서**

라틴아메리카의 언어적 다양성과 언어정책 김우성 지음

멕시코를 맛보다 최명호 지음

여러 겹의 시간을 만나다 구경모·서성철·안태환·정이나·차경미 지음

로마인 이야기 찰스 스완 편저 | 장지연 옮김

지중해의 영화 박은지 지음

지중해 다문화 문명 김정하 지음

시칠리아 풍경 아서 스탠리 리그스 지음 | 김희정 옮김

지중해 문화를 걷다 부산외국어대학교 지중해지역원 지음

지중해 언어의 만남 윤용수·최춘식 지음 ***2015 세종도서 우수교양도서**

지역에서 행복하게 출판하기 강수걸 외 지음 ***2015 출판문화산업진흥원 우수출판콘텐츠 제작지원 선정도서**

역사의 블랙박스, 왜성 재발견 신동명·최상원·김영동 지음

라틴아메리카 원주민의 어제와 오늘 구경모 외 지음

마닐라 갤리온 무역 서성철 지음

비즈니스 일본어에서 일본어의 비즈니스 인터액션으로 정규필 지음

중국근현대사상총서

1 **인학** 담사동 지음 | 임형석 옮김

2 **구유심영록** 량치차오 지음 | 이종민 옮김

3 **과학과 인생관** 천두슈 외 19명 지음 | 한성구 옮김

4 **신중국미래기** 량치차오 지음 | 이종민 옮김

5 **권학편** 장지동 지음 | 송인재 옮김

6 **천두슈 사상선집** 천두슈 지음 | 송혜영 옮김 *2018 세종도서 우수학술도서

7 **류스페이 사상선집** 류스페이 지음 | 도중만 옮김

8 **중국문화요의** 류스페이 지음 | 도중만 옮김

9 **중국 윤리사상 ABC** 셰푸야 지음 | 한성구 옮김

10 **취추바이 선집: 신아국유기, 적도심사** 취추바이 지음 | 이현복 옮김